LIMPIE
su CASA
Y LA DE SU
FAMILIA

PERRY STONE

CASA
CREACIÓN

La mayoría de los productos de Casa Creación están disponibles a un precio con descuento en cantidades de mayoreo para promociones de ventas, ofertas especiales, levantar fondos y atender necesidades educativas. Para más información, escriba a Casa Creación, 600 Rinehart Road, Lake Mary, Florida, 32746; o llame al teléfono (407) 333-7117 en Estados Unidos.

Limpie su casa y la de su familia por Perry Stone Jr.
Publicado por Casa Creación
Una compañía de Charisma Media
600 Rinehart Road
Lake Mary, Florida 32746
www.casacreacion.com

No se autoriza la reproducción de este libro ni de partes del mismo en forma alguna, ni tampoco que sea archivado en un sistema o transmitido de manera alguna ni por ningún medio—electrónico, mecánico, fotocopia, grabación u otro—sin permiso previo escrito de la casa editora, con excepción de lo previsto por las leyes de derechos de autor en los Estados Unidos de América.

A menos que se exprese lo contrario, todas las citas de la Escritura están tomadas de la Santa Biblia Reina Valera Revisión 1960 © Sociedades Bíblicas Unidas, 1960. Usada con permiso.

Las citas de la Escritura marcadas (NVI) corresponden a la Santa Biblia, Nueva Versión Internacional © Sociedad Bíblica Internacional, 1999. Usada con permiso.

El texto bíblico indicado con (NTV) ha sido tomado de la Santa Biblia, Nueva Traducción Viviente, © Tyndale House Foundation, 2010. Usado con permiso de Tyndale House Publishers, Inc., 351 Executive Dr., Carol Stream, IL 60188, Estados Unidos de América. Todos los derechos reservados.

Traducción: Belmonte Traductores
Diseño de portada: Justin Evans
Director de diseño: Bill Johnson

Copyright © 2011, 2012 por Casa Creación
Todos los derechos reservados.

Originally published in the USA under the title: *Purging Your House, Pruning Your Family Tree* by Charisma House, a Charisma Media Company, Lake Mary, Florida, USA.
Copyright © 2010 by Perry Stone Jr.
All rights reserved

Visite la página web del autor: www.voe.org

Previamente publicado en tamaño regular, ISBN 978-1-61638-107-3, copyright © 2011. Todos los derechos reservados.

Library of Congress Control Number: 2012953052
ISBN: 978-1-62136-412-2 (Tamaño bolsillo)

Nota de la editorial: Aunque el autor hizo todo lo posible por proveer teléfonos y páginas de Internet correctas al momento de la publicación de este libro, ni la editorial ni el autor se responsabilizan por errores o cambios que puedan surgir luego de haberse publicado.

Impreso en los Estados Unidos de América
12 13 14 15 16 * 7 6 5 4 3 2 1

Índice

	Introducción 1
1	Cómo elige Satanás a sus víctimas 8
2	No lleve cosas malditas a su casa 16
3	Detenga las plagas en su casa 45
4	Patrones para limpiar su casa 65
5	La autoridad de la sangre de Cristo 79
6	Pode su árbol genealógico 89
7	Cuando Satanás regresa a su casa 119
8	Permanezca firme contra el león rugiente 127
9	Invierta los ataques 134
10	Desaloje al enemigo de su casa 146
11	Ate demonios y desate santos 169
12	Invierta la profecía de un espíritu malo 192
13	Guerra espiritual atmosférica: Lunas llenas y lunas nuevas 212
14	Conectar con el mundo espiritual 221
	Conclusión 244
	Notas 248

Introducción

¿**E**XPRESAN LAS SIGUIENTES preguntas lo que usted ha sentido, o ha preguntado, en el pasado?

- ¿Describe un *sauce llorón* su árbol genealógico?
- ¿Desearía en secreto haber nacido en una familia diferente?
- ¿Obtuvo usted algún *ADN malo* de alguien de su linaje?
- ¿Le gustaría revestirse de un nuevo conjunto de *genes* que le hicieran ser un nuevo yo?
- ¿Se está librando una guerra de la que usted no quiere hablar?
- ¿Cuáles son las claves para tener un hogar y un matrimonio felices?

Si es así, ¡siga leyendo! Hay dos maneras importantes de que usted altere sus situaciones personales actuales y se prepare para un gran futuro emocional y espiritual: limpiando su casa y la de su familia. Limpiar su casa implica eliminar obstáculos espirituales, emocionales y mentales de las tres casas de las que hablaré en este libro. Limpiar la casa de su familia implica un proceso que yo denomino alteraciones redentoras, que tienen un impacto positivo en su futuro cuando la Palabra de Dios derrota los hábitos de pecado y vence la naturaleza carnal mediante la regeneración.

Jonathan Edwards

Jonathan Edwards se casó en 1727. Fue uno de los primeros predicadores más destacados y respetados en las primeras colonias americanas. Su clásico mensaje, "Los pecadores en las manos de un Dios airado", era tan convincente que los no arrepentidos que escuchaban su predicación lloraban con angustia, cayendo al piso. Sin embargo, muchos no saben que en la vida privada de Edwards, él era un hombre muy amoroso y compasivo que pasaba tiempo personal de calidad con su familia.

Edwards fue bendecido con once hijos. Cuando estaba en su casa, Edwards tenía una silla especial en la que solamente él se sentaba. En las noches, se sentaba con sus hijos durante una hora cada día. Los más pequeños se sentaban en su regazo, y los más mayores pasaban tiempo de calidad conversando con su papá. Edwards empleaba tiempo para orar una bendición especial sobre cada uno de sus hijos.

Para demostrar que las oraciones y bendiciones de Edward fueron eficaces, en el año 1900 A. E. Winship rastreó mil cuatrocientos descendientes de Jonathan Edwards. En su estudio publicado, *Jukes-Edwards: A Study in Education and Heredity* [Jukes-Edwards: Un estudio en educación y herencia], Winship reveló que el único matrimonio de Edwards produjo un linaje increíble, incluyendo 285 graduados universitarios en el árbol genealógico de Edwards. El linaje de los Edward produjo:

- Trescientos predicadores
- Trece destacados autores
- Trece presidentes de universidades
- Sesenta y cinco profesores universitarios
- Cien abogados y un decano de una facultad de derecho
- Treinta jueces
- Cincuenta y seis médicos y un decano de una facultad de medicina
- Ochenta titulares de puestos públicos
- Tres senadores de los Estados Unidos

Introducción

- Un vicepresidente de los Estados Unidos
- Un interventor del Tesoro de los Estados Unidos[1]

Las semillas espirituales de fe, esperanza y amor, plantadas en los corazones de los hijos de Edwards, florecieron en un árbol genealógico que produjo numerosas generaciones de fruto espiritual. ¿Es posible que las familias actuales puedan comenzar a plantar un árbol genealógico que alimente una semilla generacional que se convertirá en un legado de justicia? El árbol genealógico de Edwards demostró que esta bendición generacional es posible.

Hay otros individuos conocidos que no sólo fueron exitosos hombres de negocios que hicieron nacer empresas económicamente beneficiosas, sino que incluso en la actualidad, siete de esos nombres son conocidos como representantes de empresas activas y exitosas. Entre ellos se incluyen:

- John D. Rockefeller (industrial de la Standard Oil que comenzó ganando US $3.50 por semana y dominó la industria del petróleo durante 50 años)
- H. J. Heinz (H. J. Heinz Company, empresa alimentaria estadounidense de talla mundial)
- H. P. Crowell (fundador de la empresa Quaker Oats Company)
- J. L. Kraft (fundador de Kraft Foods, Inc.)
- M. W. Baldwin (fundador de M. W. Baldwin & Company, fabricantes de locomotoras)
- F. W. Woolworth (fundador de F. W. Woolworth and Company, una de las tiendas originales estadounidenses de productos baratos)
- William Wrigley (conocido como "el padre de la goma de mascar" y fundador de William Wrigley Jr. Company)

LIMPIE su **CASA** y la de su **FAMILIA**

- M. S. Hershey (fundador de Hershey Chocolate Corporation)
- William Colgate (fundador de Colgate and Company, fabricantes de la pasta de dientes Colgate)

Estos exitosos dueños de negocios tenían todos ellos una cosa en común: todos eran cristianos profesantes que hacían donativos a la beneficencia o diezmaban para la obra del Señor. John D. Rockefeller comenzó a diezmar para la obra de Dios cuando ganaba US $3.50 por semana. Yo he visitado la fábrica de chocolate Hershey en Hershey, Pennsylvania, y quedé gratamente sorprendido al descubrir que el fundador, el Sr. Hershey, era un cristiano dedicado que sostenía firmemente a huérfanos y continuamente elevaba su nivel de donativos para sostener el Reino de Dios. Los principios espirituales que esos hombres entendían están demostrados por tiempo y basados en las palabras inspiradas de Dios.

¿Y si, por otro lado, un hombre escoge vivir una vida de egoísmo y avaricia, o tomar decisiones contrarias al recto juicio? En un libro de Bob Proctor, titulado *You Were Born Rich* [Usted nació rico], él escribió:

> En 1923, en el hotel Edgewater Beach en Chicago, se reunieron ocho de los financieros más ricos del mundo. Aquellos ocho hombres controlaban más dinero que el gobierno de los Estados Unidos en aquella época. Entre ellos se incluían:
>
> - El presidente de la empresa independiente de hierro más grande
> - El presidente de la empresa de gas más grande
> - El mayor especulador de trigo
> - El presidente del Mercado de Valores de Nueva York
> - Un miembro del gabinete del presidente
> - El mayor "oso" de Wall Street
> - El director del mayor monopolio del mundo

Introducción

- El presidente del Banco Internacional de Liquidaciones

Sin duda, habría que admitir que un grupo de los hombres más exitosos del mundo estaban reunidos en ese lugar, al menos, hombres que habían descubierto el secreto de "ganar dinero". Ahora veamos donde estaban aquellos hombres veinticinco años después:

- El presidente de la empresa independiente de hierro más grande, Charles Schwab, vivió de dinero prestado durante cinco años antes de morir en la bancarrota.
- El presidente de la empresa de gas más grande de Norteamérica, Howard Hopson, se volvió loco.
- El mayor especulador de trigo, Arthur Cutton, murió en el extranjero, siendo insolvente.
- El presidente del Mercado de Valores de Nueva York, Richard Whitny, fue enviado a la penitenciaría de Sing Sing.
- Un miembro del gabinete del presidente, Albert Fall, fue perdonado de la cárcel para que pudiera morir en su casa.
- El mayor "oso" de Wall Street, Jesse Livermore, se suicidó.
- El director del mayor monopolio del mundo, Ivar Krueger, se quitó la vida.
- El presidente del Banco Internacional de Liquidaciones, Leon Fraser, también se suicidó.[2]

Muchos de aquellos individuos ricos fueron económicamente impactados por el desplome de la Bolsa de valores de 1929, la cual dio comienzo a un periodo en Norteamérica llamado la *Gran Depresión*: una crisis económica y laboral que continuó aproximadamente unos catorce años. Muchos de los dueños de negocios más ricos de América fueron negativamente impactados y sufrieron grandes pérdidas económicas.

No es sólo una crisis económica la que puede llevar a "la bancarrota" a un individuo. A veces, el trasfondo de una persona y su educación le esposan a una cárcel mental de fracaso. Generaciones de abuso mental o sexual, un linaje de alcoholismo y consumo de drogas, pueden causar que un individuo se vea asimismo sólo como otra víctima en el cementerio de los sueños moribundos, sueños de libertad espiritual, física y emocional de su pasado.

Creados para soñar

Nadie quiere que le consideren un fracaso. Fuimos creados para soñar y se nos dieron dones para hacer que se produzca ese sueño; sin embargo, interrupciones no planeadas construyen barricadas en la carretera del destino. En el mundo en que vivimos actualmente hay muchos indicadores que muestran que la falta de satisfacción y la desilusión están en aumento en las vidas de muchas personas. Puede que sienta como si usted fuese uno de los "congelados" atascados en el hielo de la carretera que no va a ningún lugar, pero hay muchos otros que se sienten igual que usted.

Factores externos contribuyen a parte de la falta de satisfacción. Nos enfrentamos a una economía mundial en declive, los trabajos escasean, y la mayoría de las personas afrontan más gastos de los que sus ingresos pueden cubrir. Sin embargo, no todas las razones para las actitudes y sentimientos negativos de un individuo provienen de causas externas. Problemas internos pueden obstaculizar su éxito en la vida. Cuando más del cincuenta por ciento de los matrimonios terminan en divorcio, y millones de americanos no pueden dormir sin tomar medicación, deberíamos descubrir dónde está la raíz del problema.

En este libro descubrirá principios que pueden ayudarle a entender cuáles son las raíces de sus circunstancias. Las importantes perspectivas e iluminación en este libro que provienen de la Palabra de Dios pueden alterar las circunstancias de su vida y causar un cambio que les impactará positivamente a usted y a su familia.

Introducción

Hay una manera de que usted limpie su casa de raíces negativas familiares o generacionales, y hay pasos que puede usted dar para podar de su árbol genealógico las ramas muertas y que no dan fruto. Si lee usted este libro, crea lo que lee y comience a practicar estos principios bíblicos, pues esta revelación puede cambiar su situación.

Si responde sí a las siguientes preguntas, entonces este libro es para usted:

- ¿Le disgustan los desvíos en la carretera hacia su destino y anhela encontrar una dirección clara?
- ¿Está preparado para librarse de los atributos familiares negativos que ve en su familia? ¿Está buscando maneras de cambiarlos?
- ¿Desea libertad de adicciones, malos hábitos, pensamientos incorrectos y otros obstáculos?

Entonces, ¡hasta aquí esta introducción! Comencemos viendo con mayor detenimiento cómo Satanás escoge a sus víctimas y lanza su ataque contra nosotros. Cuando entendamos sus tácticas y aprendamos a reconocer la devastación que él trae a nuestras vidas, estaremos listos para introducirnos juntos en la Palabra del Señor y comenzar el proceso de limpiar nuestras casas y la de nuestra familia.

Capítulo 1
CÓMO ELIGE SATANÁS A SUS VÍCTIMAS

Y se lo trajeron; y cuando el espíritu vio a Jesús, sacudió con violencia al muchacho, quien cayendo en tierra se revolcaba, echando espumarajos. Jesús preguntó al padre: ¿Cuánto tiempo hace que le sucede esto? Y él dijo: Desde niño. Y muchas veces le echa en el fuego y en el agua, para matarle; pero si puedes hacer algo, ten misericordia de nosotros, y ayúdanos. Jesús le dijo: Si puedes creer, al que cree todo le es posible.

MARCOS 9:20-23

¿Recuerda la serie *Los Walton*? Era una popular serie de televisión semanal cuando yo era adolescente. El escenario era las montañas de Virginia en los años treinta. Una familia muy numerosa con muchos hijos vivía en una casa, trabajaba la tierra, hacía grandes cenas cada noche y trabajaba mucho para el pequeño aserradero de su padre. Hubo un tiempo en que este programa era ejemplo de la vida real de América, en la época en que papá trabajaba, mamá educaba a los niños, y los hijos eran muy disciplinados, respetaban a sus ancianos y trabajaban duro desde temprana edad en la granja. Mi propio padre tenía once hermanos; dos que murieron jóvenes y siete que siguen vivos. Yo siempre he bromeado con papá sobre que ellos no tenían una familia numerosa, ¡tenían una TRIBU!

Las cosas han cambiado. Mamá y papá tienen que trabajar para llegar a fin de mes; los hijos se llevan a la guardería y a la escuela durante la semana; son entretenidos con la televisión, películas y la Internet; y los miembros de la familia viajan por senderos separados, evitando pasar tiempo de calidad. Y está el problema siempre presente de la rebeldía de los adolescentes, que se mueve por la casa como si fuera la generalizada lepra en los antiguos hogares en Israel.

Si en una familia hay dos hijos, es probable que uno sea sumiso y el otro sea desafiante, o que uno sea cooperativo y el otro sea bastante inoperativo. Un hijo puede ser disciplinado solamente con una mirada y responder inclinando su cabeza y alejándose con lágrimas en los ojos; sin embargo, el otro inmediatamente inicia una discusión que conduce a un debate y termina en una pelea. La mayoría de padres con muchos hijos entiende la rareza de que a menudo un hijo tiende a encontrarse con más peleas, a batallar con más adicciones o a rebelarse.

Como padres, afrontamos muchas formas de ataques satánicos durante nuestra vida. La mayoría pueden vencerse mediante sabias decisiones y oración. Sin embargo, los hijos rebeldes causan un estrés continuo e interminable a los padres. No sólo debemos orar para que los hijos rebeldes experimenten al Señor, sino que también debemos orar para que Dios proteja a esos hijos de sí mismos o del peligro de sus propias decisiones necias.

¿Se ha preguntado alguna vez por qué un hijo es con frecuencia el objetivo del adversario?

Espíritus que atacan a los hijos

En una ocasión durante el ministerio de Cristo, Él liberó a un muchacho epiléptico a quien los espíritus habían estado atacando físicamente desde su niñez (Marcos 9:21). En otra ocasión, Él liberó a la joven hija de una mujer que había sido poseída por un espíritu maligno (Mateo 15:22). Estos dos incidentes indican que ciertos tipos de espíritus intentarán invadir las vidas de los hijos a una edad muy temprana.

A lo largo de la Historia, el adversario ha puestos su enfoque en los bebés y los niños, especialmente durante importantes períodos proféticos en los que Dios estaba levantando a un libertador para

LIMPIE su CASA y la de su FAMILIA

su pueblo o para su nación. El faraón de Egipto encargó a las parteras egipcias, y más adelante a todo el pueblo egipcio, que lanzasen al río Nilo a todos los bebés hebreos recién nacidos (Éxodo 1:16, 22). Este decreto de muerte sobre los hijos obligó a la madre de Moisés a ocultar al bebé en una pequeña arca hecha a mano en el río Nilo. Siglos después, Herodes escuchó que un rey de los judíos había nacido en Belén. Por temor, ordenó a soldados romanos que matasen a todos los niños menores de dos años de edad (Mateo 2:16). Mediante la protección de Dios, tanto Moisés como Jesús escaparon a esos decretos de muerte. Como hombres adultos, Moisés sacó a la nación hebrea de Egipto, y Jesús trajo al mundo la posibilidad de redención.

Los niños en América se han enfrentado a su propio decreto de muerte desde que el aborto se legalizó en 1973. El enemigo ha cerrado los ojos de médicos, políticos y, sí, hasta madres embarazadas, que participan en la prematura muerte del no nacido. Dentro de las profecías de los últimos tiempos en las Escrituras, hay una importante promesa profética dirigida a los jóvenes, los hijos y las hijas, que tendrá lugar antes del regreso del Mesías. Se encuentra en el Antiguo y el Nuevo Testamento.

> Y en los postreros días, dice Dios,
> Derramaré de mi Espíritu sobre toda carne,
> Y vuestros hijos y vuestras hijas profetizarán;
> Vuestros jóvenes verán visiones,
> Y vuestros ancianos soñarán sueños;
> Y de cierto sobre mis siervos y sobre mis siervas en aquellos
>   días
> Derramaré de mi Espíritu, y profetizarán.
> —HECHOS 2:17-18; ver también JOEL 2:28-29

¡Se promete un derramamiento único del Espíritu Santo a los jóvenes antes del regreso de Cristo! Este derramamiento será iniciado por los hijos e hijas. Esta generación más joven también será testigo de un aumento de visiones y sueños espirituales, revelando los planes de Dios y sacando a la luz las estrategias del adversario. Con una promesa tan dinámica, ¿es sorprendente que los jóvenes de nuestra época estén experimentando los ataques más sutiles y astutos del adversario?

Al obstaculizar la relación con Dios de los jóvenes, el enemigo tapona sus oídos para que no escuchen la Palabra de Dios. Al atarles con adicciones, drogas o alcohol, evita que sientan la pacífica y gozosa presencia del Espíritu Santo. Al mantenerles en rebelión, fuerzas demoníacas evitan que experimenten el amor que sus padres tienen por ellos. Satanás está conduciendo un *programa masivo de ataduras* para derrotar a la siguiente generación porque no sabe quién puede ser el siguiente libertador –el siguiente Moisés, Josué, Daniel, Débora, Raquel, Rebeca– o el siguiente gran líder para sacar a la nación de su tibieza y letargo espiritual.

Satanás: cómo entra en la casa

Los adultos que están batallando en la actualidad fueron niños solamente ayer. Muchos que batallan con adicciones y ataduras primero se encontraron con las trampas del enemigo cuando eran niños. Muchas mujeres que hoy están metidas en la prostitución fueron violadas o sufrieron abusos cuando eran niñas o adolescentes. Las adicciones a la pornografía que alimentan el abuso y la perversión sexual normalmente comienzan en los años antes de la adolescencia o en los primeros años de la adolescencia. Muchos de los hombres y mujeres que están en las cárceles están allí por consumir o vender drogas ilegales. Muchos comenzaron sus adicciones en sus años de adolescencia, sin saber nunca dónde les conducirían finalmente sus adicciones. Muchos homosexuales comenzaron a experimentar con actos homosexuales a muy temprana edad. Algunos realmente sufrieron abusos cuando eran niños por parte de hombres más mayores, y otros entraron en ese estilo de vida en sus años de adolescencia.

El enemigo elige a sus víctimas cuando son sólo niños. El

LIMPIE su CASA y la de su FAMILIA

enemigo es totalmente consciente de la importancia de los primeros años de enseñanza, y planea estrategias contra nuestra simiente cuando ellos son niños pequeños. A una edad temprana, los niños son muy sensibles emocionalmente y mentalmente impresionables. Por eso se nos dice: "Instruye al niño en su camino, y aun cuando fuere viejo no se apartará de él". (Proverbios 22:6). Las semillas del evangelio deben plantarse en el tierno terreno de los corazones de los niños antes de que el tiempo, las circunstancias y las presiones del mundo formen una corteza en sus corazones.

Agujeros en el alma

Una vez escuché a un gran pastor de Fayetteville, Carolina del Norte, enseñar un mensaje en una conferencia que explicaba cómo Satanás intentar escoger a sus futuras víctimas mientras son muy jóvenes. Él explicaba cómo las palabras crueles, el abuso sexual, el enojo y otras armas físicas y emocionales crean un agujero en las emociones de la persona. A medida que la negligencia, el abuso y los pecados sexuales continúan, se hacen más agujeros en las emociones, y los agujeros anteriores se hacen cada vez más grandes. Finalmente, la persona se siente tan sucia por dentro, tan indigna y rechazada, que busca afirmación mediante la prostitución, un estilo de vida homosexual o incluso mediante las drogas. Esa persona cree, de manera equivocada, que son necesarias las drogas para embotar sus emociones, y así se siente mejor cuando está colocada. El problema es éste: cuando una persona baja de ese estado, los agujeros en el alma siguen estando ahí. Por tanto, la adicción se convierte en su compañera, y la droga se convierte en el mono sobre la espalda que no puede ser derrotado.

Pronto, esos individuos heridos se ven atraídos a otros individuos que están experimentando la misma forma de dolor. Hacen equipo con otras personas heridas que beben alcohol, consumen drogas ilegales o son sexualmente activas de manera ilícita. Se emborrachan o se colocan, y entonces se entregan a la otra persona, pensando que eso *llenará el vacío*. Cuando la fiesta se termina y sale el sol en la mañana, los amigos no están, y ellos se despiertan con los mismos agujeros en sus corazones.

Algunos llegan tan lejos que se casan con alguien que es como ellos, "porque él o ella me entiende". Otras jóvenes forman una relación con el primer muchacho que les dé atenciones o que haga pasar el amor por favores sexuales. Poco después ella está embarazada, y el muchacho se ha ido sin permiso. Se crea un agujero de rechazo. El problema es compuesto, porque dos personas con agujeros en sus emociones nunca pueden llegar a estar sanas o completas.

Los agujeros en nuestra alma deben ser sellados antes de que pueda producirse la sanidad. Cuantos más agujeros hay en nuestra alma, más oración y búsqueda de Dios son necesarios para sellar las emociones rotas. La buena noticia es que arrepentirnos de nuestros pecados y poner nuestra fe en Cristo no sólo trae liberación de nuestras ataduras, ¡sino también sanidad a nuestra alma!

La obra expiatoria de Cristo

En la Escritura, la palabra expiación se usa ochenta veces, y significa "apaciguar, anular o reconciliar". En la obra expiatoria de Cristo, hay una triple obra expiatoria:

1. La obra de Cristo trae salvación al hombre mediante su sangre (1 Pedro 1:18-19).
2. La obra de Cristo trae sanidad mediante sus llagas (Isaías 53:5; 1 Pedro 2:24).
3. La obra de Cristo trae sanidad emocional mediante el acto de llevar a Cristo nuestro dolor y tristezas (Isaías 53:4).

Vemos esta triple obra del Mesías en Isaías 53:

1. La expiación del pecado: "Mas él herido fue por nuestras rebeliones" (v. 5).

LIMPIE su **CASA** y la de su **FAMILIA**

2. La promesa de sanidad física: "y por su llaga fuimos nosotros curados" (v. 5).

3. La esperanza de sanidad emocional: "Ciertamente llevó él nuestras enfermedades, y sufrió nuestros dolores…el castigo de nuestra paz fue sobre él" (vv. 4-5).

La tristeza y el dolor son el resultado de acontecimientos dolorosos que ocurren en nuestra vida. La muerte causa tristeza, y la pérdida produce dolor. Sin embargo, el Padre celestial puso sobre Cristo nuestras tristezas y dolores.

Debemos llegar al punto donde entendamos esto y por fe transmitamos nuestras tristezas, dolores y rechazo al Sumo Sacerdote celestial, que es tocado con el sentimiento de nuestra debilidad.

Cuatro cosas que hacer

Una vez escuché a un pastor de Carolina del Norte explicar las cuatro cosas que una persona debe hacer para llevar liberación y libertad a su espíritu.

1. *Afrontarlo*. No niegue sus sentimientos, y no culpe a otros de sus emociones negativas. Afróntelo como un hombre o una mujer que ama a Dios. Usted nunca cambiará lo que permita, y nunca afrontará lo que niegue.

2. *Detectarlo*. Después de afrontarlo, debe usted detectarlo. Llegue a la raíz de su conflicto. ¿Fue orgullo por su parte? ¿Rechazó el consejo piadoso? ¿Estaba intentando el enemigo crear una pelea? ¿Entendió usted mal el comentario de alguien? Descubra cuál fue la raíz, no sólo las circunstancias superficiales.

3. *Borrarlo*. Al pedir perdón –a veces puede hasta escribir una carta o afrontar a la persona directamente para pedir perdón– está usted, en realidad, borrando la ofensa. Dios lo borrará de cualquier

registro en el cielo y le ayudará a limpiarlo de su espíritu. El enemigo puede que intente traer un recuerdo durante un tiempo, ¡pero el Espíritu Santo le recordará que *usted no necesita recordar un pecado que Dios ha olvidado!*

4. *Sustituirlo*. Las viejas imágenes pueden ser sustituidas por otras nuevas. Forme recuerdos nuevos. Construya nuevas relaciones. Siga adelante con su vida dejando atrás su pasado.

Miles de hombres y mujeres han seguido este sencillo y a la vez poderoso patrón, y han experimentado libertad y liberación a través de la fe en Cristo. Puede que haya sido marcado como un blanco del enemigo desde que era un niño o un adolescente. No obstante, ¡usted también fue marcado por un pacto redentor que le rescata de la prisión del enemigo! ¡Cambie su perspectiva de una mentalidad de víctima a una mentalidad de victoria cuando entre a un pacto de salvación y libertad a través de Cristo! Las puertas de la cárcel se han abierto, pero debe andar por las puertas.

Capítulo 2
NO LLEVE COSAS MALDITAS A SU CASA

Pero vosotros guardaos del anatema; ni toquéis, ni toméis alguna cosa del anatema, no sea que hagáis anatema el campamento de Israel, y lo turbéis.

JOSUÉ 6:18

HACE VARIOS AÑOS, mi vecino estaba viendo nuestro programa televisivo semanal, *Manna-fest*, mientras yo gritaba que tener ciertos objetos de otras religiones en la casa que pueden haber sido usados en la adoración a ídolos podría abrir la puerta a que un espíritu entre en su casa. Más adelante, él vino a mi oficina y me relató una extraña historia.

Él vivía en una casa nueva, pero se estaban produciendo extrañas manifestaciones sobrenaturales. A veces, él y su esposa habían sentido una presencia extraña y en cierto modo maligna que llegaba de cierta habitación. En varias ocasiones, con el rabillo del ojo, su esposa captaba la imagen de una figura en sombras, como un vapor, que se movía rápidamente por el piso en esa misma habitación donde ellos sentían esa energía negativa. No habían dicho nada sobre aquello a sus hijos, pero su preocupación aumentó cuando su hija comenzó a expresar ciertos sentimientos temerosos y negativos que sentía, y dijo que había visto una sombra oscura en la misma zona. Él sabía que algo andaba mal.

Cuando ese preocupado hombre, su esposa y yo comenzamos a buscar respuestas, yo le pregunté si había algún objeto en su casa que pudiera atraer a un espíritu. Él inmediatamente me habló sobre un mueble, de varios años de antigüedad, que era un altar utilizado en una religión asiática en particular. Él lo había comprado debido a su belleza y su antigüedad. Yo le expliqué que ese altar era algo más que una antigüedad; realmente se había utilizado durante una ceremonia religiosa para orar a un ídolo. Le dije que toda idolatría atrae alguna forma de espíritu maligno.

Expliqué el increíble incidente durante el ministerio de Cristo, que está registrado en Marcos 5, de cuando un hombre poseído por dos mil espíritus malignos fue liberado. Los espíritus malignos pidieron permiso para entrar en una piara de cerdos que comían en las montañas (v. 12). Eso me confundía, ya que los judíos no crían cerdos ni comen carne de cerdo, y consideran al cerdo como un animal impuro (Levítico 11:7). Más adelante, durante un viaje por Israel, supe que había un templo a Zeus en los montes cercanos a los sepulcros. Sabemos que Satanás siempre ha deseado adoración (Mateo 4:8-9), y se estaban criando aquellos cerdos para poder ser sacrificados sobre un altar a este dios griego. Los espíritus malignos entendieron que aquellos cerdos iban a ser adorados, y sabían que si ellos poseían a los cerdos, también serían parte de esa adoración al ídolo. ¡Los espíritus malignos no sabían que los cerdos se despeñarían por el monte y se ahogarían en el mar (Marcos 5:13)!

Aunque un altar se hace de piedra, cerámica o madera y no puede ver ni oír, los espíritus malignos relacionados con la idolatría son atraídos a tales objetos, ya que el reino de las tinieblas se centra en la falsa adoración. Le dije a mi vecino que quitase el altar de su casa y comprobase si la atmósfera en esa habitación cambiaba. Él quitó el objeto, y meses después me dijo que cuando quitó el altar, la extraña presencia y la figura en sombras cesaron por completo. Una atmósfera de paz prevaleció en la casa.

La maldición de Jericó

La Escritura relata la historia de un hombre en el antiguo Israel que descubrió que llevar objetos malditos al lugar de morada no sólo

LIMPIE su **CASA** y la de su **FAMILIA**

puede afectar a su victoria espiritual, ¡sino que finalmente también puede costarle la vida!

Los hebreos se estaban preparando para conquistar la primera ciudad después de cuarenta años de vagar en círculos por el desierto. La conquista tuvo lugar entre la fiesta de la Pascua y la de las Primicias. La fiesta de las Primicias es única porque honra las bendiciones de Dios sobre la tierra. La primera cebada cosechada había de ser marcada y presentada a Dios durante esta fiesta, permitiendo así que el resto de la cosecha fuese bendecida por Dios.

Jericó era la primera de aproximadamente treinta y una ciudades cananeas que Josué y la nación hebrea tenían que conquistar; por tanto, Jericó era la ciudad de las primicias. Todos los despojos que se reunieran de esa conquista habían de llevarse al tesoro del tabernáculo del Señor como una ofrenda de primicias.

> Pero vosotros guardaos del anatema; ni toquéis, ni toméis alguna cosa del anatema, no sea que hagáis anatema el campamento de Israel, y lo turbéis. Mas toda la plata y el oro, y los utensilios de bronce y de hierro, sean consagrados a Jehová, y entren en el tesoro de Jehová.
>
> —JOSUÉ 6:18-19

Las primicias pertenecen al Señor, y si se retienen, no sólo son malditas, sino que también la desobediencia trae una maldición al igual que produjo una maldición a todo el campamento de Israel. La palabra anatema es *cherem*, y hace alusión a un objeto maldito o algo marcado para la destrucción. Si se retienen las primicias, entonces el objeto que se retiene se convierte en una maldición y no en una bendición. Durante la conquista de Jericó, Acán, hombre de la tribu de Judá, se quedó en secreto con algunas barras de oro y una hermosa túnica babilonia y los ocultó en su tienda. Suena a un acto inocente, ¿verdad? Quizá él necesitase una bendición económica y vio una oportunidad de llevar parte de esa prosperidad necesaria a su familia. Después de todo, ¿acaso no disfrutan los soldados del botín de guerra? El problema fue que Dios les había ordenado a los hebreos que no tomasen *ningún* objeto para ellos mismos. Todos los objetos en la ciudad pertenecían al tesoro del Señor.

Después, cuando las tropas hebreas estaban inmersas en el segundo conflicto en una ciudad mucho más pequeña llamada Hai, varios israelitas fueron muertos e Israel experimentó una derrota. Con frustración, Josué le recordó a Dios que Él no había cumplido su palabra de que Israel derrotaría a todos sus enemigos (Deuteronomio 11:25).

Dios ordenó a Josué que se levantase y escuchase (Josué 7:10). Dios reveló la razón oculta de la derrota de Israel: alguien había desobedecido las órdenes de Dios y estaba ocultando las cosas malditas entre sus posesiones. Solamente cuando el pecado de Acán fue sacado a la luz y las cosas malditas (enterradas en su tienda) fueron sacadas de la casa, Israel fue victorioso sobre el resto de sus enemigos (véase Josué 7:24-26; 8:1-2).

Los objetos malditos en su casa

Puede parecer extraño para algunos, pero es posible tener ciertos objetos en su casa que crean una atmósfera de maldición. Por ejemplo, a veces los individuos pueden llevar un objeto a su casa que se utilizaba en otra religión como ídolo o se utilizaba durante la adoración a un ídolo. Otras cosas como la pornografía pueden abrir una puerta a cierto tipo de espíritus. A veces, un objeto puede llevar una maldición que se declaró sobre él.

El tambor de India

Un ejemplo proviene de uno de nuestros misioneros que ha viajado a India y ha sido testigo de cómo miles de almas han acudido a Cristo. Anteriormente en su ministerio, un convertido a Cristo le dio un tambor como regalo. El tambor era viejo y tenía una piel de animal estirada sobre la parte superior e inferior. Él no sabía, hasta más adelante, que ese tambor había sido utilizado en el pasado durante ceremonias de adoración hindúes. Mi amigo llevó el tambor a su casa para su hijo pequeño y lo puso en un rincón de la casa.

Una noche, él y su esposa estaban preparando hojas de impuestos

LIMPIE su **CASA** y la de su **FAMILIA**

en la cocina cuando comenzaron a oír un extraño sonido chirriante que periódicamente llegaba desde la otra habitación. Finalmente descubrieron que provenía del interior del tambor. Al principio pensaron que un insecto grande se las habría arreglado para meterse en el tambor, pero eso era imposible porque la piel lo cerraba con fuerza por ambos extremos. Entonces él sintió que podría haber sido usado en algún tipo de ceremonia religiosa y, por tanto, tener algún tipo de espíritu unido a él. Sacó fuera el tambor y cortó el cuero que sostenía la piel del animal. Dijo: "De repente, oí un sonido chirriante tan alto que parecía como si hubiera una persona dentro del tambor. La cubierta de piel salió volando, ¡y yo salí corriendo!". Él destruyó el tambor.[1]

La túnica de Egipto

Hace años, también yo experimenté una situación bastante extraña. Mientras visitaba Egipto, había comprado una larga túnica blanca. Después de regresar a casa y ponerme la túnica, comencé a tener extraños dolores cerca de mi pecho. Durante meses, siempre que me ponía esa túnica sentía esos dolores. Comencé a investigar buscando más información sobre aquella túnica en particular, y descubrí que en realidad era una túnica de oración que visten los líderes religiosos de una religión no cristiana. Saqué la túnica de mi casa, y el dolor cesó por completo.

El bastón de Haití

El país de Haití es conocido por ser un centro de adoración vudú. En partes de Haití, la adoración vudú se mezcla con una extraña forma de tradiciones católicas. Por ejemplo, en algunos templos vudú también se ven cuadros de María y de Cristo.

Hace años, yo estaba ministrando en Florida y observé a un hombre que estaba en la reunión y caminaba con un bastón de aspecto extraño. Estaba hecho de madera y tenía la imagen de una cara en la parte superior. Le pregunté dónde había conseguido el bastón, y él me dijo: "Estaba ministrando en Haití, y un hombre que estaba haciendo este bastón me dijo que algún día lo necesitaría, y que la cara era la cara del Dios al que yo servía. Lo compré y lo llevé a casa". Entonces dijo lo siguiente: "El hombre tenía razón, me caí después de regresar a casa y he estado utilizando este bastón desde entonces".

Yo supe de inmediato que la cara grabada en aquel bastón por un extraño en Haití no era la cara de Dios o de Cristo. El hecho de que se cayera después de regresar me hizo sospechar. Le dije que el bastón pudo haber sido hecho por un adorador del vudú y que debía librarse de él; entonces el Señor le sanaría. En ese momento oré por él, y el Señor sanó al instante su espalda. Él saltaba y se regocijaba. Me dio el bastón, pero yo no estaba interesado en caerme y necesitar ese bastón, así que me libré de él.

Entiendo que estas historias sonarán extrañas para muchas personas. Sin embargo, la guerra espiritual no se libra en la mente o la imaginación; es muy real. Pablo lo dijo muy bien cuando escribió:

> Porque nuestra lucha no es contra seres humanos, sino contra poderes, contra autoridades, contra potestades que dominan este mundo de tinieblas, contra fuerzas espirituales malignas en las regiones celestiales.
> —EFESIOS 6:12, NVI

En la esfera espiritual, el Espíritu Santo se mueve hacia nosotros cuando oramos, adoramos o leemos las Escrituras. Los ángeles reciben la comisión de ministrar a los justos y son movidos hacia nosotros por las palabras que decimos (Daniel 6:22). Ellos también participan a veces para dar respuestas a nuestras oraciones (Lucas 1:11-13). En la antigua Israel, se construían altares para marcar el punto donde se habían hecho pactos entre el pueblo y Dios (Génesis 8:20; 12:7; 26:25). En ocasiones especiales, Dios comisionaba a un ángel para que se reuniera con un patriarca en el altar (Génesis 22:9-11). Si el mundo angélico se mueve hacia nosotros mediante la oración, la alabanza y la adoración, y puede identificar las ubicaciones exactas de antiguos altares y sacrificios de sangre, entonces

LIMPIE su **CASA** y la de su **FAMILIA**

el reino de las tinieblas también es movido por nuestras palabras y actitudes y puede ser atraído a ciertos objetos que llevamos a nuestras casas o a nuestras vidas.

Cosas que pueden abrir una puerta al adversario

La mayor parte de los cristianos, en especial quienes viven en Norteamérica, no llevan ídolos a sus casas, y, sin duda, no permitirían conscientemente que esos ídolos de piedra sordos y mudos estuvieran en los estantes de sus casas, especialmente cuando son conscientes de la negativa atmósfera espiritual y los espíritus que pueden atraer. Sin embargo, son los objetos y las cosas más comunes que nos rodean los que pueden estar abriendo una puerta a alguna forma de espíritu o de ataque espiritual.

Pornografía

Los hombres son sexualmente estimulados mediante la vista. Por eso la mayor parte de la pornografía está dirigida hacia los hombres y no hacia las mujeres. Cuando yo era pequeño, había escondidas revistas pornográficas bajo los mostradores de las tiendas o tenían pastas marrones para ocultar las imágenes; finalmente, las pusieron sobre los mostradores. Más adelante, se desarrolló un sistema mediante el que una persona podía pagar para recibir películas de adultos en su casa, pero actualmente la pornografía ha progresado desde estar detrás del mostrador a estar en la pantalla de las computadoras, y gratuitamente. Millones de hombres ahora son adictos a las páginas web pornográficas.

Para un hombre, las imágenes quedan grabadas en el cerebro. Puedo garantizar prácticamente que cualquier hombre, de cualquier edad, puede decirle cuando vio sus primeras imágenes pornográficas, y aún puede ver esa imagen en particular en su mente. Es algo que no se puede borrar debido a la grabación de la imagen en el cerebro. La pornografía es un gran engaño para los hombres, especialmente cuando abandonan a sus esposas por una mujer físicamente más perfecta.

Se ha dicho que las revistas pornográficas imprimen fotografías que han sido retocadas para quitar todas las manchas y defectos de la mujer fotografiada. Se utilizan programas informáticos para oscurecer la piel de la mujer o para alterar el aspecto físico de una persona. Como resultado, los hombres creen que están mirando a una mujer 10, y pronto comienzan a ver los defectos en sus propias esposas. Sin liberación, pueden llegar a abandonar su matrimonio en busca de esa mujer perfecta.

Antes de tomar la estúpida decisión de destruir su familia, solamente recuerde que si lleva casado muchos años, tiene usted un bien demostrado. Su esposa recoge su maloliente ropa, la lava y la dobla, cocina las comidas, ayuda a educar a los hijos y mantiene limpia la casa. Puede pensar que usted es un regalo de Dios para las mujeres en este momento, pero en el futuro sus músculos se aflojarán, su cara se arrugará, su cabello se pondrá gris o se caerá. La jovencita a la que ahora persigue le dejará por un hombre más joven, y se verá usted solo en un apartamento lamentando su decisión.

La pornografía puede liberar un "espíritu engañador" (1 Timoteo 4:1). La palabra griega en este pasaje es *planos*, que significa vagar o ir sin rumbo fijo como un golfo. La seducción aleja a la persona de la verdad y hace que esa persona vague sin rumbo en círculos. Eso es lo que le sucedió a Sansón. Él amaba a las mujeres filisteas y se enamoró de Dalila (o la codició); ella descubrió que su voto nazareo era el secreto de su fuerza (Números 6:2-13). Cuando ella cortó los siete mechones de su cabello, cortó su voto con Dios (Jueces 16:19). Sansón fue capturado por los filisteos, le sacaron los ojos, y le llevaron a la prisión del enemigo donde fue atado a una gran muela de piedra como si fuese un animal, andando en círculos continuamente (v. 21).

La pornografía conduce a la atadura y abre puertas a espíritus seductores o engañosos.

Juegos ocultos

En Norteamérica el interés en lo sobrenatural está ganando terreno, especialmente entre los jóvenes en las escuelas públicas.

LIMPIE su **CASA** y la de su **FAMILIA**

El interés normalmente comienza jugando con juegos ocultos que se consideran inocentes formas de entretenimiento. Cuando yo era pequeño, muchos adolescentes en escuelas públicas realizaban sesiones de espiritismo, gritando rítmicamente y quemando velas, utilizando encantamientos en un intento de poner una maldición sobre sus enemigos. Pero el verdadero mundo de lo oculto no es un juego; es muy serio y finalmente puede abrir la puerta a la opresión demoníaca, la depresión o la posesión.

Uno de los populares juegos cuando yo era joven era la tabla de guija. Estaba basada en un antiguo principio egipcio de utilizar oráculos para invocar a los dioses. La tabla es rectangular y tiene ciertas palabras y letras en ella. Dos personas hacen una pregunta a la tabla mientras ponen sus manos sobre un objeto triangular con un cristal circular en el centro. Supuestamente, un espíritu dará la respuesta deslizando de modo sobrenatural la base triangular por la tabla a medida que las personas que están jugando leen cada letra en la que el objeto se detiene.

Practicar ese tipo de juegos es peligroso; puede introducir, y lo hará, a los jugadores a *espíritus familiares*, un tipo de entidad demoníaca muy seductora. Un espíritu familiar es un espíritu demoníaco que está familiarizado con la gente, los lugares y las circunstancias. También puede unirse a una familia y permanecer con ella durante muchas generaciones. Debido a la actividad de los espíritus familiares, las sesiones de espiritismo son muy peligrosas. Una persona que participe puede creer que está literalmente estableciendo contacto con un ser querido que ha fallecido cuando, en realidad, el líder espiritista o es un farsante bien entrenado, o se está manifestando un espíritu familiar. Yo vi una actividad así en televisión, en la que un hombre había consultado a un médium que supuestamente hablaba con los muertos. Después del encuentro, el hombre creyó que realmente había contactado con su ser querido debido a la información que el espíritu conocía y que solamente ese familiar podría haber conocido.

En realidad, un espíritu familiar puede conocer información

sobre una persona, e incluso tener conocimiento limitado de acontecimientos futuros. Cuando Cristo expulsaba espíritus malignos, ellos con frecuencia le reconocían como el Hijo de Dios (Marcos 3:11). En uno de esos encuentros, los espíritus preguntaron a Cristo: "¿Has venido acá para atormentarnos antes de tiempo?" (Mateo 8:29). Esos demonios eran plenamente conscientes de su destino futuro, como se indica cuando Cristo expulsó a la legión del hombre de Gadara. Cuando los espíritus se iban, suplicaban a Jesús "que no los mandase ir al abismo" (Lucas 8:31). La palabra *abismo* es la traducción de la palabra griega *abussos*, que se traduce ocho veces en el libro de Apocalipsis como "pozo" en la frase "pozo del abismo" (Apocalipsis 9:1-2, 11; 11:7; 17:8; 20:1, 3). Este pozo debajo de la tierra es el destino final de eterna prisión para las potestades demoníacas. Notemos que los demonios sabían quién era Cristo, sabían que había sido enviado para destruirlos, y conocían sobre su destino final. Los espíritus malignos son muy engañosos, y los espíritus familiares obran por medio de las sesiones de espiritismo y los juegos ocultos. Pueden revelar información que ya ha sido pública y realmente tener conocimiento de acontecimientos planeados en el mundo espiritual.

Drogas ilegales

El libro de Apocalipsis enumera los pecados que se destacarán en los últimos tiempos antes del regreso de Cristo a la tierra.

> Y los otros hombres que no fueron muertos con estas plagas, ni aun así se arrepintieron de las obras de sus manos, ni dejaron de adorar a los demonios, y a las imágenes de oro, de plata, de bronce, de piedra y de madera, las cuales no pueden ver, ni oír, ni andar; y no se arrepintieron de sus homicidios, ni de sus hechicerías, ni de su fornicación, ni de sus hurtos.
> —APOCALIPSIS 9:20-21

Según estos versículos, hay cinco pecados destacados en los tiempos del fin:

Adoración a ídolos. Muchas de las principales religiones del mundo permiten la adoración de ídolos y dioses falsos. En la religión

LIMPIE su **CASA** y la de su **FAMILIA**

hindú, casi todo lo que pueda ver el ojo humano se acepta como un dios. En India hay un templo para las ratas, donde se adoran cientos de miles de ratas, y los adoradores llevan comida para ellas. Todos oran para ver la rata blanca, que es el dios principal del templo.

Homicidio. Asesinar es matar a un inocente. Incluye matar a sangre fría, homicidio voluntario y derramamiento de sangre inocente, como ocurre cuando un doctor mata a un niño en una clínica en el vientre de su madre. En América se han practicado unos 50 millones de abortos desde el caso *Roe v. Wade* en 1973.[2] En el libro de Apocalipsis se nos dice que el mundo será juzgado por el derramamiento de la sangre de los mártires (Apocalipsis 6:10) y por matar a los santos y a los profetas (Apocalipsis 18:24).

Inmoralidad sexual. Sobre la base de la definición bíblica, la inmoralidad sexual incluye adulterio (sexo entre dos personas casadas que no están casadas entre sí), fornicación (sexo entre individuos solteros), y relaciones entre personas del mismo sexo. Cuando se tiene una relación sexual con una persona fuera del matrimonio, la Biblia dice que los dos son una sola carne. Esto no es sólo un acto pecaminoso, sino que también crea una unión física y emocional del alma que lleva a ambas partes a un nivel de unión y dependencia, que a menudo desemboca en un divorcio terrible e impacta a las familias de ambas personas.

Robos. Pensamos en un ladrón como alguien que roba en una tienda o alguien que mete su mano en la caja chica y toma unas cuantas monedas para costear la gasolina. Sin embargo, vemos ejecutivos de alto nivel robando miles y millones de dólares de inversores y accionistas sin parpadear. Siempre que se produce una disminución de la economía, se produce también un aumento de robos y atracos.

Hechicería. Éste quizá sea el espíritu más fuerte de todos los espíritus que controlarán a las personas en los tiempos del fin. Pensamos en la hechicería como algo vinculado a lo oculto o la brujería. No obstante, el significado de esta palabra es mucho más profundo. La palabra en griego para *hechicería* es *pharmakeia* (Apocalipsis 18:23). Obtenemos nuestra palabra en español para *farmacia* de esta palabra. Se usa cinco veces en el Nuevo Testamento (Gálatas 5:20; Apocalipsis 9:21; 18:23; 21:8; 22:15). A veces se traduce como *hechicería* y otras veces como *brujería*.

Según el diccionario *Vine's Expository Dictionary of New Testament Words*, el significado de *hechicería* es: "Un adjetivo que significa 'dedicado a las artes mágicas', se usa como nombre, hechicero, especialmente uno que usa drogas, pociones, hechizos y encantamientos".[3] Según el apóstol Juan, naciones enteras serán engañadas por estos hechiceros (Apocalipsis 18:23).

En realidad, ¡este espíritu *pharmakeia* es el espíritu de las drogas ilegales y la adicción a la droga! No cabe duda de que el espíritu demoníaco encargado de controlar Norteamérica es un espíritu de hechicería, o un espíritu de *pharmakeia*. Vea la cantidad de drogas que han surgido y continúan consumiéndose en Norteamérica:

- Marihuana (chocolate)
- LSD
- Heroína
- Cocaína
- Crack
- Metadona
- DXM en medicamentos para la tos

Hay movimientos enteros que se organizan en América para legalizar la marihuana para uso médico, diciendo que debería legalizarse porque es una droga natural positiva. La marihuana no es una planta nueva. Se ha usado durante miles de años, tan antiguamente como en los rituales chamanísticos en India, China y Asia. En el año 100, el escritor chino Pen Ching dijo que si se tomaba durante un largo periodo de tiempo, la marihuana hace que podamos comunicarnos con espíritus. Un sacerdote toaista dijo en el siglo V a.C. que la marihuana era empleada por los nigromantes para descubrir el futuro.[4] Según DAWN (Asociación contra el abuso de drogas), en 2005 la marihuana fue la causante de 242.200 visitas de emergencia.[5]

LIMPIE su **CASA** y la de su **FAMILIA**

El veinte por ciento de los encuestados que han consumido marihuana dijeron que habían sido tomados por una fuerza externa o voluntad que era hostil o malvada.[6] La marihuana siempre abre la puerta a otros tipos de drogas más fuertes y adictivas.

Hay muchas historias que puedo compartir sobre el abuso de las drogas y los espíritus malignos. Como adolescente, uno de nuestros amigos del ministerio, Kelvin McDaniel, estaba fumando hongos alucinógenos con un amigo. Estaban sentados en el sofá viajando, cuando de repente Kelvin vio un espíritu demoníaco caminando por las paredes y diciendo en tono burlón: "Ves, las oraciones de tu madre no funcionan". Kelvin gritó, y lo mismo hizo su amigo en el sofá.

Su amigo dijo: "¿Has visto a ese hombrecito y has oído lo que dijo?". Ambos vieron y oyeron lo mismo, y al haber crecido en una iglesia, Kelvin sabía que ambos habían visto un espíritu maligno.

Un pastor amigo muy cercano estaba una vez en una fiesta con otras quince personas. De repente, vio a una criatura extraña salir de la televisión, y comenzó a maldecirle. Él sabía que estaba alucinando, pero lo que realmente le impactó fue ver que otras personas en la habitación vieron y escucharon lo mismo en el mismo instante. Lo que de verdad le asustó fue descubrir que todos los que vieron ese espíritu tenían un trasfondo eclesial, ¡y habían sido educados en hogares cristianos!

Alucinar y colocarse puede parecer una diversión inocente que le ayuda a escapar de las heridas de su vida, pero el adversario nunca le enseña las miles de personas que murieron por una sobredosis, o aquellos cuyo corazón se paró y sus pulmones se estropearon, o aquellos que murieron en su propio vómito. Este demonio de adicción es el principal espíritu controlador de los Estados Unidos.

Alcohol

Cuando era pequeño, en ninguna o muy pocas ocasiones escuchábamos de algún cristiano comprometido que bebiera ningún tipo de bebida fuerte. La mayoría de los cristianos, incluso de nuestros trasfondos más nominales, consideraban el consumo de alcohol como una trampa espiritual que podía abrir la puerta a muchos peligros, incluyendo el alcoholismo. En la actualidad, usando la libertad cristiana como su chivo expiatorio, muchos cristianos ahora están empezando a beber. Enseñan que beber alcohol está bien siempre que sea con moderación. Yo les recuerdo que lo que hacen hoy con moderación, sus hijos lo harán mañana en exceso. Esto se debe a que la siguiente generación siempre es más tolerante con el pecado y más liberal en su manera de pensar que las generaciones previas.

Me acuerdo de una historia verdadera que escuché una vez de un padre que se despertó en mitad de la noche cuando un policía le preguntó por su hijo y el tipo de auto que conducía. El policía dijo que el hijo de ese hombre, que acababa de cumplir los 18, murió en un accidente de tráfico por conducir ebrio. El padre se enfureció y dijo: "¡Destruiré al hombre que le ofreció a mi hijo el alcohol para qué lo bebiese!". Tras informar a su esposa, el papa destrozado fue al armario donde guardaba los licores y encontró una nota de su hijo. El muchacho había tomado varias botellas de licor y escribió: "Papá, ahora que tengo dieciocho años, estoy seguro de que no te importará si bebo un poco esta noche con algunos amigos". El licor del padre mató a su propio hijo. Puede que usted disfrute de su vaso de vino, pero sus hijos irán al bar de la esquina y beberán con sus amigos. Sus nietos puede que se hagan alcohólicos y finalmente se maten a sí mismos, o a otras personas, al conducir borrachos. Sucede miles de veces cada año. ¿Quiere usted tener eso en su conciencia? Como cristiano, puede que haya cosas que me está permitido hacer, *pero que no haré* porque quiero dar un buen ejemplo mis hijos y no ser una piedra de tropiezo para otros. ¡Usted nunca tiene que convencer a un ex alcohólico de que beber no está bien!

Considere lo siguiente:

- En los Estados Unidos, el consumo de alcohol produce más de 100.000 muertes cada año por los daños y enfermedades relacionadas con el alcohol.[7]

LIMPIE su **CASA** y la de su **FAMILIA**

- El 41% de los accidentes de tráfico, la principal causa de muerte para los americanos hasta los 34 años de edad, están relacionados con el alcohol, según la NHTSA.[8]
- En 2001–2002, alrededor de un 70% de jóvenes en los Estados Unidos, o unos 19 millones de personas, consumieron alcohol en el año anterior a la encuesta.[9]
- Más de 15 millones de americanos dependen del alcohol. Quinientos mil tienen entre nueve y doce años de edad.[10]
- Los americanos gastan un total de más de 90 mil millones de dólares en alcohol cada año.[11]

Considere esto. En la Biblia, nada bueno resultó de las bebida fuertes y fermentadas. Noé se emborrachó, y Canaán hizo algo tan malo que Noé le puso bajo maldición (Génesis 9:24-25). Cuando las hijas de Lot emborracharon a su padre, éste cometió incesto, y las hijas dieron a luz dos hijos de su propio padre (Génesis 19:32-38). David intentó que Urías, marido de Betsabé, se emborrachase para cubrir su propio pecado de adulterio (2 Samuel 11:13). El rey Belsasar bebió vino de los vasos sagrados del templo judío, y esa misma noche murió a manos de los ejércitos invasores persas (Daniel 5:23-30). Cuando los sacerdotes del templo comenzaron a desviarse de Dios y a beber vino, se olvidaron de las leyes de Dios y pervirtieron el juicio (Isaías 28:7-8). Dios castiga a los sacerdotes con la muerte si bebían bebidas fuertes cuando entraban en el tabernáculo (Levítico 10:9).

Hay literalmente millones de personas que tienen una personalidad adictiva. Cuando fuman el primer cigarrillo, terminan fumando varios paquetes a la semana. Cuando toman su primer trago de alcohol, necesitan dar un trago para levantarse y otro para acostarse. Cuando fuman marihuana, deben seguir el proceso o de lo contrario se deprimirán.

La realidad es que usted no puede jugar con el espíritu de *pharmakeia*, ya que este espíritu es uno de los espíritus más fuertes, si no el más fuerte, que controla gran parte de Norteamérica. Su naturaleza carnal quiere alimentarse de pecados carnales porque el pecando se siente bien. Su espíritu debe ser fuerte para resistir los deseos de la carne en el hombre.

Perversión sexual

Dios creó a los hombres y las mujeres con una atracción el uno por el otro. El creó el sexo no sólo para la procreación sino también para disfrutar de momentos íntimos en el vínculo de un pacto de matrimonio. Actualmente, con más del cincuenta por ciento de matrimonios terminando con un divorcio, el vacío que se produce en la relación a menudo se llena con una actividad sexual fuera del acto normal del matrimonio, incluyendo fornicación y adulterio. La Biblia enseña que algunas formas de perversión sexual pueden producir un espíritu de confusión.

> No te echarás con varón como con mujer; es abominación. Ni con ningún animal tendrás ayuntamiento amancillándote con él, ni mujer alguna se pondrá delante de animal para ayuntarse con él; es perversión.
> —Levítico 18:22–23

> Si alguno durmiere con su nuera, ambos han de morir; cometieron grave perversión; su sangre será sobre ellos.
> —Levítico 20:12

Cuando un joven recibe el abuso de un hombre mayor, trae confusión y puede llevarle a relaciones homosexuales cuando el niño se convierta en un hombre. Lo mismo ocurre cuando una joven recibe el abuso sexual de su padre o de otro familiar. Produce una confusión mental y puede crear una atracción antinatural hacia el mismo sexo que finalmente lleva a que los hombres estén con hombres y las mujeres estén con mujeres.

He conocido a varias personas que han estado en un estilo de vida alternativo como es el gay. Cuando escuché sus historias personales, mi corazón se rompió. Tres de los hombres que conozco sufrieron abusos a una temprana edad a manos de hombres de la iglesia a la que asistían. Uno recibió los abusos del pastor. Varias de las

LIMPIE su CASA y la de su FAMILIA

mujeres contaron historias relacionadas con el abuso que sus padres ejercieron sobre sus madres, e incluso de cómo sus padres tuvieron relaciones sexuales con ellas cuando eran niñas. Esos asaltos sobre los niños y adolescentes crearán un espíritu de confusión.

En la iglesia primitiva había individuos que habían vivido en tales ataduras carnales antes de acudir a Cristo. Pablo les advierte:

> ¿No saben que los malvados no heredarán el reino de Dios? ¡No se dejen engañar! Ni los fornicarios, ni los idólatras, ni los adúlteros, ni los sodomitas, ni los pervertidos sexuales,[10] ni los ladrones, ni los avaros, ni los borrachos, ni los calumniadores, ni los estafadores heredarán el reino de Dios.
> —1 Corintios 6:9–10, NVI

Observe la siguiente frase de Pablo:

> Y eso eran algunos de ustedes [antes]. Pero ya han sido lavados (purificados por una expiación completa del pecado y liberados de la culpa del pecado), ya han sido santificados (apartados, consagrados), ya han sido justificados [declarados justos, al confiar] en el nombre del Señor Jesucristo y por el Espíritu [Santo] de nuestro Dios.
> —1 Corintios 6:11, NVI

Él dijo: "Y eso eran algunos de ustedes". La iglesia primitiva estaba llena de hombres y mujeres que habían sido *liberados* de toda clase de pecado, atadura y estilo de vida impío. El poder de la sangre de Cristo no sólo perdona pecados, sino que también puede romper el yugo de esclavitud sobre la vida de una persona.

Líneas paranormales

Hace años oí la noticia de una mujer que gastó más de treinta mil dólares en un mes por una factura de teléfono al contactar con una línea paranormal. Hay varias afirmaciones importantes que quiero hacer en relación con estos timos lucrativos.

Primero, ¿por qué pagaría usted a alguien 4,95 céntimos por minuto por oír a una persona informándole de algo que usted ya sabe? Usted ya sabe que está casado, que tiene hijos o que a veces está viviendo bajo estrés. Usted sabe que necesita más dinero y que quiere más afirmación, y cosas así. Sin embargo, algunas personas se aferran a cada palabra de alguien que dice ser vidente. Muchos de esos operadores que están al teléfono no tienen poderes paranormales, pero mantendrán una conversación y comenzarán a decirles a las personas lo que ellas quieren oír. Dicen cosas como: "Va a encontrar un nuevo trabajo donde ganará mucho dinero"; o: "Conocerá a una persona que se hará muy amiga suya y le ayudará a hacer que sus sueños sean realidad". La persona que llama nunca conoce personalmente la voz que está al otro lado de la línea, y por tanto, cuando el vidente se equivoca, no tiene que responsabilizarse de sus palabras, tan sólo recibir un buen cheque por mantener a la persona que llamaba al teléfono el mayor tiempo posible.

Hace años estaba predicando en Modesto, California, donde supuestamente había una mujer que había perdido sus capacidades paranormales tras haberle realizado un escáner cerebral en un hospital local. Ella puso una demanda al hospital por dos millones de dólares. ¡Lo triste es que ganó el caso! Me hubiera encantado haber estado en la sala del tribunal para hacerle una pregunta: "¿Así que dice que usted era vidente y podía revelar el futuro? Entonces, ¿cómo es posible que no supiera que el escáner cerebral le haría perder sus capacidades?". ¡Caso cerrado!

Una de las líneas paranormales más populares de América estaba presentada y promovida por una celebridad muy conocida de Hollywood. La publicidad animaba a las personas a llamar al número a altas horas de la noche para conseguir una palabra que la persona necesitaba oír. Esos videntes realmente debieron de equivocarse mucho en sus predicciones, ¡porque la línea sufrió una bancarrota tras acumular una deuda de veinte millones de dólares!

Además de evitar esos tipos de estafas para hacer dinero, a los cristianos que mantienen su pacto con Dios les está prohibido consultar brujas, hechiceros y todos aquellos que funcionan a través de espíritus familiares (Deuteronomio 18:10-12). Esto incluye consultar a astrólogos que creen que los ciclos de su vida están diseñados

LIMPIE su CASA y la de su FAMILIA

según la posición de su mapa de estrellas. Su vida no está dirigida por las estrellas, ¡sino por el Creador! La razón por la que Dios prohíbe contactar con espíritus familiares es simple: el adversario es un mentiroso y el padre de toda mentira (Juan 8:44). Cualquier predicción hecha por un espíritu familiar conlleva dolor, muerte, sufrimiento y problemas. Jesús vino para dar vida, y vida en abundancia (Juan 10:10).

El Espíritu Santo puede mostrarle las cosas venideras, y su revelación siempre será precisa y siempre le dirigirá a Cristo (Juan 16:13).

Darles a los espíritus autoridad en su vida

Una de las conversaciones más extrañas y a la vez reveladoras en la que jamás he participado ocurrió a mitad de los años ochenta. Yo estaba llevando a cabo una actividad de avivamiento de tres semanas en Carolina del Sur. Durante la reunión conocí a un caballero que se había mudado a esa pequeña ciudad desde una gran ciudad del oeste. Trabajaba para una gran compañía de informática y era bien educado desde un punto de vista secular. Una noche, tras el servicio, pasé varias horas escuchando a ese hombre mientras revelaba lo que había aprendido sobre la guerra espiritual cuando era un pecador.

Contaba que fue educado en un hogar secular, pero finalmente se involucró en una religión que era una mezcla de Nueva Era, hinduismo y otras creencias. Él y su esposa asistían a una denominada iglesia donde se les enseñaba a las personas una mezcla de muchas enseñanzas extrañas. En ese tiempo él nunca había oído enseñanzas bíblicas sobre los ángeles y los demonios. Le enseñaron que había espíritus de luz y de tinieblas. Contaba que algunos individuos del grupo realmente consultaban a espíritus oscuros para poner maldiciones a personas que les hacían la competencia en los negocios. En una ocasión, un hombre envió a un espíritu para que hiciera morir su esposa de manera prematura a fin de poder casarse con otra mujer de la que se había enamorado.

Entonces ese hombre dijo algo que nunca he olvidado. Dijo que

No lleve cosas malditas a su casa

en varias ocasiones había visto realmente a espíritus malignos, y que siguió viéndolos durante un tiempo incluso después de su conversión. Dijo: "No conozco otra manera de describirlos que diciendo que eran de varios tamaños, y algunos tienen la apariencia de un gran mono o simio muy feo". Luego continuó: "Cuando yo vivía en las grandes ciudades, estos espíritus eran mayores en tamaño, como un gran gorila. Cuando me mudé a Bible Belt en Carolina del Sur, eran mucho más pequeños, como un pequeño chimpancé, o tan pequeños como para sentarse en el hombro de una persona y hablarle al oído". Pero es lo que dijo después lo que nunca olvidaré.

Le pregunté por qué los espíritus eran mayores en tamaño en las ciudades grandes y más pequeños en las comunidades rurales. Él respondió: "Perry, los espíritus malignos se alimentan del pecado de la misma manera que las personas crecen físicamente y reciben sus nutrientes de la comida". Continuó: "En las ciudades grandes hay más pecado, especialmente perversión sexual y abuso de drogas, y a medida que las personas pecan, estos espíritus obtienen más fuerza y autoridad. En Bible Belt hay más iglesias, enseñanza bíblica, y personas que tienen un estándar moral más alto que en la mayoría de las ciudades. Por eso los espíritus no tienen el mismo nivel de pecado del que alimentarse, y su tamaño y autoridad son mucho menores, ya que la Palabra de Dios tiene autoridad sobre ellos".[12]

Si hubiera mantenido esa conversación con un cristiano vigoroso con una gran imaginación, habría sonreído y habría dicho: "Eso es interesante". Pero sabía que ese hombre era un intelectual, y sus detalles eran mayores de lo que cualquier imaginación pudiera retratar. Cuando dijo que los espíritus se alimentan del pecado y crecen en tamaño y en autoridad de la misma manera que las personas comen comida y crecen, creo que fue una revelación importante que podría explicar por qué los espíritus son más fuertes sobre algunas naciones que sobre otras. Como dice la Biblia, nuestra guerra espiritual es contra "huestes espirituales de maldad en las regiones celestes" (Efesios 6:12).

Por ejemplo, Daniel era un esclavo hebreo en Babilonia, y pasó 21 días en oración y ayuno, buscando a Dios para entender una visión que había recibido. Tras 21 días, el ángel del Señor informó a Daniel que él (el ángel) se dirigió a la tierra *desde el primer día* en que la oración de Daniel fue oída, pero que el poderoso príncipe de Persia le estorbó, impidiendo el acceso del ángel a Daniel durante tres semanas (Daniel 10:1-13). Normalmente, un ángel del Señor tenía acceso inmediato entre el cielo y la tierra, pero este ángel fue obstaculizado por un espíritu mucho más fuerte de lo que normalmente vemos en la Biblia.

Daniel no estaba viviendo ni practicando el pecado; sin embargo, la nación de Babilonia, donde él residía, estaba llena de idolatría y maldad. El gobierno de Babilonia había preparado un horno de fuego para echar en él a todos aquellos que rehusaran postrarse ante sus imágenes (Daniel 3), y después, los líderes de Persia que gobernaban desde Babilonia aprobaron leyes para impedir que las personas orasen, lo cual envió al inflexible Daniel al foso de los leones (Daniel 6). Este ataque sobre el justo es posiblemente a lo que Pablo hizo alusión cuando enseñó: "Porque no tenemos lucha contra sangre o carne, sino contra principados, contra potestades, contra los gobernantes de las tinieblas de este siglo, contra huestes espirituales de maldad en las regiones celestes" (Efesios 6:12).

Quizá cuando usted oró, Dios ha oído sus palabras, pero su respuesta se está viendo obstaculizada por fuerzas invisibles en la atmósfera celestial. Daniel se negó a abandonar y finalmente recibió su respuesta del Señor.

Cambie la atmósfera en su hogar

Ninguno de nosotros desea dejar de trabajar, regresar de la universidad o visitar a nuestra familia y entrar en el foso de los leones del enojo, en un horno de fuego de riñas o en una atmósfera de tensión. Creo que hay cuatro métodos que pueden ayudarle a hacer de su hogar un lugar de paz y gozo.

1. Establecer los linderos en su casa

Los linderos son un conjunto de límites que indican lo que está permitido y lo que no. Algunos se ponen desde una perspectiva práctica y otros por razones de salud. Mi esposa y yo tenemos dos hijos; uno es un varón de veinte años, y la otra una niña de casi diez. Cuando un niño llega a la adolescencia, él o ella probarán esos límites y a menudo desafiarán la autoridad bajo la que han vivido. Es entonces cuando es necesario pensar el amor para mantener su línea y no transigir.

Por ejemplo, nosotros no permitimos que se fume dentro de nuestra casa. Mi esposa y yo no fumamos, y no queremos que nuestra casa huela a humo, ni queremos que se provoque un posible incendio a medianoche porque alguien esté fumando en el dormitorio. No permitimos que haya bebidas alcohólicas en nuestro hogar, como cerveza, vino o licores. Somos abstemios, y no queremos participar en algo que pudiera animar a nuestros hijos a seguir nuestra práctica, lo cual podría finalmente llevarles a unas ataduras alcohólicas. No tenemos ningún canal de pago que permita que llegue pornografía a nuestra televisión. Estos son límites que hemos establecido, y si se rompen, se rompen en contra de nuestra voluntad y sin nuestro conocimiento. Usted debe ponerse de acuerdo y establecer límites para impedir la entrada de basura no deseada en su hogar.

2. Edificar un altar en su casa

Pensamos en los altares como el típico altar de madera especial en una iglesia local o al frente del santuario. En la Biblia, los altares se construían de piedra, bronce e incluso oro, como en el altar de oro para el incienso.

Por definición, un altar era un lugar de reunión entre Dios y el hombre. El altar más importante es el lugar que apartamos para reunirnos con Dios y encontrarnos con su presencia.

Tengo un amigo que tiene un altar que es una silla blanca que una vez perteneció a un intercesor comprometido que pasaba horas

LIMPIE su CASA y la de su FAMILIA

sentado en esa silla orando. En dos ocasiones en las que visité a este amigo, me senté en la vieja silla a orar y a pedirle a Dios dirección específica. Curiosamente, en ambas ocasiones recibí instrucciones claras y la inspiración necesaria para terminar una tarea que hasta entonces había tenido poca claridad y certeza.

En la Biblia, los altares eran lugares donde los patriarcas y los hombres de Dios marcaban las visitas especiales de ángeles y del Todopoderoso. En momentos de angustia y necesidad, regresaban al lugar original de la visita y llevaban ofrendas a Dios, pidiendo su intervención. De la misma forma, en nuestros hogares deberíamos tener un lugar específico apartado donde poder reunirnos con el Señor en la intimidad. Al comienzo de mi ministerio, preparé un lugar en mi vestidor, tomándome las palabras de Cristo de manera muy literal: "Mas tú, cuando ores, entra en tu aposento, y cerrada la puerta, ora a tu Padre que está en secreto; y tu Padre que ve en lo secreto te recompensará en público" (Mateo 6:6). Hoy tengo varios lugares en mis oficinas y en casa donde paso tiempo a solas con el Señor. Identifique un lugar tranquilo (en su porche, en su oficina o en un dormitorio) donde pueda cerrar la puerta y comenzar a orar.

3. Ungir su casa

La unción del Espíritu Santo es una presencia interna, una energía divina que mora en el espíritu (lugar santísimo) de un creyente lleno del Espíritu. Sin embargo, hay un acto de ungir que se lleva a cabo ungiendo con aceite a quienes están enfermos y desean la recuperación o sanidad (Santiago 5:14-15). Las oraciones ungidas son las formas de oración más efectivas que se pueden hacer.

Ungir su casa conlleva tomar una pequeña porción de aceite de oliva, que representa la unción del Espíritu Santo, y aplicarla con su dedo sobre los postes de su puerta, tanto por fuera como por dentro del hogar. Aunque el aceite en sí no tiene ningún valor intrínseco, en las Escrituras el acto de ungir se veía como la consagración de una persona o cosa para Dios. En los tiempos de Moisés, el aceite se usaba para ungir al sumo sacerdote, a sus hijos, el mobiliario del tabernáculo e incluso se mezclaba con el pan de la mesa de la proposición, según se narra en Éxodo capítulos 29, 30 y 40.

Cuando se derramaba el aceite de la unción sobre las cabezas de los líderes, el Espíritu Santo descendía sobre ellos, como se narra cuando Samuel ungió al joven David en medio de sus hermanos (1 Samuel 16:13). A lo largo de la Biblia, el aceite alude a la unción, y la unción es lo que aparta a una persona para el ministerio y la autoridad espiritual.

4. Marcar su casa

El Señor ordenó a los primeros israelitas que marcaran las puertas de sus hogares con la Palabra de Dios. Esto sería difícil hoy día y llamaría, sin duda alguna, la atención si comenzáramos a escribir la Biblia en el exterior de nuestra casa. En los tiempos de la Biblia se diseñó un objeto sagrado llamado *mezuzá* (que significa dintel). Es una cajita que tiene un rollito de pergamino en su interior, en el cual hay escritos versículos de las Escrituras. Está atado al lado derecho de los dinteles de los hogares de los judíos que guardan la Torá. Está basado en el siguiente pasaje:

> Oye, Israel: Jehová nuestro Dios, Jehová uno es. Y amarás a Jehová tu Dios de todo tu corazón, y de toda tu alma, y con todas tus fuerzas. Y estas palabras que yo te mando hoy, estarán sobre tu corazón; y las repetirás a tus hijos, y hablarás de ellas estando en tu casa, y andando por el camino, y al acostarte, y cuando te levantes. Y las atarás como una señal en tu mano, y estarán como frontales entre tus ojos; y las escribirás en los postes de tu casa, y en tus puertas.
>
> —Deuteronomio 6:4–9

En mi libro *Se descifra el código judío* escribí:

> ¿Cómo puede una persona "atar" la Palabra de Dios en sus manos y ponerla como frontal entre sus ojos y escribirla en las puertas y dinteles de su casa? De estos mandamientos surgieron varias costumbres judías. La primera fue la creación de un *tefilin*, también llamado *filacterias*. Es una pequeña caja

LIMPIE su CASA y la de su FAMILIA

cuadrada negra con una larga tira de cuero. La caja contiene cuatro compartimentos con cuatro pasajes: Deuteronomio 6:4-9; Deuteronomio 11:13-21; Éxodo 13:1-10; y Éxodo 13:11-16. Estos versículos para el tefilín los escribe un escriba en un pequeño pergamino legal con una tinta negra especial.

El tefilín tiene dos cajas, cada una de ellas unida a las tiras negras de cuero. Una se ata alrededor del bíceps al nivel del corazón, y la otra por encima de la frente, pero no por debajo del cuero cabelludo. Después se atan las cintas alrededor de los dedos, la palma de la mano, la muñeca y el brazo. Se repiten dos bendiciones mientras se coloca el tefilín en el bíceps y la frente. En el tiempo de Cristo, las filacterias se las ponían los judíos que guardaban la Torá. Jesús, como judío, llevaría las filacterias. Sin embargo, reprendió a ciertos fariseos por agrandar las cajas para parecer más espirituales que otros y para ser vistos por los hombres (Mateo 23:5). La mayoría de los jóvenes judíos comienzan a usar el tefilín justo antes de cumplir los trece años.

El segundo artículo creado sobre la base de Deuteronomio 6:4-9 fue la mezuzá. Una mezuzá legal contiene las palabras del Shema (Deuteronomio 6:4-9) y un pasaje de Deuteronomio 11:13-21 escrito por un escriba entrenado sobre un pequeño pergamino de un animal legal (vaca u oveja). El nombre de Dios se escribe en la parte posterior del pergamino, y el pequeño papiro se enrolla y se coloca en la caja mezuzá.

La caja normalmente se decora y está hecha de cerámica, piedra, cobre, plata, cristal, madera o incluso de peltre. Los diseños varían y no tienen ningún significado espiritual, pero el pergamino mismo contiene el significado de la mezuzá. La mayoría de las mezuzá tienen en la superficie exterior la letra hebrea *shin*, la vigésimo primera letra del alfabeto hebreo, que representan la primera letra en el hombre de Dios, *Shaddai*. El hombre *Shaddai* es un nombre que sirve como acrónimo para "Guardián de las puertas de Israel". La caja está diseñada para proteger el pergamino del tiempo o de otros elementos que pudieran dañar la tinta.[13]

El propósito de la mezuzá

La palabra *mezuzá* es la palabra hebrea utilizada para los dinteles de las puertas. Algunos han sugerido que el propósito de la mezuzá era recordarles a los judíos, de una manera continua, la sangre del cordero, la cual, cuando se aplicó sobre las puertas en Egipto, impidió que el ángel destructor entrase a los hogares y matase a los primogénitos. Esta teoría, sin embargo, es una opinión y no está basada en el entendimiento rabínico del propósito de la mezuzá.

Algunos judíos, identificados como místicos, tienden a ver la mezuzá como cierta forma de encanto pensado para ahuyentar los espíritus malignos, pero sin duda alguna esa no es la intención original. Es un recordatorio para los que viven en ese hogar de que la casa ha sido dedicada a Dios y que quienes viven en ella deberían comprometerse a caminar en consonancia con la Palabra de Dios. Sin embargo, se ve como un objeto que le recuerda a Dios que debe proteger el hogar. El Talmud enseña que una mezuzá adecuada *puede* traer larga vida y protección a los habitantes de esa casa. Una historia del Talmud cuenta de un rey que le dio un diamante a un rabí como regalo, y el rabí a cambio le dio al rey una mezuzá, lo cual ofendió al rey. El rabí le dijo al rey: "Tendré que contratar guardias para proteger mi casa por el regalo que usted me dio, pero el regalo que yo le di protegerá su hogar".

Colocación de una mezuzá

Del mismo modo que existen unas leyes muy estrictas para enseñar a los escribas a escribir y preparar pergaminos sagrados, hay unas pautas muy estrictas sobre cómo colocar una mezuzá y las oraciones que deberían hacerse.

En primer lugar, la mezuzá debe fijarse en el lado derecho de la puerta según se entra a la habitación. En las casas judías, cada puerta (salvo la puerta del baño) tiene una mezuzá, a menos que la puerta haya sido entablada. La mezuzá se coloca a la altura del hombro por debajo del dintel de la puerta. Los judíos Ashkenazi

LIMPIE su CASA y la de su FAMILIA

colocan la mezuzá con una ligera inclinación, con la parte superior dirigida hacia la habitación. La costumbre sefardita es colocar la mezuzá en un ángulo vertical.

También es costumbre besar la mano derecha y tocar la mezuzá cuando se entra en el hogar. Le recuerda a la persona que entra en la casa que debe guardar la Palabra de Dios: "...cuando te sientes en tu casa, cuando andes por el camino, cuando te acuestes, y cuando te levantes" (Deuteronomio 11:19).

La oración

Antes de situar la mezuzá, se debe hacer una oración especial:

> Bendito eres tú, Adonai nuestro Dios, creador del universo, que nos santifica con santos mandamientos y nos ordena preparar una mezuzá.

Como una nota personal, cada vez que entro y salgo de mi hogar, paso junto a una mezuzá. Es un recordatorio físico de que mi casa y mi familia están consagrados a Dios. También me acuerdo de que yo soy un representante del Señor en mi llamado y mi trabajo, y que debo trabajar para seguir los requisitos de su pacto. Cuando regreso por la noche, veo la mezuzá, y me acuerdo de que mi hogar es una morada para el Señor y que en todo lo que hago debo glorificarle, dando ejemplo de fe en mi familia y enseñando a mis hijos las Escrituras. Por tanto, para mí, el propósito de la mezuzá es evidente: un recordatorio del pacto de Dios con mi familia y mi casa.

Fortalecer los cimientos

Yo personalmente coloqué cuatro versículos en cajas de protección en las cuatro esquinas de dos edificios especiales cuando estaban siendo construidos: en las segundas instalaciones de nuestro ministerio, que albergan la oficina donde yo estudio, escribo y oro, y en los cimientos de nuestro hogar. Los cuatro versículos tienen que ver con una promesa en concreto del Señor:

- Un versículo para la *protección angelical*—Salmo 34:7
- Un versículo para la *salud y la sanidad*—1 Pedro 2:24
- Un versículo para la *salvación de la familia* —Hechos 16:31
- Un versículo para la *prosperidad*—3 Juan 2

Estos versículos se metieron en una caja y se cubrieron de cemento para asegurar que soportasen el paso de los años. No fue la expresión de una fórmula mágica o un ritual extraño; se hizo para mostrarle al Todopoderoso nuestra fe en su Palabra para guardar sus promesas en nuestras vidas. Como está escrito:

Has visto bien —dijo el Señor—, porque yo estoy alerta para que se cumpla mi palabra.
—JEREMÍAS 1:12

Mi escondedero y mi escudo eres tú; en tu palabra he esperado.
—SALMOS 119:114

La Palabra de Dios no se activa y opera en su vida simplemente porque tenga usted una Biblia en su mano o tenga una Biblia colocada en cada habitación de su casa. La Palabra de Dios es inspirada, y cuando se enseña, hay una energía divina que se libera cuando las palabras se reciben en el espíritu humano. Cuando usted actúa en base a su fe, el poder creador de Dios puede liberarse y actuar en su situación.

Cristo continuamente ordenaba a las personas que hicieran algo antes de que la persona pudiera recibir algún milagro. Le dijo al hombre con la mano seca: "Estira tu mano". Y cuando el hombre hizo el esfuerzo, experimentó una sanidad instantánea (Mateo 12:10-13). Cristo puso barro en los ojos de un ciego y dijo: "Ve, lávate en el estanque de Siloé", y fue conducido a las aguas de ese famoso estanque, se lavó y regresó viendo (Juan 9:6-11). Le ordenó al parapléjico: "Levántate, toma tu lecho y anda", y cuando el hombre paralítico hizo el esfuerzo, recibió fuerza y fue sanado (Juan 5:1-12). Si alguno de aquellos individuos hubiera dicho: "He estado

LIMPIE su **CASA** y la de su **FAMILIA**

intentando estirar mi mano durante toda mi vida, y no ha ocurrido nada", o: "¿Por qué me has untado este barro inútil en mis ojos?", entonces esa persona no habría recibido su milagro. Este principio puede verse cuando Cristo estaba ministrando en su ciudad natal, donde no pudo hacer ningún gran milagro por la incredulidad de ellos (Mateo 13:54-58).

Su fundamento espiritual debe estar en su conocimiento de lo que está escrito en la Biblia. No puede participar en la guerra espiritual sin las armas adecuadas. (Véase Efesios 6:12-18). No podrá recibir ninguna respuesta a sus oraciones si no entiende la ley de la fe y los tipos de oraciones en el Nuevo Testamento. Muchos individuos se han sentado en las iglesias locales y han escuchado a ministros predicar mensajes que nunca les han dado las promesas del pacto de sanidad, prosperidad y la llenura del Espíritu Santo. Quizá por eso está escrito: "Mi pueblo fue destruido, porque le faltó conocimiento" (Oseas 4:6).

Capítulo 3
DETENGA LAS PLAGAS EN SU CASA

Vendrá aquel de quien fuere la casa y dará aviso al sacerdote, diciendo: Algo como plaga ha aparecido en mi casa. Entonces el sacerdote mandará desocupar la casa antes que entre a mirar la plaga, para que no sea contaminado todo lo que estuviere en la casa; y después el sacerdote entrará a examinarla. Y examinará la plaga; y si se vieren manchas en las paredes de la casa, manchas verdosas o rojizas, las cuales parecieren más profundas que la superficie de la pared…entonces mandará el sacerdote, y arrancarán las piedras en que estuviere la plaga, y las echarán fuera de la ciudad en lugar inmundo. Y hará raspar la casa por dentro alrededor, y derramarán fuera de la ciudad, en lugar inmundo, el barro que rasparen.

| Levítico 14:35-37, 40-41 |

CUANDO LOS ISRAELITAS tomaron posesión de la Tierra Prometida, estaban retomando la tierra que una vez perteneció a su antecesor Abraham. Después de vivir en Egipto durante más de cuatrocientos años, los hebreos regresaron a hogares que previamente habían sido construidos y habitados por tribus impías y adoradoras de ídolos, comúnmente conocidos como *cananeos* (Génesis 13:15). Tras volver a entrar en la Tierra Prometida, los hebreos descubrieron tres grandes obstáculos que son un reflejo de las tres batallas que tendrán que librar los creyentes en su persecución de las promesas de bendiciones de Dios para sus vidas.

1. Las ciudades amuralladas (Números 13:28)

LIMPIE su CASA y la de su FAMILIA

2. La raza de los gigantes (Números 13:33)
3. Las siete naciones enemigas (Deuteronomio 7:1)

Cada uno de estos obstáculos que se interpusieron en el camino del progreso para Israel tiene una aplicación hoy, y representa obstáculos que los creyentes experimentarán en su viaje por el camino para experimentar la plenitud de Dios.

1. Había ciudades amuralladas.

Las ciudades amuralladas representaban fortaleza. Las murallas de una ciudad antigua se hacían originalmente con bloques de barro, como descubrieron los arqueólogos que excavaron Jericó, también conocida como *Tell es-Sultan*, en Israel.[1] Finalmente los edificios se construyeron de piedra. Las puertas de la ciudad también estaban hechas con grandes piedras con enormes puertas de madera, y los atalayas guardaban las puertas de los intrusos y vigilaban la aproximación de otros ejércitos. Cuando los hebreos pensaban cómo podían tomar posesión de la Tierra Prometida, su pregunta era: "¿Cómo podemos conquistar estas ciudades cuando no podemos cruzar las puertas y las murallas?". No se dieron cuenta de que Dios permitiría que las murallas de la ciudad cayeran de manera sobrenatural, como ocurrió en Jericó (Josué 6:5).

Estas ciudades amuralladas son un retrato de las *barreras espirituales* que podemos encontrar en nuestro viaje espiritual. Hay cuatro barreras espirituales que los creyentes encontramos en nuestro camino a la bendición espiritual, y son:

1. Las tradiciones de los hombres
2. Un pensamiento erróneo
3. Falta de perdón
4. Incredulidad

Todas las denominaciones dicen basar sus enseñanzas doctrinales en las Escrituras. De hecho, las principales denominaciones protestantes tienen todas las mismas enseñanzas fundamentales

Detenga las plagas en su casa

con respecto al nacimiento virginal de Cristo, su muerte y resurrección, y el hecho de que Cristo es el Hijo de Dios. Sin embargo, hay varias tradiciones hechas por los hombres que cada grupo ha formado durante sus años de existencia. A menudo esas tradiciones se convierten en *la verdad* en vez de una tradición, y se le da más importancia que a la Palabra de Dios.

Yo fui educado en una iglesia ultra tradicional que al principio en su enseñanza decía que era pecado que una mujer se cortara su cabello o usara maquillaje o cualquier tipo de joyería, incluyendo el anillo de boda. Yo he enseñado que si una mujer tiene una convicción personal en estos asuntos, debería seguir esas convicciones, ya que debemos ocuparnos de nuestra salvación con temor y temblor (Filipenses 2:12). Sin embargo, algunos de nuestros compromisos prácticos eran meras tradiciones basadas en la interpretación privada de alguna persona de ciertos versículos. A menudo, las tradiciones se exaltan por encima de la Palabra de Dios misma. A menudo se juzga a las personas por su apariencia externa y no son aceptadas si no encajan en el retrato tradicional de cómo debe ser un cristiano. Las tradiciones hechas por los hombres, no fundadas en una evidencia bíblica sólida, formarán una barrera espiritual.

En tiempos de Jesús, los fariseos enseñaban que los demonios podían aferrarse a las manos de una persona. Por eso reprendieron a los discípulos por recoger trigo sin lavarse sus manos (Marcos 7:2). ¡Frecuentemente he dicho que eran *quisquillosos* recogiendo trigo! No hay ni un sólo versículo en todo el Antiguo Testamento que implique que un espíritu malvado se pueda aferrar a las manos, y que si no se las lava antes de comer puede tragarse al demonio.

Jesús enseñó:

> Nada hay fuera del hombre que entre en él, que le pueda contaminar; pero lo que sale de él, eso es lo que contamina al hombre.
> —Marcos 7:15

Cristo reprendió a los fariseos por exaltar las tradiciones de los ancianos por encima de los mandamientos de Dios: "Bien invalidáis

LIMPIE su CASA y la de su FAMILIA

el mandamiento de Dios para guardar vuestra tradición" (Marcos 7:9). Aunque algunas tradiciones están basadas en las Escrituras, las tradiciones que no son bíblicas detendrán la autoridad de la Palabra de Dios en su vida:

> …invalidando la palabra de Dios con vuestra tradición que habéis transmitido. Y muchas cosas hacéis semejantes a estas.
> —MARCOS 7:13

Hay cientos de miles de cristianos que aman sinceramente al Señor, y sin embargo no creen que los nueve dones del Espíritu Santo enumerados en 1 Corintios 12:7-10 estén en operación en la actualidad. Creen que la sanidad cesó con la muerte del último apóstol, Juan. Son creyentes incrédulos porque dicen que creen en la Biblia, pero algunas tradiciones teológicas de hombres transmitidas en una escuela denominacional han creado una barrera espiritual, al igual que las ciudades amuralladas eran barreras para el pueblo hebreo. En lugar de atravesar esa barrera, es más fácil quedarse pasivo y decir: "Bueno, esto no es asunto mío".

2. *Había gigantes en la tierra.*

El segundo obstáculo era una raza de gigantes: hombres grandes que medían entre tres y cuatro metros de altura (1 Samuel 17:4). Estos gigantes eran reales, y daban miedo. El historiador judío Josefo, escribiendo sobre los gigantes dijo: "Había quedado hasta entonces la raza de los gigantes, que tenían cuerpos tan grandes y rostros tan diferentes a los demás hombres, que eran sorprendentes a la vista y terribles al oído".[2]

Los gigantes existían antes y después del diluvio de Noé. En los días de Noé, la raza de los gigantes hizo que la imaginación de los hombres fuera continuamente el mal. (Véase Génesis 6:1-5). Los gigantes de la Tierra Prometida creaban temor porque impactaban la imaginación, creando temor. Cuando diez de los doce espías dieron el informe a Moisés, todos concordaban en que la tierra era buena, pero diez dijeron que los gigantes eran tan grandes que los hebreos parecían langostas a su lado (Números 13:33). Esos diez espías nunca hicieron una entrevista a algún gigante que dijera: "Oye, pequeña langosta hebrea, ¡voy a aplastarte contra el suelo!". La imagen de la langosta estaba en su imaginación: se veían *a sí mismos* pequeños e insignificantes. Dos hombres, Josué y Caleb, tuvieron otro espíritu (Números 14:24), y cuarenta años después, Caleb, a los ochenta y cinco años de edad, expulsó a tres gigantes de una montaña en Hebrón (Josué 15:13-14). ¡Esa fue una buena intimidación para una langosta de ochenta y cinco años!

Los gigantes jugaban con la imaginación de las personas. Su imaginación retrata imágenes en su mente, y esas imágenes pueden producir emociones. Por ejemplo, la pornografía forma imágenes, y las emociones provocan deseos en la carne. La imagen de un tornado que se aproxima atrapa la imaginación con la imagen de la casa de alguien en ruinas, produciendo así la emoción de temor. Cuando un doctor entra en una habitación con una radiografía y le dice que un ser querido tiene cáncer, la mente comienza a formar la imagen de una persona tumbada en la habitación de un hospital, muriéndose lentamente. Estas imágenes mentales son como rocas gigantes cortando el paso en la carretera hacia las bendiciones.

Debemos recordar que muchas imágenes mentales a menudo son acertadas. Frecuentemente, el temor está basado en suposiciones y posibilidades, y no en lo que realmente ocurrirá. Cuando digo *Iraq*, algunos ven derrota y otros ven victoria. Cuando digo *Israel,* algunos visualizan peligro o luchas internas, mientras que otros, entre los que me incluyo, visualizamos treinta y dos viajes a la Tierra Santa con miles de peregrinos haciendo el viaje de sus vidas. Cuando digo la palabra *musulmán*, algunos verán las torres gemelas cayendo y la guerra del terror. Otros verán un grupo de nómadas viviendo en tiendas en el desierto del Oriente Medio. Sus imágenes a menudo están basadas en información correcta o incorrecta enviada al cuadro general de su mente.

El conocimiento y el entendimiento pueden impedir que imaginaciones salvajes tomen control de su mente y creen gigantes mentales

LIMPIE su **CASA** y la de su **FAMILIA**

en su vida. Hace años, toda mi familia regresábamos de Nashville, Tennessee, en nuestro avión ministerial Cessna 421. Yo había salido en una gran cadena de televisión cristiana, y estábamos sólo a treinta minutos de casa. Entre Nashville y Chattanooga volamos entre las nubes, y el viento comenzó a zarandear el avión. De repente, la lluvia comenzó a golpear contra el avión, y los relámpagos aparecieron entre las nubes. Esa fue la primera vez que experimentaba las tres cosas al mismo tiempo: viento, lluvia y relámpagos. Para ser honesto, sentí un manto de temor creciendo dentro de todo el avión. En ese instante, mi hija de cuatro años miró a su mamá y dijo: "Mami, no tengas miedo, porque estoy aquí contigo. Todo va a estar bien". Al instante se quedó dormida en los brazos de su madre. Yo pensé: "No sabe lo peligroso que es esto. ¡Por eso puede dormir!".

Después de aterrizar sanos y salvos, le pregunté al piloto por qué se arriesgó a volar en medio de una tormenta. Él me miró y se rió, diciendo: "Esos relámpagos estaban a más de una hora de nosotros. La luz se refleja en las nubes y parece que está cerca del avión. El viento era normal, y la lluvia no era un gran problema. Podemos volar con lluvia". Me dijo (cosa que yo ya sabía) que nunca arriesgaría su vida o la mía. Mi temor estaba basado en mi imaginación y mi falta de conocimiento. Mi hija tuvo más fe que yo. Era como Jesús, durmiendo en la tormenta (Mateo 8:24). En mi mente, la tormenta había sido un gigante, ¡cuando realmente era tan sólo una langosta!

3. Había siete naciones enemigas.

Cuando Israel entró en la Tierra Prometida, recibió la orden de derrotar y poseer la tierra donde vivían las tribus paganas.

> Cuando Jehová tu Dios te haya introducido en la tierra en la cual entrarás para tomarla, y haya echado de delante de ti a muchas naciones, al heteo, al gergeseo, al amorreo, al cananeo, al ferezeo, al heveo y al jebuseo, siete naciones mayores y más poderosas que tú, y Jehová tu Dios las haya entregado delante

de ti, y las hayas derrotado, las destruirás del todo; no harás con ellas alianza, ni tendrás de ellas misericordia.

—Deuteronomio 7:1-2

Estas siete naciones tribales eran:

1. Los heteos
2. Los gergeseos
3. Los amorreos
4. Los cananeos
5. Los ferezeos
6. Los heveos
7. Los jebuseos

Estas siete naciones tribales moraron en la Tierra Prometida cientos de años antes del éxodo de Israel de Egipto. Construyeron ciudades, adoraron ídolos y controlaron muchas de las antiguas carreteras dentro de la Tierra Prometida. Dios avisó a los hebreos de las trágicas consecuencias que se producirían si ellos no se ocupaban de esas naciones enemigas.

> Y si no echareis a los moradores del país de delante de vosotros, sucederá que los que dejareis de ellos serán por aguijones en vuestros ojos y por espinas en vuestros costados, y os afligirán sobre la tierra en que vosotros habitareis.
>
> —Números 33:55

Si no conquistaban a estas siete naciones, a las cuales he apodado "los siete eos", sus dioses se convertirían en una trampa para los hebreos (Jueces 2:3). Estas siete tribus afectarían a los ojos de las personas y sus costados. Para una aplicación práctica, sus ojos espirituales se usan para discernir, y su costado es el área de su cadera. Usted no puede correr ninguna carrera si tiene una cojera en la cadena. Muchos creyentes son afligidos por las personas con las que se asocian. A menudo, los cristianos tienen que trabajar o rodearse de individuos que no tienen respeto por las Escrituras y

LIMPIE su CASA y la de su FAMILIA

realmente les persiguen por sus creencias. ¡Rodearse de las personas equivocadas atrofiará su discernimiento espiritual y afectará a su caminar con Dios!

Las ciudades amuralladas, los gigantes y los siete eos son fortalezas en la Tierra Prometida. Hay un peligro en insinuar a las personas que si acuden a Cristo se terminarán todos sus problemas. Los ministros a menudo enfatizan las bendiciones de un pacto de salvación, incluyendo el aspecto económico que seguirá a un cristiano. Sin embargo, algunos nuevos convertidos se desilusionan cuando la persecución, las batallas espirituales y los problemas continúan en sus vidas después de su conversión. Los creyentes débiles a menudo no están preparados para las fortalezas de la tierra prometida, y no son conscientes de que las bendiciones con frecuencia están precedidas de batallas.

Detener esas fortalezas

Ya que los gigantes, las ciudades amuralladas y las siete naciones forman fortalezas, lea lo que Pablo escribió con respecto al trato con las fortalezas mentales:

> Porque las armas de nuestra milicia no son carnales, sino poderosas en Dios para la destrucción de fortalezas, derribando argumentos y toda altivez que se levanta contra el conocimiento de Dios, y llevando cautivo todo pensamiento a la obediencia a Cristo.
>
> —2 Corintios 10:4–5

El enemigo ejerce presión en su mente para suprimir su conocimiento de Dios. Una forma de conocimiento es el que se almacena en el banco de memoria de su mente. El Señor a menudo usa sus recuerdos de una manera positiva para recordarle sus bondades y su capacidad. Cuando David le pidió al rey Saúl permiso para luchar contra Goliat, David le recordó a Saúl las dos recientes victorias que David había experimentado: cuando mató un oso y un león (1 Samuel 17:34-35). Al final de sus días, David recordó cómo Dios

Detenga las plagas en su casa

proveyó a Israel riquezas sobrenaturalmente, así como alimento, agua y vestiduras cuando estuvo en el desierto (Salmo 78), y sabía que esa misma provisión estaba a disposición de aquellos que tienen un pacto con Dios.

Cada uno de nosotros tiene tanto recuerdos buenos como malos. Los malos acontecimientos y su vida pasada de pecado nunca deben controlar su futuro. Cuando Pablo era el famoso Saulo de Tarso, persiguió a los santos y consintió la muerte de Esteban (Hechos 8:1). Tras su conversión, algunas iglesias estaban preocupadas de que Pablo estuviera fingiendo su conversión para infiltrarse secretamente en la iglesia, con el fin de reunir nombres para futuros arrestos. Pablo entendió su preocupación, y una vez escribió que debemos olvidar las cosas que están atrás y extendernos hacia las cosas que están delante (Filipenses 3:13). Los malos recuerdos se deben enterrar en la tumba del pasado y nunca se deben resucitar. Sin embargo, los buenos recuerdos pueden recordarnos claramente las veces en que Dios nos ayuda, respondiendo a una oración, haciendo milagros o bendiciéndonos de una manera inesperada.

Está apelación a la memoria la usa el Espíritu Santo cuando una persona que no está en comunión con Dios se sienta en una congregación local y experimenta el poder convincente del Espíritu Santo. Una vieja canción, un versículo de la Biblia, un santo más mayor en la congregación o cierto mensaje, despertará los recuerdos de la infancia de esa persona, los cuales surgirán y recordarán, como le recordó al hijo pródigo, las bendiciones de la casa del Padre (Lucas 15:17-18).

La Biblia es clara cuando nos dice que Dios desea que tengamos una mente limpia de la confusión que crea barreras e impide que la paz de Dios preserve nuestras mentes. Pablo escribió:

> Porque no nos ha dado Dios espíritu de cobardía, sino de poder, de amor y de dominio propio.
> —2 Timoteo 1:7

La palabra griega para la frase *dominio propio* indica una mente autocontrolada y disciplinada. Una mente disciplinada guardará los

LIMPIE su CASA y la de su FAMILIA

ojos, los oídos y el corazón, permitiendo que ciertos pensamientos y sentimientos entren al alma y al espíritu e impidiendo que otros lo hagan. Dios nos da poder y amor para crear dominio propio. La palabra griega para *poder* en este versículo es *dunamis*, la cual los eruditos dicen que alude a un poder y capacidad internos. Cuando los creyentes reciben el don del Espíritu Santo, reciben poder (*dunamis* Hechos 1:8). La misma palabra se usa cuando la mujer que tenía flujo de sangre tocó el manto de Cristo, y salió poder (*dunamis*) de su cuerpo hacia la mujer y la sanó (Marcos 5:30) ¡La obra interna del poder de Dios resiste el espíritu de temor! El perfecto amor es la clave para vencer el temor.

> En el amor no hay temor, sino que el perfecto amor echa fuera el temor; porque el temor lleva en sí castigo. De donde el que teme, no ha sido perfeccionado en el amor.
> —1 JUAN 4:18

El perfecto amor es un amor completo (griego: *ágape*), amor que entiende que usted y el Todopoderoso están en un pacto y usted es hijo o hija del Padre celestial. Si Él se preocupa de los pajarillos y cuida de los lirios del campo, usted es mucho más superior que todas las demás criaturas que Él creó, ¡y por tanto Él cuidará también de usted!

Hay tres palabras griegas para amor en el Nuevo Testamento:

1. *Ágape*—una palabra usada para hablar del tipo de amor que Dios tiene hacia Cristo y que demanda también de nosotros
2. *Fileo*—una palabra usada para aludir a un afecto tierno; usada para el amor que Cristo tuvo por sus discípulos
3. *Filantropía*—una palabra que denota el amor por otra persona; amor humanitario[3]

Cuando viene la crisis y usted se pregunta: "¿Por qué yo, Dios? Tú no te preocupas por mí, estás en mi contra, me has abandonado", entonces el amor no ha sido perfeccionado. Cuando la crisis llega y usted puede decir: "No sé por qué, pero sé que Dios está en control. El está conmigo a pesar de esto, y no me abandonará. Dios está preparando una prueba para que yo pueda tener un testimonio", entonces su relación de amor ha sido perfeccionada en el conocimiento de su Padre.

También se nos ha prometido una mente transformada.

> No os conforméis a este siglo, sino transformaos por medio de la renovación de vuestro entendimiento, para que comprobéis cuál sea la buena voluntad de Dios, agradable y perfecta.
> —ROMANOS 12:2

La palabra *transformado* es la palabra griega *metamorphoo*, que significa "cambiar y transformar un estado en otro". La raíz es *morphe* y hace alusión a un cambio interno.[4] Cristo fue transfigurado ante sus discípulos, y su rostro brillaba con la gloria de Dios (Mateo 17:1-2). Literalmente, su rostro fue alterado de una forma a otra. Somos transformados por la renovación de nuestra mente. Una tercera bendición es una mente renovada.

> Y renovaos en el espíritu de vuestra mente.
> —EFESIOS 4:23

La palabra *renovar* es "volver a hacer algo nuevo: no como era sino diferente de lo que era". No significa destruir su actitud sino impartir en su mente una nueva actitud. No le impide pensar, pero le da nuevos pensamientos. Todo lo que ocurra en usted afectará a los que le rodean. Cualquier conflicto espiritual en su mente se desbordará en la atmósfera de su hogar. Por tanto, la esfera del alma (la mente) es el centro del conflicto espiritual. La mente controla el cuerpo, y la mente puede creer o puede dudar cuando se trata de recibir las bendiciones en el espíritu de una persona. ¡Toda la información, ya sea buena o mala, se filtra a través de la mente!

Volviendo a las manchas

¿Qué ocasionó que esa mancha rojiza se formara en las paredes de la casa, creando impureza y una plaga en el hogar? Cuando Israel salió de Egipto, las personas despojaron a los egipcios de sus valiosos enseres de oro y plata (Éxodo 12:35-36). Las siete naciones paganas que vivían en la Tierra Prometida habían oído cómo el Dios hebreo había destruido al ejército egipcio, y un gran temor atenazó sus corazones. Cuando dos espías hebreos entraron secretamente en la casa de Rahab, una ramera que vivía en Jericó, ella dijo que todos los hombres en Jericó habían oído las increíbles hazañas del Dios hebreo cuarenta años antes, y cómo dos gigantes, Sehón y Og, fueron asesinados. ¡Dijo que los corazones de todos los hombres en Jericó se amedrentaron al oír esos informes (Josué 2:10-11)!

Debido al temor, los habitantes de estas tribus, llamados *cananeos*, escondieron su dinero y sus ídolos en los muros de sus hogares. No había bancos donde asegurar sus riquezas, y a menudo enterraban las monedas en el suelo, ya que eran de tierra. A veces escondían los ídolos detrás de las paredes de yeso. El propósito de esconder el dinero y los objetos sagrados era el de esperar que si echaban a las personas de sus hogares en un futuro, podrían volver y recuperar las riquezas o los dioses que habían escondido.

Los impíos no sabían que la tierra era una posesión que Dios les prometió a Abraham y sus descendientes (Génesis 12:7). Durante varios cientos de años, los hebreos habían habitado en Gosén en Egipto, pero cuando pudieron entrar en la tierra con Josué, estaban preparados para recuperar las posesiones que les habían sido prometidas. Dios dijo que los hebreos vivirían en casas que no habrían construido ellos (Deuteronomio 6:10-11). Sin embargo, había cosas *escondidas* en las casas que había que sacar y tratar. Esas manchas de extraño color aparecieron de repente en las paredes de yeso dentro de las casas. Una vez que esas manchas se hacían visibles, el sacerdote debía realizar una inspección de cinco fases de la casa (véase Levítico 13 y 14). En ese momento, la casa debía estar vacía, y el sacerdote anunciaba que el hogar era inmundo mientras realizaba esa inspección de la casa. En su inspección:

- Examinaba la evidencia física que aparecía en las paredes.
- Esperaba siete días para ver si se extendía la plaga.
- Raspaba la casa para quitar los hongos de la plaga.
- Observaba, y si volvía a aparecer, se le declaraba *lepra maligna*.
- Si era maligna, el propietario debía derribar la casa y volver a construirla.

Es importante observar que si las manchas estaban en la parte baja de la pared, procedían de los cimientos de la casa. Los cimientos a menudo era donde estaban ocultos los objetos de valor (dinero y joyas o ídolos). Si la lepra se extendía en la casa, tenían que derribar los cimientos y construir unos cimientos nuevos, para construir después una casa nueva. El peligro era que la lepra en el interior de la casa se extendiera a los individuos, afectando con ello la salud de los que allí vivían. Los hongos en cualquier hogar pueden crear problemas de salud y graves enfermedades.

Los cimientos incorrectos

En los primeros tiempos de Israel, los cimientos de la mayoría de los hogares eran de piedras y el piso de tierra. Las piedras se cubrían con un yeso, y en las casas más caras se cubrían los pisos de las habitaciones principales con hermosos mosaicos de cerámica. Se excavaban pequeños habitáculos debajo del piso y en las paredes para ocultar cosas.

Hay una aplicación espiritual importante. Cualquiera puede *tener* una casa, pero es la gente que vive en esa estructura física la que crea la *atmósfera* dentro de una casa. Durante más de cuarenta y cinco años, todas las Navidades he viajado a Davis, al oeste de Virginia, para reunirme con mis padres, hermanos y mis abuelos italianos John y Lucy Bava, para las vacaciones de Navidad. La casa de tres habitaciones se llenaba a rebosar de familiares. La cocina se convertía en un restaurante de 24 horas, y nos reíamos, jugábamos a juegos y compartíamos recuerdos inolvidables. Mis abuelos llevaban casados sesenta y seis años cuando el abuelo falleció. Tras su muerte, volví a llevar a la abuela a su casa. La veía sentada sola, meciéndose en la mecedora del abuelo mientras lloraba. Me dijo: "Esta casa ya no parece la misma. Era la presencia de tu abuelo lo que hacía que esta casa fuera un hogar". El hogar de John y Lucy Bava se construyó totalmente sobre un fundamento espiritual de fe, el cual pasó a sus dos hijas, Janet y Juanita (mi madre), ¡y finalmente fue transferido a los cuatro hijos de Juanita y Fred Stone: Diana, yo, Phillip y Melanie (mi hermana menor)!

El fundamento espiritual para nuestras familias se debe establecer a una temprana edad. Los niños aprenden de los padres, hermanos, familiares y amigos. El fundamento se debe construir con una verdad y una enseñanza sólidas, tan firmes como las piedras que se ponían en las casas antiguas. Demasiados cimientos, en lugar de estar cubiertos de cemento están llenos de ácaros y bichos corriendo de un lado a otro; según el proverbio, las pequeñas zorras arruinan la viña (Cantar de los Cantares 2:15).

Las paredes de la casa

Las paredes de las casas también estaban construidas con grandes piedras extraídas de los alrededores. He visitado las ruinas de ciudades antiguas del tiempo de Cristo, incluyendo Capernaum, Corazín y Betsaida (Mateo 11:21-23), y he estado entre los restos y las ruinas de muchos de los hogares y tiendas del periodo romano. Las casas se construían con piedras y bloques de basalto. Especialmente en los Altos del Golán al norte de Israel, todos los edificios antiguos se hicieron de piedras de basalto gris, una piedra volcánica que cubre el área más arriba del mar de Galilea.

Las paredes se construían por seguridad, para proteger a los habitantes y sus posesiones e impedir la entrada de personas ajenas o animales. En las Escrituras, las murallas de Jericó cayeron al séptimo día, después de que los hebreos hubieran marchado alrededor durante siete días (Josué 6:20). Hace años, mi guía turístico israelí, Gideon Shor, señaló un gran jarro partido por la mitad que se descubrió incrustado en los ladrillos de barro de Jericó. Los arqueólogos encontraron los huesos pequeños de lo que parecía un niño dentro del jarro que se había incrustado en las paredes. Quizá por eso Jericó fue la única ciudad cananea que fue destruida cuando cayeron los muros. Dios sabía lo que los cananeos habían colocado dentro de sus muros, y Dios odia las manos de quienes derraman sangre inocente (Proverbios 6:17).

Los enemigos de Israel pudieron cruzar la muralla de Jerusalén, la cual se consideraba inexpugnable (Lamentaciones 4:12). Cristo enseñó que Jerusalén sería destruida debido a las generaciones de líderes religiosos que permitieron el derramamiento de sangre inocente de los justos (Mateo 23:35-38). ¡Lo que estaba oculto en los muros podría causar desagrado y juicio espiritual contra el propietario de la casa o la ciudad!

Somos llamados "piedras vivas"

Así como los cimientos, las paredes y las puertas de entrada de cada hogar se construían con grandes bloques de piedra, la Iglesia está edificada sobre el fundamento sólido de Cristo (llamado la "piedra angular" en 1 Pedro 2:6), de la cual hablaron los profetas y apóstoles. A medida que la Iglesia comenzó a crecer a lo largo del libro de los Hechos, Pedro reveló que nosotros somos "piedras vivas".

> Vosotros también, como piedras vivas, sed edificados como casa espiritual y sacerdocio santo, para ofrecer sacrificios espirituales aceptables a Dios por medio de Jesucristo
> —1 Pedro 2:5

¿Pero qué es una piedra viva? Cuando estaban adorando a Cristo en Jerusalén, los fariseos ultra religiosos se ofendieron por

LIMPIE su **CASA** y la de su **FAMILIA**

la emoción que mostraron los niños en ese momento, y porque los seguidores de Cristo estaban ondeando ramas de palmeras y preparando el camino para que el Mesías entrara en el templo. Cuando esos tercos religiosos acudieron a Cristo demandando que callara a la multitud, las Escrituras nos dicen:

> Él, respondiendo, les dijo: Os digo que si éstos callaran, las piedras clamarían.
> —Lucas 19:40

¿Serían esas piedras blancas calizas que rodean las montañas de Jerusalén las que literalmente podrían clamar? ¿O era esto una alusión a un cierto grupo de personas a quienes Él resucitaría? La respuesta se halla en Mateo 3:9:

> Y no penséis decir dentro de vosotros mismos: A Abraham tenemos por padre; porque yo os digo que Dios puede levantar hijos a Abraham aun de estas piedras.

Esas piedras eran los jóvenes seguidores de Cristo y la gente común que recibió su ministerio. En los días de Cristo, la religión establecida se había transformado en un ritual formal y rígido lleno de rutinas hechas por el hombre y acciones muertas. Los creyentes del primer siglo, y los creyentes en la Iglesia de hoy que adoran en verdad, ¡son las piedras vivas que claman en alabanza y adoración!

La lepra se extiende por las paredes

Si una familia hebrea que vivía en una casa de repente veía aparecer manchas verdes y amarillas dentro de las paredes de la casa, era un indicativo de que algún tipo de lepra estaba irrumpiendo. Si la plaga no se trataba de inmediato, la lepra podía extenderse por toda la casa. La lepra también afectaría a la salud y el bienestar de quienes moraban dentro de esas paredes.

En las Escrituras, el hecho de que la lepra hiciera inmunda a una persona causando la separación del templo y de la familia, es un retrato de las consecuencias del pecado. Los efectos son similares. La lepra comienza siendo pequeña pero crece rápidamente, al igual que el pecado a menudo comienza con cosas pequeñas pero se extiende con rapidez. Si no se trata, la lepra finalmente destruye a una persona, al igual que el pecado, si no se trata e infecta el alma humana, destruirá finalmente a la persona.

En el Israel de antaño, cuando a una persona se le diagnosticaba lepra, esa persona tenía que ser separada forzosamente de aquellos que estaban limpios, y era confinada a una colonia de leprosos hasta su muerte, separada de los seres queridos. Ciertamente, el pecado puede causar una separación de aquellos a los que usted ama.

A menudo un ídolo escondido en la casa podía producir manchas de lepra. De la misma forma, cualquier pecado oculto que continuamente ata a una persona a sus fortalezas creará un hongo espiritual en nuestra casa espiritual, lo cual incluye nuestra mente, cuerpo, familia y nuestra iglesia.

El procedimiento para limpiar la casa

Una vez identificada la lepra, el sacerdote ordenaba un procedimiento especial para limpiar la casa y quitar esa peligrosa plaga. La primera inspección incluía un examen detallado tanto de los cimientos como de las paredes. El sacerdote quitaba el polvo de las piedras. El polvo podría revelar el origen de la lepra.

Es significativo que Dios formó al hombre del polvo de la tierra (Génesis 2:7). Después de que el hombre pecase, el principal culpable, la serpiente, fue maldita y se le mandó comer polvo (Génesis 3:14). Las serpientes tienen una lengua bífida y usan la punta de su lengua para sentir los olores y la dirección de donde vienen. Cuanto más se acerque un objeto a la serpiente, más polvo levanta. Los reptiles están continuamente sacando la lengua para *leer* lo que les rodea. La lengua de una serpiente a menudo recibe el nombre de *aguijón*, aunque no pica. Nuestras lenguas, sin embargo, pueden emitir palabras para crear vida o muerte, y las palabras negativas son como "dardos" y "flechas"; las malas palabras pueden aplastar, clavar y traer dolor a una persona (Salmo 64:3; Proverbios 18:21).

LIMPIE su CASA y la de su FAMILIA

Una persona hipócrita y que dice una cosa pero hace otra, se dice que tiene una lengua bífida.

La aplicación espiritual es sorprendente. La carne del hombre vino del polvo de la tierra. El polvo representa la naturaleza carnal del hombre. El hombre carnal, llamado también *hombre natural* (1 Corintios 2:14), continuamente pelea con el hombre espiritual. Como el cuerpo procede del polvo, y la naturaleza carnal es un retrato del polvo, la serpiente come polvo, o se alimenta de la naturaleza carnal de hombres y mujeres. Cuanto más polvo (naturaleza carnal) se remueva, más fácil es para la serpiente (el adversario, Apocalipsis 20:2) leer la situación, oler el hedor que se crea, ¡y avanzar hacia esa situación! Al igual que la plaga se puede encontrar en el polvo de la casa, ¡así el enemigo puede tener acceso alimentándose del polvo de nuestra naturaleza carnal!

Una vez identificadas las manchas, el sacerdote procedía a quitar las piedras de la casa donde la mancha era visible. Si controlar y disciplinar nuestra mente y nuestra carne no cambia nuestra situación, entonces este procedimiento del sacerdote de quitar las piedras donde han aparecido las manchas también tiene una aplicación espiritual práctica.

Como dijimos anteriormente, las piedras en la Biblia pueden representar a las personas. A veces es necesario separar a ciertos *tipos de personas* que son perjudiciales para su vida espiritual. Los adolescentes cristianos a menudo se sienten atraídos a una vida de alcohol, drogas y comportamiento ilícito debido a las personas que les rodean. A veces usted tiene que quitar las piedras de su casa, o cortar relaciones con personas que están produciendo lepra en su vida. Si no quita las piedras (malas influencias en su vida), entonces el tercer proceso del sacerdote tiene una aplicación para usted.

Si la lepra era una lepra maligna, indicaba que la casa estaba controlada y dominada por la plaga. Era imposible que una familia viviera en la casa bajo esas condiciones amenazantes. El moho podía hacer que la persona se pusiera muy enferma y tuviera una enfermedad en los pulmones que finalmente le causara la muerte.

El sacerdote sabía que era necesario derribar la casa y volver a construirla con materiales nuevos.

Los individuos que están bajo las ataduras del alcohol, las drogas o ciertos vicios puede que vean imprescindible salir del hogar y entrar en una etapa de rehabilitación, donde sus cuerpos sean desintoxicados y se aparten de las influencias negativas que están arruinando sus mentes y sus cuerpos. Algunos individuos reciben una liberación instantánea y completa cuando entran en un pacto redentor poderoso con Cristo. Sin embargo, otros necesitan el apoyo de un grupo que entienda la atadura y que ayude al nuevo cristiano a derrotar al gigante y destruir la fortaleza. ¡Entonces será posible reconstruir una nueva vida y un nuevo comienzo! ¡Quizá necesite usted una remodelación espiritual completa!

Repaso de los procedimientos

1. *Quitar la lepra* apartando cualquier peso o pecado que esté deteriorando su caminar con Dios. Este proceso de desescombro comienza con el *deseo de cambiar* de lo que usted es hoy a lo que Dios quiere que sea. Este deseo comienza con el arrepentimiento, que significa no sólo lamentar sus obras y acciones y sentirse mal por sus pecados, sino también girarse y caminar en una nueva dirección.

2. *Reconstruir un nuevo cimiento* reemplazando sus antiguos pensamientos con otros nuevos centrados en la Palabra inspirada de Dios. Cada nueva verdad que usted aprenda y ponga en práctica en su caminar diario con el Señor es una *nueva piedra* colocada en el fundamento de su vida. Usted crece continuamente en la gracia y el conocimiento de Cristo, lo cual crea una casa espiritual fuerte.

3. *Restaurar la casa* con nuevos materiales: nuevos amigos, nuevas relaciones y nuevas direcciones. A

Dios le encantan las cosas nuevas. La Biblia habla de Dios como alguien que hace cosas nuevas (Isaías 43:19). Dios también dijo que tendríamos un nuevo corazón y un nuevo espíritu (Ezequiel 36:26), que seríamos nuevas criaturas (2 Corintios 5:17), hablaríamos en nuevas lenguas (Marcos 16:17), y viviríamos en una tierra nueva en la nueva Jerusalén (Apocalipsis 21:1-2). No tenga temor de perder a sus antiguos amigos, ya que Dios le dará una nueva familia: la familia de Dios.

Cuando un individuo entra en el pacto redentor a través de la obra expiatoria de Cristo, entonces: "Si alguno está en Cristo, nueva criatura es; las cosas viejas pasaron; he aquí todas son hechas nuevas" (2 Corintios 5:17). En ese momento su nombre se inscribe en el registro celestial, el libro de la vida del Cordero (Apocalipsis 21:27). Usted se convierte en un hijo de Dios a través de la adopción espiritual (Romanos 8:15) y tiene el privilegio de dirigirse al Dios Todopoderoso como "Abba", una palabra aramea que se encuentra en Romanos 8:15 y que significa "Padre". Cuando experimenta el nuevo nacimiento por la fe, usted recibe una nueva familia espiritual de hermanos y hermanas, identificada como la "familia de Dios" (Efesios 3:14-15). Su antigua casa se convierte en una morada totalmente renovada, llena de justicia, paz y gozo en el Espíritu Santo (Romanos 14:17). El Todopoderoso ha dado a cada persona una voluntad para decidir lo que es correcto, bueno y mejor para él o ella. Al escoger un pacto eterno con Dios, usted recibe bendiciones en esta vida y una vida eterna en la vida venidera.

Capítulo 4

PATRONES PARA LIMPIAR SU CASA

¿No sabéis que sois templo de Dios, y que el Espíritu de Dios mora en vosotros? Si alguno destruyere el templo de Dios, Dios le destruirá a él; porque el templo de Dios, el cual sois vosotros, santo es.

| 1 Corintios 3:16-17 |

Se cuenta la ilustración de un hombre que tenía tal compasión por animales y reptiles de todo tipo, que una vez se encontró una serpiente gravemente herida; llevó al peligroso reptil a su casa para intentar devolverle la salud. Se acostumbró a introducir su mano en la jaula, para dejar agua y comida. Un día, para su asombro, la serpiente se lanzó y mordió la mano que la alimentaba. El hombre retiró su mano y gritó: "¿Por qué has hecho eso? Te he estado cuidando, ¡y tú me muerdes!".

La serpiente contestó: "Cuando me trajiste a tu casa sabías que yo era una serpiente; por tanto, ¿de qué te sorprendes?".

La moraleja de la historia es: ¡cuidado con lo que lleva usted a tu casa!

La santidad de la casa de Dios

Había dos casas de Dios majestuosas, o templos, asentadas en lo alto del monte Moriah en Jerusalén. El primer templo fue construido por el rey Salomón. El segundo templo fue una reconstrucción de las ruinas del templo de Salomón, que había sido destruido durante la invasión de Babilonia. Bajo el liderazgo de Nehemías tras

LIMPIE su CASA y la de su FAMILIA

el retorno de los judíos de la cautividad en Babilonia, los muros de piedra derruidos, las puertas quemadas y la basura se retiraron y se repararon para preparar una casa de adoración para el Todopoderoso. Antes del nacimiento de Cristo, un rey gentil de Judea llamado Herodes ensanchó la plataforma del templo, agrandando la sección sur del santo monte.

Tanto las leyes judías como la revelación del Todopoderoso que Israel había recibido eran extremadamente estrictas con respecto a la construcción, el cuidado y el tratamiento de su santa casa en Jerusalén.

Piense en la santidad de la construcción del templo. El pueblo hebreo no podía esculpir o cincelar en piedra ninguna imagen de hombre o de bestia, ni dentro, ni sobre, ni alrededor del recinto sagrado. Las enormes columnas y arcos fueron esculpidos con diseños de flores, frutos y patrones geométricos, pero no con ningún rostro humano o animal. Incluso los dos querubines de oro sobre el arca del pacto, hechos de oro puro, se dejaron sin rostro para impedir que los sacerdotes y las personas fueran tentados a adorar a los ángeles metálicos sobre el propiciatorio. Cuando los extranjeros llevaban monedas para dárselas al tesorero del templo, los cambistas las cambiaban por monedas especiales del templo. Muchas de las monedas del periodo romano estaban acuñadas con rostros de emperadores, dioses y diosas, o animales. Se estampaban ídolos en algunas monedas, y no estaba permitido llevarlas al santo monte, para no dar pie a ninguna forma de idolatría.

También había un nivel de santidad y santificación especiales que se requerían de los levitas y del sumo sacerdote. Según Levítico 21:17-24, ningún sacerdote que entrara al sacerdocio podía tener ningún tipo de defecto físico o mancha sobre su cuerpo. Según la historia y la tradición judías, había ciento cuatro defectos que descalificaban de manera permanente a una persona para ser sacerdote, y otras veintidós que le descalificaban temporalmente. Estas restricciones físicas tienen una aplicación enorme para los creyentes.

Siete restricciones físicas	Aplicación para hoy
No podía ser *ciego*.	Debemos tener *visión* espiritual.
No podía ser *cojo*.	Debemos tener un *caminar* con Dios firme y *recto*.
No podía tener la *nariz achatada*.	Debemos usar nuestros *sentidos* para discernir el bien y el mal.
No podía estar *jorobado*.	No debemos tener un *pensamiento torcido*.
No podía ser *enano*.	Debemos tener un *crecimiento espiritual*.
No podía tener *costras*.	Debemos mantenernos *puros* y limpios por dentro.
No podía tener *testículos* magullados.	Debemos ser capaces de reproducir *fruto espiritual*.

Antes de entrar en el templo, todos los sacerdotes debían sumergirse en una *mik'vot*, una gran cámara ahuecada, con peldaños de piedra caliza natural, llena de agua de lluvia o de manantial. Hoy sería similar a un baptisterio en una iglesia local. Todos los sacerdotes, y todos los hombres que entraban en el templo, debían despojarse de su túnica, entrar en el agua a una altura entre la cadera y los hombros, y sumergirse bajo el agua. Había un hombre asignado para estar por encima de ellos, poniendo su pie sobre su cabeza para asegurarse de que entraban totalmente bajo el agua, cubriendo así todas las partes de su cuerpo. Era un acto de santificación y un ritual de limpieza que cada hombre tenía que llevar a cabo antes de entrar en la santa casa de Dios en Jerusalén.

Los sacerdotes también se ataviaban con túnicas, que representan pureza y justicia, cuando ministraban en el templo (Apocalipsis 19:8). Las tareas espirituales de los sacerdotes eran numerosas, pero su enfoque principal era preparar los muchos sacrificios ofrecidos por las personas diariamente y recibir las ofrendas de los israelitas en el tesoro del templo.

Tres niveles para acercarse a Dios

En el Israel de antaño había tres tipos de personas que se acercaban a Dios. Los primeros eran los israelitas, un grupo compuesto por familias hebreas normales y corrientes establecidas a lo largo de toda la tierra de Israel desde Dan hasta Berseba. El segundo grupo eran los levitas. A diferencia de los otros hijos de Jacob, los hijos de Leví no recibieron ninguna tierra entre la herencia tribal (Números 18:23). Esto se debió al hecho de que los levitas debían ser ministros a tiempo completo en el templo y debían vivir dentro y alrededor del área de la casa de Dios, la cual fue finalmente construida en Jerusalén. El tercer grupo y más importante de personas que se acercaba a Dios era el sumo sacerdote. El primer sumo sacerdote instituido por Dios fue el hermano del Moisés, Aarón, que ministró en el tabernáculo en el desierto (Números 17:1-13). El sacerdocio era hereditario, y pasó de padre a hijo a través de las generaciones. El templo y el sacerdocio judío cesaron en Israel tras la destrucción del templo y de Jerusalén en el año 70.

Cada grupo (los israelitas, los levitas y el sumo sacerdote), podía entrar en áreas específicas cuando se llevaba a cabo la adoración a Dios y cuando se ofrecían sacrificios. El templo estaba dividido en tres áreas específicas: el atrio, el lugar santo y el lugar santísimo. Las personas comunes sólo podían adorar en los atrios. Los levitas tenían permitido el acceso tanto a los atrios como al lugar santo en la casa de Dios. El sumo sacerdote, sin embargo, tenía un acceso ilimitado en los tres niveles: los atrios, el lugar santo y el lugar santísimo.

La Torá, los cinco primeros libros de la Biblia escritos por Moisés en el desierto, se convirtieron en las instrucciones divinas que proveían una guía moral, judicial y espiritual que todos los israelitas debían seguir. Dios demandaba unos requisitos más estrictos para el sumo sacerdote que para los levitas, y requería unas guías y estipulaciones más concretas para los levitas que para las personas comunes. La razón de esta demanda de santidad, o separación en el ministerio, tenía que ver con los varios niveles de gloria y presencia divina que había en cada nivel.

La aplicación espiritual

Cuando nosotros como seres humanos anhelamos acercarnos más a Dios, pronto descubrimos que cuanto más nos acercamos a la luz del cielo (identificada por la frase "la gloria del Señor"), somos aptos para ver más fallas en nuestra propia vida y carácter. Por eso debemos "despojarnos de todo peso y del pecado que nos asedia" para correr la carrera de la fe (Hebreos 12:1). Al acercarnos más a Él, aumentamos el nivel de luz sobrenatural que ilumina nuestra alma.

Por ejemplo, había tres niveles de acercamiento y tres dimensiones de luz presentes en el templo. Cuando los israelitas estaban en los atrios, la única luz que tenían era la luz del sol. Esta luz natural les permitía ver lo que había delante, a un lado y detrás de ellos. Los individuos que viven hoy sin la maravillosa presencia de Dios están habitando en el mundo natural y operando en base a sus sentidos naturales. La Biblia enseña que el hombre natural, que es carnal, no puede recibir las cosas del Espíritu de Dios, porque son locura para él y sólo se pueden discernir espiritualmente (1 Corintios 2:14). Es más cómodo vivir en la luz del sol, donde usted puede ver todo su alrededor con los ojos naturales y saber que es *usted* el que está en control dentro de su zona cómoda, que entrar en una dimensión espiritual con Dios donde debe caminar por fe y no por vista (2 Corintios 5:7). Muchos cristianos están viviendo en este nivel natural. Actúan y son movidos por lo que ven y sienten, y no están establecidos por su fe personal.

Sin embargo, los levitas tenían que ir más allá de la luz del sol que había en los atrios hacia un lugar interior, donde resplandecía la luz de la menorá (un candelero de oro). Un levita (sacerdote) era seleccionado cada mañana para ofrecer incienso en el atrio interior, también llamado *lugar santo* (Lucas 1:8-10). La única luz en este segundo aposento era el candelero de siete brazos llamado *menorá*.

LIMPIE su CASA y la de su FAMILIA

Cuando el sacerdote traspasada la gran cortina, llamada *el velo*, que separaba el lugar santo de los atrios, esta lámpara de oro creaba un aurea dorada en la habitación. La primera prensa de aceite de las olivas machacadas, recogida de los olivos que había en el monte de los Olivos, suministraba el aceite para la luz de la menorá.

Al pasar de los atrios al lugar santo, el sacerdote experimentaba un impacto repentino en sus ojos, similar al de una persona que entra de la calle en un día soleado a un restaurante o un edificio donde hay poca luz. Finalmente, el entorno nublado se va aclarando a medida que los ojos se ajustan a la luz, y la persona es capaz de ver con mayor claridad. La menorá aportaba la luz del aceite, y la luz de los siete brazos iluminaba la cámara sagrada donde estaban la mesa de la proposición y el altar de oro. Este era el lugar donde el sacerdote ofrecía incienso cada mañana, creyendo que el humo del incienso contenía las palabras (oraciones) del pueblo de Dios. La ofrenda del incienso sería imposible sin el aceite y la luz que emitía el candelero.

Una vez al año, en el día de la expiación, el sumo sacerdote atravesaba el gran velo que separaba en lugar santo del área más sagrada del templo: el lugar santísimo (Éxodo 30:10; Levítico 23:27). Según la mayoría de las fuentes, no había luz natural en el lugar santísimo, especialmente en tiempos de Salomón. Esto significaba que a menos que la cortina (velo) se retirase, la única luz que hacía visible el arca del pacto era la gloria de Dios, la misma luz que iluminó el campamento de Israel durante cuarenta años en el desierto (Números 14:14).

Los tres niveles de luz revelan una verdad importante. La mayoría de los creyentes viven continuamente en la esfera de lo natural, tratando con no creyentes ocho horas al día y con los afanes de la vida. Cuando anochece, no hay luz, y están en la oscuridad. Finalmente, vivir en la carne produce tinieblas, y la gente tropezará y caerá en las trampas.

Debemos tener la luz de la menorá, que representa el Espíritu de Dios actuando en la iglesia y en nuestras vidas (Apocalipsis 1:20). A medida que nos acercamos más a Dios a través de la oración, el ayuno y la intimidad con Dios, comenzamos a caminar en la luz así como Él es luz, la luz de su presencia, pasando de lo natural a lo sobrenatural.

A medida que los creyentes progresan en su intimidad con Dios, finalmente se encuentran en el lugar santísimo, donde reciben una iluminación sobrenatural y una revelación directamente del Señor.

En mi propia vida he descubierto que los mensajes más efectivos vinieron después de pasar horas en oración y meditación ante Dios. He escrito más de cuarenta canciones, incluyendo muchas que han sido grabadas. Las mejores canciones llegaron bajo la inspiración del Espíritu Santo. Lo mismo ocurre con los libros y materiales que hay disponibles a través de nuestro ministerio. Cuando un creyente pasa tiempo en la tierra buscando al Dios que mora en el cielo, entonces el cielo y la tierra se besan, y el creyente queda en medio del beso.

Usted es un templo andante

Cristo sabía que el templo de Jerusalén sería destruido tras una generación (Mateo 24:1-2). También sabía que la divina presencia de Dios se transferiría de un edificio hecho por hombres en Jerusalén a los cuerpos y espíritus físicos de los creyentes que caminaban en el nuevo pacto. Cada creyente es un templo andante. En lugar de encontrarse con Dios en un lugar designado, le llevamos con nosotros a todas partes. Así como el antiguo tabernáculo de Moisés y los templos de Salomón y Herodes (como llaman algunos al templo remodelado) eran estructuras sagradas con un diseño particular que consistía en tres lugares sagrados, así también el cuerpo humano es un templo tripartito. La Biblia revela que somos cuerpo, alma y espíritu (1 Tesalonicenses 5:23). El cuerpo físico es un reflejo de los atrios del templo, el alma refleja el lugar santo del templo, y el espíritu humano representa el aposento llamado lugar santísimo.

En el templo terrenal, los hombres podían ver los atrios, así como el cuerpo humano es visible a todos los ojos humanos. El alma está albergada en el cuerpo y el ojo natural no puede verla, al igual que el lugar santo del templo estaba oculto tras el velo del templo o dos grandes puertas en los antiguos templos judíos. El alma es el

LIMPIE su CASA y la de su FAMILIA

trono de nuestro pensamiento, razonamiento e iluminación, y es un reflejo del candelero de siete brazos cuya luz iluminaba el lugar santo. El lugar santísimo estaba oculto a la vista pública y era el lugar más sagrado del templo. De igual modo, el espíritu humano es un reflejo del lugar santísimo, el lugar donde habitaba la presencia de Dios. Todas las bendiciones espirituales comienzan en el espíritu y actúan hacia fuera en nuestras vidas.

El maná, la ley y la vara

En el tercer aposento, el lugar santísimo, estaba el arca sagrada del pacto. Según Pablo, había tres elementos importantes almacenados en la caja de oro: una urna de oro que contenía el maná, las tablas del pacto y la vara de Aarón (Hebreos 9:4). El maná era el pan enviado del cielo que los israelitas comieron durante sus cuarenta años en el desierto (Números 11:6-9). La vara de Aarón era una rama muerta que reverdeció, produciendo almendras y hojas, una señal visible para Israel de que Aarón era el sacerdote señalado por Dios (Números 17:7-9). Las tablas del pacto eran los mandamientos grabados en piedra y colocados dentro del arca del pacto de oro por Moisés (Deuteronomio 10:5).

El arca es un retrato perfecto de Cristo. Cuando recibimos a Cristo, también podemos recibir el maná, la ley y la vara. El maná era el pan del cielo (Éxodo 16:4), y Jesús era el pan que descendió del cielo o el maná celestial (Juan 6:32-35). Esto representa el don de salvación, que es impartido cuando recibimos a Cristo en nuestro espíritu como nuestro redentor. Una vez que somos salvos, después tenemos las tablas de la ley, o la Palabra de Dios, habitando en nosotros (Juan 15:7). La ley representa nuestra santificación, la cual sigue a nuestro regalo de la salvación. Del mismo modo que la ley fue diseñada para separar a la gente de sus homólogos impíos, la Palabra de Dios nos separa de los deseos de la carne y nos marca como un pueblo santo. Cuando avanzamos de la salvación hacia la santificación, también podemos experimentar el patrón de la vara de Aarón, que representa el poder del Espíritu Santo.

Cuando retaron a Moisés para ver quién sería el verdadero sacerdote en Israel, él pidió a las doce tribus que llevaran las varas de sus líderes principales y que las pusieran delante de la puerta del tabernáculo. De las doce varas, la vara de Aarón fue la única que produjo almendras y floreció. Observe que el verdadero sacerdocio produjo un fruto visible. Hay muchas varas o ideas de cómo obra el Espíritu Santo en la vida de un creyente. Algunas iglesias enseñan que usted recibe el Espíritu Santo en su conversión, mientras que otras enseñan que usted recibe el don del Espíritu al recibir la santificación. Otros creen que el don llega cuando es bautizado en agua. Los pentecostales enseñan que la manifestación inicial llega cuando una persona habla en otras lenguas. La evidencia más importante del Espíritu Santo en un creyente es cuando, al igual que la vara de Aarón, el creyente produce fruto espiritual en su propia vida que demuestra un verdadero cambio hacia un carácter semejante al de Cristo. Como Jesús dijo:

> Por sus frutos los conoceréis. ¿Acaso se recogen uvas de los espinos, o higos de los abrojos? Así, todo buen árbol da buenos frutos, pero el árbol malo da frutos malos. No puede el buen árbol dar malos frutos, ni el árbol malo dar frutos buenos. Todo árbol que no da buen fruto, es cortado y echado en el fuego. Así que, por sus frutos los conoceréis.
>
> —Mateo 7:16–20

Al igual que el maná, la vara y la ley permanecieron en el arca en tiempos de Moisés, así también la salvación, la santificación y el bautismo del Espíritu Santo son bendiciones espirituales que permanecen en la vida de un creyente cuando tenemos el arca, que es Cristo, habitando en nosotros.

LIMPIE su CASA y la de su FAMILIA

Hay tres templos sobre la tierra

Actualmente hay tres templos que Dios ha establecido sobre la tierra. Cada uno de ellos aporta una función y un propósito diferentes en esta vida. Entendemos que:

1. Su *cuerpo* es el templo de Dios.
2. La *casa* donde usted vive es un templo en miniatura de Dios.
3. Su *iglesia local* es tipo de un templo o una casa de Dios.

Las tres estructuras físicas ordenadas por Dios sobre la tierra en la antigüedad eran el tabernáculo de Moisés en el desierto, el maravilloso templo construido por Salomón y el templo que existió en tiempos de Cristo. El tabernáculo estaba construido con pieles de animales. El templo de Salomón estaba construido con piedras y mármol. Como les ocurre a todos los edificios construidos por los hombres, los elementos naturales del sol, la lluvia y el viento finalmente desgastan los materiales naturales, y el templo tuvo que ser reparado ocasionalmente. Tras largos periodos de tiempo, podía amontonarse basura en el complejo sagrado si no se llevaban a cabo las pertinentes tareas de limpieza.

Al igual que las tres moradas antiguas de Dios requerían limpieza, renovación y quitar la suciedad, las tres moradas actuales para el Señor hoy necesitan ser renovadas, preparadas y limpiadas continuamente.

1. Debe limpiar su cuerpo de la suciedad de la carne y del espíritu.

Las Escrituras dicen: "Así que, amados, puesto que tenemos tales promesas, limpiémonos de toda contaminación de carne y de espíritu, perfeccionando la santidad en el temor de Dios" (2 Corintios 7:1). Muchos individuos están atados a un hábito concreto, una fortaleza mental o una actitud negativa como la falta de perdón, el temor o la incredulidad. Los creyentes a menudo oran así: "Señor, ayúdame a deshacerme de esto o lo otro". Es interesante que el pasaje anterior no dice: "Pídale a Dios que le limpie", sino que dice: "*limpiémonos*". Este lenguaje es parecido a la frase que escribió Pablo en Hebreos, cuando dijo: "Despojémonos de todo peso, y del pecado que nos asedia" (Hebreos 12:1). Pedro habló diciendo: "Desechando, pues, toda malicia, todo engaño, hipocresía, envidias, y todas las detracciones" (1 Pedro 2:1).

¿Cómo podemos limpiarnos? No quiere decir que nosotros, en nuestras propias fuerzas, podamos liberarnos de tal inclinación al mal. Si pudiéramos hacerlo, no habría habido necesidad de tener a Cristo como redentor. Se necesita el poder de Dios moviéndose en el interior de una persona para romper los yugos y ataduras que nos atan a las adicciones (Isaías 10:27; Hechos 10:38). Cuando el yugo es destruido, depende del individuo mantener la puerta cerrada, impidiendo otra intrusión de fuerzas externas que pudieran revivir la adicción o atadura en concreto.

Nos limpiamos a nosotros mismos cuando voluntariamente decidimos dejar a un lado cualquier peso y el pecado que nos asedia y nos impide correr nuestra carrera. Hay ciertos hábitos sucios que afectan al cuerpo humano, y que finalmente producen enfermedad y sufrimiento. El templo físico debe sufrir un proceso de limpieza para quitar los hábitos peligrosos y de distracción y toda impureza. Esto se consigue a través de nuestra fuerza de voluntad y eligiendo recibir la unción de Dios en nuestra situación.

2. *Debe limpiar su casa de ídolos y objetos que atraigan espíritus.*

Como veremos después, su morada física, ya sea una caravana, un apartamento o una casa, debe guardar una atmósfera de paz, gozo y justicia. Parte del proceso de limpiar su casa incluye quitar todo aquello que pudiera abrir la puerta a pensamientos negativos, fortalezas mentales o espíritus malignos.

Así como su cuerpo, mente y espíritu deben limpiarse de vez en

LIMPIE su **CASA** y la de su **FAMILIA**

cuando o llevar a cabo renovaciones diarias, hay veces en que su morada física también debe ser santificada o apartada de objetos que pudieran crear una atmósfera negativa (más sobre esto en un capítulo posterior).

3. Debe limpiar su iglesia de la crítica, el rencor y las disputas.

La tercera morada para Dios está entre los que se reúnen para adorar en las congregaciones locales. En la iglesia primitiva, los creyentes practicaban la cena del Señor diariamente, yendo de casa en casa. (Hablo más sobre esto en mi libro *The Meal That Heals* [La comida que sana]). Según Pablo, una persona debe realizar un autoexamen antes de recibir la cena del Señor (1 Corintios 11:28). Este juicio interior de los motivos de su corazón y su espíritu tiene el propósito de descubrir cualquier tipo de rencor, malicia, disputas, amargura u otro peso interno que corrompa el espíritu humano y bloquee la conexión entre el Padre y nosotros. Santiago enseñó: "Confesaos vuestras ofensas unos a otros, y orad unos por otros, para que seáis sanados. La oración eficaz del justo puede mucho" (Santiago 5:16). Se requiere que los creyentes nos perdonemos los unos a los otros para que también nuestro Padre celestial pueda perdonarnos (Mateo 6:14).

Cuando un ministro dirige la cena del Señor, debe enfatizar la importancia del autoexamen (1 Corintios 11:28), y a través de la confesión y el arrepentimiento, quitar cualquier cosa que pudiera significar un obstáculo para su espíritu. Las iglesias locales deberían tener tiempos especiales en sus congregaciones durante los cuales puedan enfatizar el arrepentimiento y el perdón de pecados. Antes del año nuevo judío (*Rosh Hashanah*), los judíos dedican un tiempo especial todos los años llamado *Teshuvah*, en el cual realizan un autoexamen y perdonan a otras personas. Los ministros a menudo enfatizan la importancia de pedirle perdón a Dios, pero las congregaciones locales necesitan periodos en que los miembros se pidan perdón unos a otros y a aquellos con los que han tenido alguna ofensa.

¿Qué ocurre si usted se niega?

¿Qué ocurriría si usted permitiera que toda la basura negativa y la materia negra espiritual permanecieran en el templo de su mente y su espíritu? ¿Qué ocurriría si se negara a quitar la basura de su cuerpo, su casa o su iglesia?

Sin una liberación total del poder del pecado, su vida finalmente quedará atada a las ataduras y yugos espirituales. Un yugo le conecta a algo sobre lo que usted no tiene ningún control. Aquello a lo que usted se une se convierte en su amo. Pablo advirtió que los creyentes no deben unirse en yugo desigual con los incrédulos (2 Corintios 6:14). Una persona que intenta servir a Dios y a su vez sirve también a su propia carne se verá dividida en dos direcciones contrarias. Pablo escribió que debemos: "Estad, pues, firmes en la libertad con que Cristo nos hizo libres, y no estéis otra vez sujetos al yugo de esclavitud" (Gálatas 5:1).

Si el hogar de una persona no está limpio de ídolos o artículos que promuevan una vida de pecado, eso podría abrir una puerta al enemigo o a espíritus inmundos. Aunque un cristiano que esté sirviendo activamente a Cristo no puede ser poseído por un espíritu demoníaco, los creyentes pueden ser influenciados e incluso oprimidos por espíritus. Leemos cuando Satanás entró en el corazón de Judas (Lucas 22:3), y Cristo reprendió a Pedro por sus declaraciones inspiradas por Satanás (Mateo 16:23). Satanás llenó los corazones de dos miembros de la iglesia, Ananías y Safira, para mentirle al Espíritu Santo (Hechos 5:3). Ciertos tipos de pensamientos son como imanes que atraen malas inclinaciones, abriendo la puerta a posibles ataques a cargo de espíritus inmundos.

Si una iglesia local permite que entren disputas en la congregación, la iglesia se llenará de confusión y será obstaculizada espiritualmente. Santiago escribió: "Porque donde hay celos y contención, allí hay perturbación y toda obra perversa" (Santiago 3:16). Se habrían prevenido muchas divisiones en las iglesias locales si la persona ofendida hubiera perdonado al ofensor.

LIMPIE su CASA y la de su FAMILIA

En la antigüedad, era necesario limpiar el templo en Jerusalén. Es críticamente importante que usted haga el mismo autoexamen en su cuerpo, su casa y su iglesia. Es la única manera de cerrar la puerta al adversario, el cual entrará en la casa a través de la rendija más pequeña que haya en la puerta. Una pequeña rendija puede llegar a abrir la puerta a ataques mayores del adversario y capacitarle para introducir numerosas plagas espirituales en su morada.

Limpiar su casa puede impedir que el adversario pegue algunas ataduras a su cuerpo, alma y espíritu. Me acuerdo de una ilustración relatada por el Dr. E. L. Terry. En tiempos antiguos era común atar a un buey grande a un poste largo y redondo que estaba unido a una piedra de molino. Cuando el buey caminaba haciendo continuamente el mismo círculo durante horas, el grano se separaba. Cuando el precioso grano se amontonaba, el buey se detenía y comenzaba a comer del montón de grano; por eso el propietario ponía un bozal en la boca del buey para evitar que se comiera el grano.

Pablo escribió a Timoteo diciéndole que debía honrar doblemente a un anciano que gobernara bien y que no "pusiera bozal al buey que trilla" (1 Timoteo 5:17-18). El Dr. Terry observó que el cuello de un buey era muy grueso, y cuando un buey comía grano de más, el cuello de esta bestia de cuatro patas se agrandaba aún más, y el yugo no le encajaba bien. A veces el buey rompía parte del yugo al comer de continuo. La imagen para un creyente es que cuando una persona está atada por las adicciones y los problemas espirituales, debe comer continuamente de la Palabra de Dios y devorar la preciosa semilla de la Palabra, la cual con el tiempo edificará la fe del creyente y le ayudará a destruir el yugo a través de la unción del Espíritu Santo (Isaías 10:27; Hechos 10:38). Si está usted listo para cambiar, el Señor está listo para obrar en su cuerpo, su situación familiar y su iglesia local para crear una nueva morada controlada por su presencia.

Capítulo 5
LA AUTORIDAD DE LA SANGRE DE CRISTO

Y ellos le han vencido por medio de la sangre del Cordero y de la palabra del testimonio de ellos, y menospreciaron sus vidas hasta la muerte.

| APOCALIPSIS 12:11 |

A COMIENZOS DE LA década de los noventa, un pastor, un misionero y yo fuimos invitados a Perú para ministrar. Nos recibieron en la casa de un hombre, un rico arquitecto que recientemente había conectado con una congregación local peruana. No hablaba inglés, y ninguno de nosotros hablábamos español, pero yo podía reconocerlo fácilmente cuando lo hablaban. Me fui a la cama, y al tumbarme sobre mi estómago, de repente sentí la presión de un hombre sentado sobre mi espalda, ejerciendo presión con todo su cuerpo sobre mí. Su peso debía de ser de unas 200 libras (90 kilos) o más. De repente, escuché cómo ese ser me hablaba al oído en español. Había un hecho extraño: no había ningún hombre en la habitación, y aquello no era literalmente una persona o un ser humano, ¡era cierto tipo de presencia demoníaca que se había manifestado en la habitación!

Inmediatamente reprendí al espíritu en el nombre de Cristo y sentí que se iba. Me giré en la cama, sin saber qué haría después. El Espíritu Santo me dijo que me levantara y confesara la autoridad de la sangre de Cristo sobre las paredes, puertas y ventanas de la habitación. Lo hice con valentía, diciendo: "¡Confieso el poder protector de la sangre de Cristo sobre esta pared…sobre esta otra…y ordeno

LIMPIE su CASA y la de su FAMILIA

a los espíritus malignos que no vuelvan a entrar de nuevo en esta habitación mientras yo esté durmiendo en ella!". Después me volví a tumbar y me dormí. Estuvimos en la casa tres días, y luego regresamos a los Estados Unidos. Meses después supe que el propietario de la casa llevaba un estilo de vida homosexual y que muchos hombres se habían quedado en su casa continuamente. Creo que el espíritu que encontré estaba familiarizado con ciertos hombres del lugar y se estaba manifestando a nosotros durante nuestra estancia. Ciertamente, fue algo muy estúpido intentarlo conmigo, ya que estoy casado con una hermosa mujer y nunca había tenido (ni tendré nunca) una atracción física o emocional hacia personas de mi mismo sexo. Sin embargo, esa situación me enseñó que la sangre de Cristo se aplica a través de la fe y la confesión.

Durante mi crecimiento, de vez en cuando oí a piadosos hombres y mujeres hablar sobre implorar la sangre de Cristo sobre sus hijos para protegerlos del poder de Satanás. Algunos maestros de la Biblia señalan que la idea de *implorar la sangre* estaría mejor si dijéramos *confesar la sangre* sobre una situación concreta.

Piense por un momento en la autoridad espiritual sobrenatural que había en las numerosas ofrendas del Antiguo Testamento. La Torá habla de corderos, carneros, bueyes, palomas y tórtolas como ofrendas para ser sacrificadas y quemadas sobre el altar en el tabernáculo y, más tarde, en el templo de Jerusalén. La sangre de un cordero se aplicó sobre los dinteles de las puertas de todas las familias hebreas en Egipto en la noche de la Pascua, impidiendo que el ángel de la muerte entrara en la casa (Éxodo 12). Cientos de años después, David puso un animal sobre el altar en la futura plataforma del templo en Jerusalén, y un ángel detuvo una plaga que se había cobrado las vidas de setenta mil hombres (1 Crónicas 21:14-28). En Éxodo 29:39 Dios ordenó a los sacerdotes que ofrecieran un cordero por la mañana y otro por la noche: un retrato, creo yo, de la necesidad de comenzar la mañana con el Señor para asegurar un buen día y terminar su noche con el Señor para conseguir el descanso necesario.

Cuando una persona recibe el pacto de redención llamado

salvación (Lucas 1:77), nace de nuevo (Juan 3:3) y es redimida (1 Pedro 1:18), esa persona entra en el pacto a través de la sangre de Cristo (v. 19). Cuando un pecador recibe convicción del Espíritu Santo y se arrepiente y pide a Cristo entre en su vida, ese individuo no ve o experimenta aún a un ángel del Señor que le traiga literalmente la sangre de Cristo para volver a pintar el corazón y la entrada. Sin embargo, ocurre una transformación real y literal cuando usted confiesa al Señor Jesús con su boca. Esta confesión hace que Cristo quite la culpa del pecado y la reemplace con la paz de Dios (Romanos 8:1). Cristo, que es nuestro Sumo Sacerdote en el templo celestial (Hebreos 9:23-28), lleva en sus manos, pies y costados las heridas de su obra de redención por usted (Juan 20:25-27). Esta retirada de la presencia del pecado es muy real y literal. Sin embargo, la sangre se aplica a través de la confesión de su fe. Muchos veteranos entendieron esto y resistieron la autoridad del adversario declarando en fe el nombre de Cristo y confesando la sangre de Cristo sobre sus hijos, hogares y familias.

Tres sustancias limpiadoras

Existe un paralelismo entre las sustancias bíblicas que usaban los sacerdotes para limpiar una casa de la plaga de lepra y cómo los creyentes deben limpiar sus propios templos. Levítico 14:51-52 revela tres sustancias que se usaban en el proceso:

1. Sangre
2. Agua corriente
3. Hisopo y escarlata

La importancia de la sangre

Debo enfatizar que la sangre era la única sustancia que se usó en ambos pactos para redimir a los hombres. Pablo escribió que sin derramamiento de sangre no hay remisión (perdón) de pecados (Hebreos 9:22). Bajo el antiguo pacto, había numerosos tipos de sacrificios que se ofrecían en el tabernáculo y en el templo. Algunos

LIMPIE su CASA y la de su FAMILIA

contenían aceite, vino, grano y otras sustancias de la tierra. Sin embargo, los más importantes eran las ofrendas de animales específicos enumerados en la Torá. Durante el Éxodo hebreo, los hebreos tuvieron que colocar la sangre del cordero en los dinteles de las puertas. Esa sangre se aplicó usando ramas de hisopo.

> Y tomad un manojo de hisopo, y mojadlo en la sangre que estará en un lebrillo, y untad el dintel y los dos postes con la sangre que estará en el lebrillo; y ninguno de vosotros salga de las puertas de su casa hasta la mañana.
> —ÉXODO 12:22

> Y un hombre limpio tomará hisopo, y lo mojará en el agua, y rociará sobre la tienda, sobre todos los muebles, sobre las personas que allí estuvieren, y sobre aquel que hubiere tocado el hueso, o el asesinado, o el muerto, o el sepulcro.
> —NÚMEROS 19:18

> Purifícame con hisopo, y seré limpio;
> Lávame, y seré más blanco que la nieve.
> —SALMOS 51:7

La planta de hisopo se usó para aplicar la sangre en los postes en Egipto, y se mojaba en la sangre y se aplicaba sobre la parte superior, izquierda y derecha de los postes exteriores. También se usaba en las ceremonias rituales de purificación cuando el agua de la purificación se preparaba y luego se rociaba sobre una persona que era ceremonialmente inmunda por haber tocado un cuerpo muerto de una persona o animal. El hisopo se usaba en la antigüedad como hierba medicinal; también se puede usar como té de hierbas.

La aplicación espiritual es importante. ¡Todas nuestras bendiciones espirituales se obtienen a través de la preciosa sangre de Cristo! La sangre derramada de Cristo sirvió como sacrificio final para toda la humanidad. La Biblia indica que si los gobernantes de este mundo hubiera reconocido que la muerte de Cristo les derrotaría, nunca habrían crucificado a Cristo (1 Corintios 2:8).

La autoridad de la sangre de Cristo

El uso de agua corriente

El agua estancada se pudre y puede retener gérmenes y bacterias. El agua corriente es necesaria cuando lavamos nuestras manos para poder limpiar cualquier tipo de bacteria. Hace años, cuando se daba a luz a los niños, los doctores usaban una palangana de agua tibia para lavar sus manos. No sabían que los gérmenes se pasaban al cuerpo de la madre, produciendo enfermedades y, en algunos casos, la infección producía la muerte. La mortalidad infantil descendió cuando los médicos o matronas comenzaron a lavarse las manos con agua corriente.[1]

Dios ordenó continuamente a los sacerdotes que usaran agua corriente (Levítico 14:5-6, 50-52). Tras haber recibido la redención a través de la sangre de Cristo, se nos ordena bautizarnos (Hechos 2:38). El bautismo se lleva a cabo sumergiendo a la persona bajo el agua. Las iglesias de hoy día tienen un baptisterio para llevar a cabo este importante sacramento. Cuando yo era un ministro adolescente, muy pocas iglesias donde predicaba tenían baptisterio. Los bautismos se llevaban a cabo en un río local u ocasionalmente en un gran lago de agua en la granja de algún creyente. Me acuerdo que en una ocasión, mientras predicaba en una pequeña iglesia rural, hubo algunos nuevos convertidos que tenían que bautizarse. Rompimos el hielo en un lago cercano y les bautizamos tiritando y temblando de frío, ¡y aún así ninguno se enfermó!

Algunos cristianos más mayores preferían un río por el principio del agua corriente. Para ellos, el agua era un reflejo de lavar sus pecados en las aguas del Jordán. Los sacerdotes necesitaban agua corriente para llevar a cabo la purificación de la casa, y todos los creyentes debemos arrepentirnos y bautizarnos en agua para la remisión de pecados como una evidencia externa de nuestro compromiso con Cristo.

La Biblia también habla del lavamiento del agua por la Palabra.

> …así como Cristo amó a la iglesia, y se entregó a sí mismo por ella, para santificarla, habiéndola purificado en el lavamiento

LIMPIE su CASA y la de su FAMILIA

> del agua por la palabra, a fin de presentársela a sí mismo, una iglesia gloriosa, que no tuviese mancha ni arruga ni cosa semejante, sino que fuese santa y sin mancha.
> —Efesios 5:25-27

> Nos salvó, no por obras de justicia que nosotros hubiéramos hecho, sino por su misericordia, por el lavamiento de la regeneración y por la renovación en el Espíritu Santo.
> —Tito 3:5

A veces cuando su mente se siente confundida, debe pasar tiempo escuchando música cristiana, leyendo la Palabra en voz alta o citando versículos que tengan que ver con su situación. Pronto sentirá una sensación de limpieza que le lava. Es el agua de la Palabra, refrescándole por dentro.

El uso de hisopo y escarlata

A través de las Escrituras, el color escarlata era un retrato de nuestra redención. Se le ató un cordón escarlata en la muñeca del bebé Zara, para mostrar que era el primogénito (Génesis 38:30). El escarlata se usó en el tejido del tabernáculo de Moisés (Éxodo 25:4). También se echó en medio de la hoguera en el sacrificio de una vaquilla roja (Números 19:6). Incluso la ramera Rahab recibió la orden de colocar un cordón rojo en su ventana como señal de que tenía un pacto con el Señor (Josué 2:18-21).

El uso más interesante de los cordones de escarlata se remonta al antiguo templo en el día de la expiación. En ese día, el sumo sacerdote tomaba dos carneros idénticos y colocaba un hilo escarlata en el cuello de uno de ellos y un segundo hilo en el cuerno del otro. Había un tercero que se clavaba a la puerta del templo. Cuando el carnero que llevaba los pecados de Israel se arrojaba por un barranco en el desierto, se dice que el hilo escarlata clavado a la puerta del templo se volvía blanco sobrenaturalmente, lo cual significaba que los pecados había sido perdonados.[2] Los rabinos creen que por eso Isaías escribió:

> "Venid luego, dice Jehová, y estemos a cuenta: si vuestros pecados fueren como la grana, como la nieve serán emblanquecidos; si fueren rojos como el carmesí, vendrán a ser como blanca lana".
>
> —Isaías 1:18

En el Calvario, los soldados que se estaban mofando de Cristo colocaron una túnica escarlata sobre sus hombros. Las túnicas escarlata las llevaban los reyes, y los soldados se mofaron de Él llamándole "Rey de los judíos" (Mateo 27:28). El color escarlata identifica el pacto.

Resumen

Los artículos usados para limpiar las casas en la Escrituras de una plaga de lepra tienen una aplicación espiritual para la limpieza de nuestras vidas como creyentes:

1. *La sangre de Cristo nos limpia y redime la casa de Dios.* Bajo el antiguo pacto, la sangre del sacrificio se usaba para purificar a los israelitas, los sacerdotes y el sumo sacerdote; los atrios, el lugar santo y el lugar santísimo; y todo el mobiliario sagrado usado para acercarse a Dios. Todas las cosas se purificaban con sangre, y sin sangre no había remisión de pecados.

2. *El lavamiento de agua por la Palabra renueva nuestro pensamiento.* Bajo la ley de Moisés, se quemaba una vaca y las cenizas se recogían en un lugar limpio. Cuando una persona era declarada ceremonialmente inmunda, se metía en agua una pequeña porción de las cenizas de esa vaca. Cuando el agua se vertía sobre la persona inmunda, daba comienzo un ritual de purificación (Números 19).

    La Palabra de Dios se compara a ese agua limpiadora. Leemos: "Maridos, amad a vuestras mujeres, así como Cristo amó a la iglesia, y se entregó a

LIMPIE su CASA y la de su FAMILIA

sí mismo por ella, para santificarla, habiéndola purificado en el lavamiento del agua por la palabra" (Efesios 5:25–26).

3. *El hilo escarlata es un retrato de la relación de pacto que tenemos con Dios.* La sangre escarlata de Cristo se aplica a nuestras almas manchadas de pecado, y como resultado, somos redimidos y liberados.

La sangre en los tiempos del templo

El tema central de los cinco primeros libros de la Biblia (la Torá) son los diferentes sacrificios. Era necesario que un animal inocente fuera ofrecido y su sangre vertida sobre el altar por los pecados y las transgresiones de la gente. Sin derramamiento de sangre, no había remisión de pecados (Hebreos 9:22). Había una rutina específica que la ley divina estableció relacionada con los sacrificios del templo.

En primer lugar, sólo los sacerdotes (sumo sacerdote y revistas) podían administrar las ofrendas de sangre. Una vez sacrificado el animal, la sangre se almacenaba en vasos de oro y plata y se rociaba en la base del altar. En el día de la expiación, se rociaba sobre los cuernos del mobiliario sagrado. La sangre también se derramaba alrededor de la base del altar (Levítico 3:2) y siete veces delante del velo (Levítico 4:6). En Yom Kipur, la sangre se colocaba sobre la capa de oro del propiciatorio del arca del pacto (Levítico 16:15). También es importante que la sangre se usaba para santificar a un leproso que había sido sanado (Levítico 14:7) y sobre una casa que había sido limpiada de lepra (v. 51). En el antiguo templo judío, la sangre restante que no había sido usada había que derramarla sobre la tierra de la base en el altar de bronce. Dios se tomaba tan en serio el asunto de la sangre que no se podían mezclar la sangre humana y la sangre animal.

Hace años me invitaron a realizar un recorrido por los túneles del muro occidental antes de que lo abrieran a los turistas. Me mostraron un área donde se habían cavado unos escalones en la base del monte Moriah. Me dijeron que en el periodo romano, cuando existía el templo en Jerusalén, había una ruta de escape subterránea que un sacerdote hacía desde la cima del monte si se cortaba el dedo mientras ofrecía un sacrificio. El sacerdote tenía que permanecer en un aposento especial hasta que se le curase la herida. El punto es que su sangre humana y la sangre de sacrificio del animal no se podían mezclar, o de lo contrario el poder de la ofrenda sería nulo.

Hoy, las personas mezclan porciones de verdad bíblica con sus propias ideas, teorías y tradiciones, haciendo así que el poder redentor del pacto sea nulo y vacío. Su vida espiritual no cambia por inclinar su cabeza cuando ora, por firmar en algún libro de membresía tras pasar al frente en una iglesia o simplemente por confesar que es usted una buena persona que está aprendiendo y que tomará "buenas decisiones para un resultado positivo". Esta mezcla de unas pocas semillas del evangelio y confesiones positivas de la Nueva Era no derrotarán al enemigo ni romperán un yugo. ¡Confesar la Palabra de Dios y confesar su fe en la sangre de Cristo son las herramientas que pueden hacer saltar en pedazos el yugo de esclavitud!

El poder de los sacrificios de sangre

Tras el Diluvio, Noé hizo un sacrificio, y Dios hizo un pacto para todas las generaciones, prometiendo que nunca más permitiría que la tierra fuera destruida por un diluvio (Génesis 8:20-21). La sangre del cordero pascual en Egipto impidió que el ángel de la muerte entrara en los hogares de las familias hebreas (Éxodo 12:13). Cuando David colocó una ofrenda sacrificial en el altar en Jerusalén, el ángel del Señor detuvo una plaga mortal para que no muriesen los hombres en la ciudad (1 Crónicas 21:1-30). Mientras Job ofreció una ofrenda de sangre continua por sus hijos e hijas, la sangre facilitó que un poder protector sobrenatural cercase a Job, su familia y sus posesiones (Job 1:5-6).

Si la sangre de un pequeño cordero, carnero, cabra o un gran buey podía llamar la atención de ángeles y del Todopoderoso para perdonar, esconder pecados y proteger de la destrucción, ¡imagínese

LIMPIE su CASA y la de su FAMILIA

la autoridad espiritual inherente disponible para la humanidad a través de la sangre derramada de Cristo!

El último y definitivo sacrificio

Hay numerosas razones reveladas en las Escrituras en cuanto a por qué la sangre de Cristo tiene tal autoridad espiritual para redimir, perdonar y traer un pacto de sanidad para la humanidad. En primer lugar, considere la concepción de Cristo. Mateo revela que Cristo fue concebido por el Espíritu Santo y que no nació a través del proceso normal de nacimiento de un marido y una esposa. María era virgen cuando concibió al Cristo. La semilla depositada en el vientre de María era la semilla de la Palabra de Dios, y esta semilla "fue hecha carne" (Juan 1:14). Este milagro de la concepción es importante cuando entendemos que la naturaleza de la sangre de Cristo era diferente a la de un niño nacido bajo el pecado a través del proceso normal de nacimiento. Cristo nació sin la misma naturaleza de pecado con la que nacemos el resto de la humanidad.

Su lugar de nacimiento fue Belén, una pequeña ciudad a unos 12 km de Jerusalén. Era en Belén donde nacían y se criaban todas las ovejas usadas en las ofrendas del templo por la mañana y por la noche. Cristo nació en Belén, una ciudad también conocida como "la ciudad de David" (Lucas 2:4). No debería sorprendernos que Cristo naciera en un establo (un lugar donde se coloca a los animales) y durmiera en un pesebre (un lugar para alimentar a los animales), porque Él nació para convertirse en el último y definitivo sacrificio por el hombre. La sangre de Cristo puede hacer de una persona una nueva criatura (2 Corintios 5:17). Puede formar un vallado de protección alrededor del creyente (Apocalipsis 12:11) y dar acceso a la vida eterna, prometida sólo a los que reciben su ofrenda de sacrificio para remisión de pecados.

Capítulo 6
PODE SU ÁRBOL GENEALÓGICO

Porque si el árbol fuere cortado, aún queda de él esperanza;
Retoñará aún, y sus renuevos no faltarán.
Si se envejeciere en la tierra su raíz,
Y su tronco fuere muerto en el polvo,
Al percibir el agua reverdecerá,
Y hará copa como planta nueva.

JOB 14:7-9

SE ENCONTRÓ VIVIENDO en las calles de Nueva York como un fugitivo a la edad de quince años. Su hermano mayor había cometido un robo en un establecimiento de comidas preparadas y fue enviado a prisión durante varios años. Otro hermano pasó gran parte de su vida encarcelado, batallando continuamente con la adicción a las drogas. Cuando le pidieron que describiera el árbol genealógico de su familia, dijo: "Sólo hay un árbol que encaje en mi familia: ¡el sauce llorón!". Cada persona tiene una genealogía, a menudo llamada *árbol genealógico*. Algunos están orgullosos de su legado y del fruto que han producido los familiares de sus generaciones. Para otros, no obstante, las hojas están secas, las ramas muertas y el árbol sin fruto. Hay familiares de los que una persona no quiere hablar e incidentes personales que están ocultos y nunca se han tratado. Exponer el pasado produciría vergüenza y humillación.

Para producir un buen linaje y fruto espiritual, ¡quizá tenga que podar su árbol familiar! La Biblia menciona aproximadamente veintinueve árboles diferentes. A menudo estos árboles están

LIMPIE su **CASA** y la de su **FAMILIA**

unidos a diferentes historias bíblicas, y a veces son un espejo de las fortalezas o debilidades de individuos en particular en dichas historias. A veces, las características de un árbol concreto se usan para aplicaciones espirituales. El roble a menudo está vinculado a los patriarcas (Abraham, Isaac y Jacob) o, en Génesis 35:8, a Débora. El roble es fuerte y majestuoso y vive mucho tiempo, lo cual es un retrato de los primeros patriarcas que edificaron un fundamento o cimiento sólido y vivieron largas vidas.

El cedro del Líbano se usó en la construcción del templo de Salomón. El salmista comparó a los justos con las palmeras (Salmos 92:12). Las raíces de una palmera ahondan mucho y pueden soportar grandes vientos y tormentas. Cuando hay una sequía, las raíces de una palmera buscarán el agua.

El sauce siempre ha sido un árbol que ha reflejado el luto. A menudo crece junto a las orillas de los ríos en partes del mundo. Cuando los cautivos judíos fueron llevados a Babilonia, colgaron sus arpas en los sauces, y cuando les pidieron que cantarán canciones hebreas, se negaron a cantar la canción del Señor en tierra extraña (Salmos 137:2-4). La zarza era un árbol cuyas ramas tienen espinos, y una persona se puede cortar fácilmente si no trata correctamente las ramas de la zarza (Lucas 6:44).

En el Nuevo Testamento era una señal del verano cuando la higuera comenzaba a dar fruto (Mateo 24:32). El árbol de la mostaza produce una de las semillas más pequeñas del mundo, y se hace alusión a él como un retrato de una fe simple, fe como un grano de mostaza (Lucas 17:6). También hay un árbol identificado como ajenjo en Deuteronomio 29:18. La palabra *ajenjo* significa amargo.

En la Biblia, las características, acciones o personalidad de las personas pueden representar ciertos árboles.

- El roble representa la fuerza y determinación de Abraham.
- El cedro representa a Salomón, el constructor del primer templo.

- La palmera puede hacer alusión a David, que sobrevivió continuamente a las tormentas de la vida.
- El sauce era un árbol del luto que representa a la nación cautiva en Babilonia.
- La zarza es un retrato de la casa de Saúl.
- La higuera representa la fe simple y pura de la iglesia del primer siglo.
- El grano de mostaza crece hasta convertirse en un gran árbol, y es un retrato de la familia de Timoteo.
- El ajenjo es amargo, y ese era el estado de Noemí cuando regresó a Belén.

Cuatro partes de un árbol genealógico

Cada árbol está compuesto por cuatro partes diferentes, todas ellas trabajando juntas para producir un árbol sano:

1. Las raíces
2. El tronco con la corteza
3. Las hojas y ramas
4. El fruto

Cada árbol genealógico tiene también estas cuatro partes muy importantes:

1. Las raíces son la base primera y los comienzos de una familia.
2. El tronco es la fortaleza del árbol genealógico.
3. Las hojas son la belleza y cobertura protectora de la unidad familiar.
4. El fruto son los resultados espirituales y las bendiciones que siguen a la familia.

Como a lo largo de toda la Biblia se comparan los árboles con las personas y se establecen aplicaciones espirituales a esos diversos

LIMPIE su **CASA** y la de su **FAMILIA**

tipos de árboles, los mismos peligros que pueden dañar o destruir un árbol son los mismos peligros que debemos evitar en nuestras vidas mientras construimos nuestras familias.

Las tormentas destruyen las ramas.

Las tormentas repentinas e inesperadas ejercerán presión sobre las ramas, y finalmente se pueden partir. Cuando se rompe una rama, ya no produce fruto. Las ramas muertas son retiradas del árbol y normalmente echadas al fuego. De la misma manera, las tormentas repentinas (como los hijos en rebeldía, conflictos familiares, graves crisis financieras y división entre el marido y la esposa) pueden producir un corte en la unidad familiar a través de la separación o el divorcio.

La sequía destruye las hojas.

La sequía se produce en un tiempo de escasez de lluvia o de una hambruna severa. Los árboles deben tener agua para poder sobrevivir y producir fruto. Cuando hay escasez de agua, las hojas se marchitan y no hay fruto. Cuando llega el otoño, las normalmente bellas hojas que salpican las montañas de un arco iris de rojo, naranja y amarillo se vuelven marrones y negras. Desde un punto de vista bíblico, el agua es un retrato del Espíritu Santo.

La Biblia dice: "Sacaréis con gozo aguas de las fuentes de la salvación" (Isaías 12:3). Isaías dijo:

> Porque yo derramaré aguas sobre el sequedal,
> y ríos sobre la tierra árida;
> mi Espíritu derramaré sobre tu generación,
> y mi bendición sobre tus renuevos.
>
> —Isaías 44:3

Cristo hizo alusión al Espíritu Santo cuando les dijo a los creyentes: "El que cree en mí, como dice la Escritura, de su interior correrán ríos de agua viva" (Juan 7:38). La presencia del Espíritu Santo siempre trae refrigerio a nuestro espíritu del mismo modo que la lluvia trae nueva vida a los árboles y a la vegetación.

El frío destruye el fruto.

Seguro que lo ha presenciado muchas veces; un frío repentino sacude los bosques de naranjas en Florida, destruyendo los renuevos y echando a perder millones de dólares de beneficio para los agricultores. Al igual que el frío puede destruir el fruto en un árbol, cuando nuestro corazón se enfría espiritualmente y se endurece, dejaremos de producir el fruto de justicia, paz y gozo en el Espíritu Santo (Romanos 14:17). Hay nueve frutos del Espíritu mencionados en Gálatas 5:22-23. Este fruto espiritual debe madurar en un corazón calentado por el fuego de la Palabra de Dios y las brasas del Espíritu Santo. El fruto no puede crecer con un frío extremo, ni tampoco se pueden producir resultados espirituales en un corazón espiritualmente frío.

Las inundaciones destruyen los árboles.

Cuando un río importante se desborda y los torrentes de agua rebosan sus cauces, incluso los árboles fuertes con grandes raíces son arrancados de su lugar y arrastrados como palillos por las violentas aguas. En las Escrituras, las inundaciones son tanto literarias como espirituales. Como una metáfora, las inundaciones también pueden hacer alusión a problemas repentinos que llegan como una tormenta furiosa a nuestras vidas. Tal es el ejemplo de Job. Un día él era un príncipe rico, y al día siguiente era un pobre vagabundo. El enemigo vino contra Job como una inundación repentina (Isaías 59:19), matando a sus diez hijos, robando su ganado y destruyendo su riqueza (Job capítulos 1 y 2; Juan 10:10). El dolor de Job era tan intenso que rehusó hablar durante siete días (Job 2:13). El fundamento de todo aquello por lo que Job había trabajado le fue arrebatado en un plazo de 24 horas. ¡Este es un buen retrato de una inundación repentina!

Hay familias que se han quedado repentinamente sin recursos económicos debido a incendios naturales, inundaciones, terremotos, huracanes y tornados. La muerte inesperada del sostén de la familia devasta a una familia. Cuando un accidente de tráfico repentino se cobra la vida de un niño, los padres son golpeados por

LIMPIE su CASA y la de su FAMILIA

el dolor. Este tipo de problema repentino aturde la mente, debilita el corazón y aplasta el espíritu de una persona. Algunas inundaciones no se pueden detectar ni controlar. En otras ocasiones, algunos creyentes han podido discernir las señales y prepararse con antelación para las riadas de problemas, construyendo un baluarte de fe y oración para impedir la planeada destrucción del adversario.

Los insectos destruyen el interior (raíz).

Todos conocemos a las termitas, esos pequeños insectos que se dan un banquete con la madera de su casa. Ciertos tipos de insectos destruyen los árboles. Joel habló de esto cuando escribió:

> Lo que quedó de la oruga comió el saltón, y lo que quedó del saltón comió el revoltón; y la langosta comió lo que del revoltón había quedado.
> —JOEL 1:4

La oruga en hebreo es *gazam,* y hace alusión a la etapa en la que el insecto es una larva sin alas. Saltón es la palabra *arbeh*, que identifica el estado en el que el destructivo insecto está en su primera piel. La palabra se usa en referencia a cuando es pequeño y no tiene patas ni alas. Esta es la segunda etapa de crecimiento. La tercera etapa es el revoltón, identificado en el texto hebreo como *yekeq*. Es cuando el insecto ya tiene formadas sus alas pero aún no es capaz de volar. La palabra *langosta* es *chaciyl*, y este es un insecto totalmente desarrollado con alas que puede volar, y es capaz de comer cualquier cosa que tenga a la vista.

Me acuerdo de un querido ministro amigo mío, el Dr. E. L. Terry, cuando explicaba estos cuatro insectos y cómo simbolizan la destrucción cuádruple que puede sufrir un árbol. Los insectos comienzan *carcomiendo*, luego *enjambrando*, luego *devorando* y luego *avasallando*. El Dr. Terry describía cómo un insecto ataca el fruto en un árbol, mientras otro va tras las hojas del árbol. Uno va carcomiendo la corteza exterior, mientras otro se entierra hondo y se come la raíz. Si la raíz de un árbol se destruye, el árbol morirá.

Un buen árbol plantado en buena tierra y bien regado dará buen fruto. Antes me quejaba de las personas que no parecían entender lo que yo predicaba, o que cuestionaban mi sinceridad en el ministerio, y siempre me estaban tirando piedras. Entonces me acordé de cuando era niño, cuando me acercaba a dos árboles que había en el jardín de mi casa. Uno era un árbol viejo y seco, casi a punto de ser cortado y usado como leña, y a su lado había un manzano, cargado de manzanas cuando era la época. Yo comenzaba a tirar piedras al árbol que tenía fruto, intentando hacer caer alguna manzana de sus ramas. Al hacerlo, pensaba: "Las personas nunca arrojan piedras y palos a los árboles muertos, ¡sólo a los árboles con fruto!". Si se están metiendo con usted, puede ser un indicativo de que hay fruto en su vida.

Cultivar un árbol genealógico

Las grandes Biblias familiares eran comunes a principios del siglo XIX. En el frente de cada Biblia había páginas con diseños coloridos con líneas en blanco y un titular: "Árbol familiar". Un miembro de la familia entrevistaba a otro familiar mayor que él y escribía información sobre varias generaciones de familiares, incluyendo nombres, fechas de nacimiento e historial matrimonial, narrando la información en las primeras páginas de una Biblia pensada para pasarla a la siguientes generaciones. Cada *árbol familiar* era plantado inicialmente hace generaciones, cuando nuestros antecesores llegaron en barcos de naciones extranjeras; es decir, a menos que sea usted descendiente de un indio nativo americano cuya familia vivía en América mucho antes de que América fuera una república.

Una familia en América comienza con sus primeros antepasados por parte de la madre y del padre. Por la línea de mi madre, mis antepasados eran italianos, y por el lado del mi padre, eran una mezcla de indios cherokees y escoceses irlandeses. Para muchos norteamericanos, sus raíces originales procedían de Europa, o para la raza negra, de África. Esos primeros antepasados forman las raíces del árbol.

La segunda generación forma el tronco del árbol, cuando los

LIMPIE su CASA y la de su FAMILIA

hijos se casan y comienzan a procrear una segunda generación de semilla. A medida que la tercera generación comienza a producir descendientes, el árbol familiar tiene ahora numerosas ramas: de tías, tíos, primos y suegros. Al llegar a la cuarta generación, los hijos que nacen probablemente heredarán casas, tierras y negocios que vieron la luz gracias al duro trabajo de generaciones previas.

Por ejemplo, Abraham y su esposa estéril Sara, viajaron al desierto de Canaán cavando nuevos pozos para dar de beber a su ganado y tomando posesión de la tierra que les fue prometida por el Todopoderoso. Su hijo Isaac era la segunda generación, y comenzó a edificar sobre el legado de su padre añadiendo más ganado y tierras. El hijo de Isaac, Jacob, era la tercera generación, y fue bendecido con doce hijos, los cuales se convirtieron en el pueblo de Israel.

Maldiciones sobre el árbol genealógico

Quizá ellos hayan sido la familia más famosa de la política de América, y aun así han experimentado más tragedias poco comunes que quizá ninguna otra familia destacada en el mundo. Incluso los miembros de la familia a veces se han cuestionado si estarían bajo algún tipo de maldición. Me estoy refiriendo a la familia Kennedy.

> El clan de los Kennedy está embutido en la cultura política americana del pasado medio siglo como ninguna otra familia. Llegaron al poder a través de un cálculo frío e instrumentos contundentes de su inmensa riqueza, pero también debido a su honorable servicio a la nación.[1]

Joseph Kennedy fue la tercera generación de los Kennedy que vivió en Boston. Nació el 6 septiembre de 1888. Los cuatro hijos de Joseph Kennedy revelan las circunstancias del porqué algunas personas sugieren que hay una maldición sobre la familia. Debajo están los nombres de los cuatro hijos:

- Joseph Kennedy Jr., nacido el 25 de julio de 1915
- John F. Kennedy, nacido el 29 de mayo de 1917

Pode su árbol genealógico

- Robert F. Kennedy, nacido el 20 de noviembre de 1925
- Edward M. Kennedy, nacido el 22 de febrero de 1932

Los cuatro hijos de Joseph Kennedy sufrieron alguna tragedia en sus vidas. El hijo mayor, Joseph Jr., murió en un accidente aéreo militar en 1944. John Kennedy fue elegido presidente de los Estados Unidos en 1960 y fue asesinado en Dallas, Texas, el 22 de noviembre de 1963. El tercer hijo de Joseph Kennedy, Robert Kennedy, avanzaba en las primarias de 1968 para ser elegido candidato por el Partido Demócrata para ser presidente de los Estados Unidos. Su vida terminó poco después de la medianoche del 5 de junio de 1968, en el hotel Ambassador en Los Ángeles, California. Recibió un disparo de un inmigrante palestino de veinticuatro años llamado Sirhan Sirhan.

Según el diario de Sirhan Sirhan, él escribió que Kennedy debía morir antes del 5 de junio de 1968.[2] Como Kennedy apoyaba a Israel, se sugirió que el asesino quiso matar a Kennedy en el aniversario de la guerra de los Seis Días entre los árabes e Israel, la cual había ocurrido un año antes. Tras la guerra, Israel consiguió el control de una parte del Jordán, la franja occidental y Jerusalén este.

El cuarto hijo y más joven de Joseph Kennedy era Edward (Ted) Kennedy. Muchas personas creyeron que finalmente Ted se presentaría como candidato a presidente de los Estados Unidos, pero un extraño suceso ocurrido una noche de julio de 1969 acabaría con esas posibilidades.

El 18 de Julio de 1969, Edward Kennedy asistía a una fiesta en la pequeña isla de Chappaquiddick, una isla pequeña cerca de Martha's Vineyard. También asistían seis mujeres que habían trabajado para Robert Kennedy, apodadas *las chicas de la sala de calderas*, entre las que se hallaba una chica llamada Mary Jo Kopechne, que había sido secretaria del hermano asesinado de Ted, Robert Kennedy.

Según el testimonio de Ted, él anunció que dejaba la fiesta, y Mary Jo le pidió si podía llevarla a su hotel. Él accedió, y ambos estaban en el auto de Ted cuando Kennedy dijo que hizo un giro erróneo en la calle Dyke Road y accidentalmente se salió del puente.

LIMPIE su CASA y la de su FAMILIA

Sorprendentemente, Ted pudo nadar hasta ponerse a salvo pero Mary Jo se ahogó dentro del auto. El incidente creó un escándalo, especialmente cuando Kennedy se declaró culpable por abandonar el lugar del accidente tras causar daños y el juez descartó que fuera a la cárcel. También se sospechó que Mary Jo y Kennedy tenían algo más que una buena amistad.

Fue tras la muerte de Robert Kennedy en 1968 cuando Michael Kennedy dijo: "Fue como si la suerte se hubiera vuelto en contra de nosotros. Ahora había un patrón que no se podía ignorar".[3]

La tragedia continúa

Las tragedias continuaron desde los cuatro hijos de Joseph hasta los hijos de aquellos hijos. El 12 de agosto de 1944, Joseph Kennedy Jr., murió a la edad de 29 años en una misión de bombardeo secreto cuando su avión explotó sobre el Canal de la Mancha.

El segundo hijo, John F. Kennedy, tuvo tres hijos. El 23 agosto 1956, una hija nació muerta mientras John y Jackie vivían en Newport, Rhode Island. Mientras los Kennedy vivían en la Casa Blanca, otro hijo, Patrick Kennedy, murió el 9 agosto de 1963, dos días después de su nacimiento. El hijo más destacado del antiguo presidente, John Kennedy Jr., que nació el 25 noviembre 1960, murió trágicamente el 16 de julio de 1999, mientras volaba en su pequeño avión privado.

Robert Kennedy tuvo siete hijos:

- Joseph P. Kennedy II, nacido el 24 de septiembre de1952
- Robert Kennedy Jr., nacido el 17 de enero de1954
- David Kennedy, nacido el 15 de junio de1955
- Michael Kennedy, nacido el 27 de febrero de1958
- Christopher Kennedy, nacido el 4 de Julio de1963
- Matthew Kennedy, nacido el 11 de enero de1965
- Douglas Kennedy, nacido el 24 de marzo de1967

Pode su árbol genealógico

David Kennedy murió el 25 agosto 1984 en Palm Beach Florida por una sobredosis de cocaína. Michael Kennedy murió tras colisionar con un árbol esquiando en las laderas de Aspen, Colorado, el 31 diciembre de 1997.

El hijo menor de Joseph Kennedy, Edward (Ted) Kennedy, tuvo cuatro hijos. Edward Kennedy Jr., nació el 26 septiembre de 1961. Le amputaron su pierna derecha en 1973 a consecuencia de un cáncer. Patrick Kennedy, nacido el 14 de Julio de 1967, necesitó un tratamiento para las adicciones.[4]

Extraños paralelismos

Hay unos extraños paralelismos con respecto a las tragedias, accidentes y muertes en el clan de los Kennedy.

- JFK murió el mismo día que su bisabuelo Patrick: el 22 de noviembre (1858 y 1963).
- JFK fue enterrado el mismo día del cumpleaños de JFK Jr.: el 25 de noviembre.
- JFK Jr. fue diagnosticado muerto en el trigésimo aniversario (18 de julio) del ahogamiento de Chappaquiddick, cuando una joven se ahogó en el auto de Ted Kennedy. Ted escapó; la chica no. JFK Jr., su esposa y la hermana de su esposa murieron en el accidente aéreo que ocurrió el 16 de julio.
- Cuando Robert F. Kennedy murió en California, su esposa estaba embarazada de su hija Rory.
- Rory fue la mujer que sostuvo entre sus brazos a su hermano Michael cuando murió esquiando.
- Rory se iba a casar cuando JFK Jr. se dirigía a su boda y su avión se estrelló.

LIMPIE su **CASA** y la de su **FAMILIA**

Las razones de los problemas

En su libro, *The Sins of the Father* [Los pecados del padre], Ronald Kessler traza el origen de los inquietantes hechos hasta el patriarca de la familia, Joseph Kennedy.[5] El viejo Joe estaba involucrado en muchas actividades ilegales y abusaba de información privilegiada que le hicieron rico, a veces a expensas de otros.

Abuso de información privilegiada

Mi abuelo, John Bava, era un joven durante la Gran Depresión de los años treinta. Recuerdo un comentario que hizo con respecto a Joseph Kennedy. Dijo: "En los años treinta, me acuerdo de leer en los periódicos de Pittsburg que Joe Kennedy estaba implicado en el abuso de información privilegiada en el mercado bursátil. Lo manipulaba y hacía grandes cantidades de dinero a costa de otros. El periódico decía que él podía haber invertido en el mercado en 1929 y haber impedido así su caída, pero rehusó hacerlo. Dejó que otros sufrieran pérdidas y después entró y compró en el mercado a precios muy bajos".

De 1930 a 1933 Joe Kennedy y Ben Smith manipularon compañías para satisfacer su propio egoísmo. Grupos dirigidos por Kennedy hacían comercio entre ellos para elevar los precios, haciendo que otros invirtieran en el valioso mercado, y cuando otros se decidían a comprar, vendían su parte mientras su cotización estaba muy alta. El público sufrió grandes pérdidas, y muchos se arruinaron, pero Kennedy siguió prosperando. Cuando el presidente Roosevelt nombró a Joe para dirigir la Comisión Securities and Exchange, le preguntaron por qué había elegido a tal maleante. El Presidente respondió: "Se necesita a uno para atrapar a otro".[6]

El licor Kennedy

Algunos de los primeros licores que llegaron a América tenían impresas las huellas de Kennedy. Según *The Sins of the Father*:

Cuando se instauró la ley seca en 1919, donde no se podía fabricar ni transportar ningún licor para ser usado como bebida, Joe pidió licor a destiladores extranjeros y se lo proporcionaba a sindicatos del crimen organizado en la costa. Frank Costello dijo después que Joe se acercó a él para pedirle ayuda con el contrabando de licor.[7]

Joe importó los licores Haig & Haig y Dewar como medicina, y atesoró reservas para venderlo en secreto. Joe viajó con Jimmy Roosevelt a Londres para asegurar la distribución de licor en Londres. Joe se convirtió en el agente exclusivo en los Estados Unidos de whisky y ginebra de Gran Bretaña.

> Además de importar whisky, Joe compró ron a Jacob M. Kaplan. Kaplan, que era de Massachusetts, hizo melaza y ron en Cuba y las Antillas durante la prohibición.[8]

Finalmente, Joe comenzó a comprar destilerías en los Estados Unidos, llegando a vender entre 100,000 y 200,000 cajas de Haig & Haig y 150,000 cajas de ginebra al año. ¡Sólo la comisión de Joe por el licor era de medio millón de dólares al año! Finalmente, en los años cuarenta, Joe vendió el cincuenta por ciento del stock de la compañía. Franklin Roosevelt Jr. una vez dijo: "Creo que el padre de Jack era uno de los hombres más malvados y miserables que haya conocido jamás. Sé que era un genio de las finanzas, pero como ser humano estaba podrido".[9]

Posible antisemitismo

Tras estallar la II Guerra Mundial, cerca de un veinticuatro por ciento de la población americana pensaba que los judíos eran una amenaza para América. Ese antisemitismo era claro en los primeros tiempos del clan de los Kennedy, como vemos en una carta que Joe Jr. escribió desde Alemania el 23 de abril de 1934:

> Hitler se había aprovechado de un desagrado generalizado por los judíos, un desagrado que estaba bien fundado. Después de todo, Joe Jr. dijo que los métodos judíos carecían

LIMPIE su CASA y la de su FAMILIA

> de escrúpulos. Joe Jr. le dijo a su padre que Hitler estaba inculcando un espíritu en los hombres que cualquier país envidiaría. La brutalidad, el derramamiento de sangre y la marcha serían necesarios, dijo él, y que la ley de la esterilización era buena. No sé qué opine de todo esto la iglesia, pero hará desaparecer a muchos de los desagradables especímenes de hombres que habitan la tierra.[10]
>
> Como más tarde aclararía el propio Joe, él pensaba que los judíos habían causado sobre ellos mismos lo que Hitler les hizo.[11]

El 13 de junio de 1938, Joe Sr. se reunió con el embajador alemán en Londres. Se dijo lo siguiente:

> "A ojos de Joe, no era tanto que los alemanes quisieran deshacerse de los judíos que tanto nos perjudicaban, sino el alto clamor con el que acompañamos ese propósito", dijo Dirksen. "Joe entendió del todo nuestra política judía; era de Boston, y allí, en un club de golf y en otros clubes, no se había admitido a ningún judío en los últimos cincuenta años".[12]

El antisemitismo de Joe también tiene algunos extraños paralelismos. Joe nació el 6 septiembre 1888, que era también el Año Nuevo judío Rosh Hashanah. Su hija favorita, Kathleen, murió en un accidente de avión en Francia el 13 mayo 1948, un día antes del resurgimiento de Israel como nación. Robert, el hijo de Joe, murió el 5 junio 1968, en el primer aniversario de la guerra israelí de los Seis Días.

Las posibles razones de una presunta maldición

Si acudimos a las Escrituras para identificar por qué hay una posible maldición sobre varias de las generaciones de los Kennedy, debemos comenzar con un aviso que Dios les dio a los padres en el Israel de la antigüedad:

> Que guarda misericordia a millares, que perdona la iniquidad, la rebelión y el pecado, y que de ningún modo tendrá por inocente al malvado; que visita la iniquidad de los padres sobre

Pode su árbol genealógico

los hijos y sobre los hijos de los hijos, hasta la tercera y cuarta generación.

—Éxodo 34:7

Cuando el patriarca de la familia rompe los mandamientos y preceptos de las Escrituras, a menos que él o las futuras generaciones se arrepientan de sus pecados e iniquidades y se vuelvan a Cristo, seguirán experimentando una gran angustia e incluso problemas hasta la cuarta generación. En base a las Escrituras, sugiero tres razones para la maldición.

1. Avaricia personal

Hay una diferencia entre ganarse la vida y quitar la vida. Hay una diferencia entre el negocio honesto y la manipulación por avaricia personal. La historia de Joe Kennedy revela su manipulación personal para obtener una ganancia propia a costa de otros. Santiago nos amonesta sobre esta avaricia cuando escribió:

> ¡Vamos ahora, ricos! Llorad y aullad por las miserias que os vendrán. Vuestras riquezas están podridas, y vuestras ropas están comidas de polilla. Vuestro oro y plata están enmohecidos; y su moho testificará contra vosotros, y devorará del todo vuestras carnes como fuego. Habéis acumulado tesoros para los días postreros. He aquí, clama el jornal de los obreros que han cosechado vuestras tierras, el cual por engaño no les ha sido pagado por vosotros; y los clamores de los que habían segado han entrado en los oídos del Señor de los ejércitos.
>
> —Santiago 5:1–4

Las Escrituras hablan duramente contra los que defraudan a otros:

> No oprimirás a tu prójimo, ni le robarás. No retendrás el salario del jornalero en tu casa hasta la mañana.
>
> —Levítico 19:13

> ¡Ay del que edifica su casa sin justicia, y sus salas sin equidad, sirviéndose de su prójimo de balde, y no dándole el salario de su trabajo!
>
> —Jeremías 22:13

103

LIMPIE su CASA y la de su FAMILIA

2. Distribuir licor en América

Se ha dicho durante muchos años que Joe Kennedy no sólo vendió licor en secreto durante un tiempo de prohibición en el que el licor en América era ilegal, sino que también se aseguró de ser la primera persona del noreste en conseguir la licencia una vez terminada la prohibición. Sólo Dios sabe el número de tragedias que han ocurrido en los hogares y el número de hombres que se convirtieron en alcohólicos como resultado del legado del licor de Kennedy. La atadura del alcohol ha perseguido a muchos de los descendientes de Kennedy.

Las Escrituras nos dan muchas advertencias con respecto a las bebidas fuertes.

> Y también, el que es dado al vino es traicionero,
> hombre soberbio, que no permanecerá;
> ensanchó como el Seol su alma, y es como la muerte, que no
>   se saciará;
> antes reunió para sí todas las gentes, y juntó para sí todos los
>   pueblos.
>
> —HABACUC 2:5

> ¡Ay del que da de beber a su prójimo!
> ¡Ay de ti, que le acercas tu hiel, y le embriagas para mirar su
>   desnudez!
> Te has llenado de deshonra más que de honra;
> bebe tú también, y serás descubierto;
> el cáliz de la mano derecha de Jehová vendrá hasta ti,
> y vómito de afrenta sobre tu gloria.
> Porque la rapiña del Líbano caerá sobre ti, y la destrucción
>   de las fieras te quebrantará, a causa de la sangre de los
>   hombres, y del robo de la tierra, de las ciudades y de todos
>   los que en ellas habitaban.
>
> —HABACUC 2:15-17

Se ha observado que este pasaje profético de la Biblia contiene un aviso para cualquiera que ofrezca bebida fuerte a su prójimo. Dice que la violencia cubrirá a esa persona. David descubrió esto cuando tuvo una aventura amorosa con la esposa de uno de sus generales,

Urías. David llamó al marido de Betsabé para que regresara del frente y le ofreció a ese soldado tiempo con su esposa. Incluso hizo que se emborrachaba, esperando que se acostará con su esposa, que estaba embarazada del hijo de David (2 Samuel 11:13). Después, David se aseguró de que Urías muriese en el frente y así poder casarse con la esposa de Urías, Betsabé. Como resultado, David recibió este mensaje: "No se apartará jamás de tu casa la espada" (2 Samuel 12:10).

La Palabra de Dios se cumplió en la vida de David.

- David vio la muerte de su hijo (2 Samuel 12:18).
- Uno de sus hijos, Amnón, violó a su medio hermana Tamar (2 Samuel 13).
- Más tarde, Amnón murió a manos de su hermano (2 Samuel 13).
- Otro hijo, Absalón, se separó de su padre, y más tarde fue asesinado (2 Samuel 18:15).
- Un cuarto hijo, Adonías, intentó destronar a su propio padre, David, y le desafió como rey (1 Reyes 1).

Todos estos problemas surgieron del acto inmoral de David de emborrachar al marido de Betsabé y hacer que le mataran. Es posible que el hecho de que Joe Kennedy hiciera gran parte de su fortuna introduciendo por primera vez el licor en América trajera el juicio de Dios sobre su casa, y la violencia les persiguió.

3. Antisemitismo

Cuando Dios hizo nacer la nación de Israel a través de Abraham, le dijo al patriarca: "Bendeciré a los que te bendijeren, y a los que te maldijeren maldeciré" (Génesis 12:3). La Historia revela que tal como dijo la profecía, todos los grandes imperios que atacaron a los judíos, o que fueron contra Israel y Jerusalén, dejaron de existir. Las naciones actuales, Grecia, Italia, Egipto, Irán, puede que continúen como naciones modernas, pero sus poderosos imperios cayeron en

LIMPIE su CASA y la de su FAMILIA

el momento en que tocaron a Israel, la niña de los ojos de Dios (Zacarías 2:8).

Las primeras cartas y comentarios de Joe Kennedy revelan sus sentimientos antisemitas hacia el pueblo judío en una época en que Hitler estaba iniciando la destrucción del pueblo judío. Esta combinación de avaricia, provisión de licor, y antisemitismo es un cordón de tres cuerdas que ata al patriarca del clan de los Kennedy a la advertencia de Dios de que Él visitará la iniquidad de los padres sobre la tercera y cuarta generación. Esperemos que una nueva generación de familiares y descendientes pode el árbol arrepintiéndose de los pecados de sus padres y persiguiendo un pacto de justicia con Cristo.

La maldición de los cuatro Herodes

En el Nuevo Testamento hay muchos nombres iguales pero que realmente se refieren a personas distintas. Hay dos José: José el marido de María (Mateo 1:16) y José el que se ocupó del cuerpo de Jesús (Mateo 27:57-60). Había varias mujeres llamadas María: María la madre de Cristo (Mateo 1:18), María Magdalena y María la madre de Santiago (Mateo 27:56). Lo mismo ocurre con el nombre de Herodes. Hay cuatro Herodes diferentes en la Escritura; todos ellos relacionados. Son un perfecto ejemplo de la Biblia de que cuatro generaciones de personas podían haber quitado una maldición, pero en cambio, cada generación escogió seguir sus propios dictados, y finalmente cada generación sufrió por su decisión.

La siguiente información está extraída del historiador judío Josefo y de las Escrituras.

Herodes el Grande

Este Herodes se presenta enseguida en los Evangelios como el Herodes que se reunió con los magos. A los veinticinco años de edad sucedió a su padre como rey de Judá, en el año 37 a.C. Se casó con una mujer llamada Mariana, la cual era muy hermosa. Herodes tenía muchos celos de ella, y cuando la descubrió en una mentira, hizo que la mataran. Tras su muerte, había veces que él corría por el palacio gritando su nombre. Dos de sus hijos favoritos eran Alexander y Aristóbulo, ambos educados en Roma. Tras oír rumores desfavorables sobre ellos, Herodes hizo matar a los hijos de Mariana. Herodes se casó con un total de nueve mujeres durante su reinado.

En el año dieciocho de su reinado, comenzó una campaña masiva de edificación en Jerusalén, la cual incluyó añadir una gran parte al templo de los judíos. El proyecto tardó cuarenta y seis años en terminarse. Fue este Herodes el que recibió a un grupo de magos del Oriente, quienes le informaron de que había nacido el rey de los judíos. Este informe preocupó a Herodes en gran manera, y finalmente envió una orden para matar a todos los niños de menos de dos años de edad en todos los alrededores de Belén (Mateo 2). Poco después, contrajo una enfermedad y tuvo una muerte terrible. Josefo informa que a los setenta años, Herodes desarrolló comezón y úlceras. Tuvo gangrena en sus órganos masculinos y se llenó de gusanos. Poco antes de su muerte, dio órdenes para que mataran a un grupo de hombres para que la nación judía hiciera luto, y en su funeral, la gente pensara que los judíos estaban de luto por su muerte y no por la de los otros hombres. Hizo que le enterrasen en un gran monte cerca de Belén. Murió en el año 4 a.C., poco después de matar a los bebés.

Herodes Antipas (Lucas 23 y Marcos 6:14–29)

La historia de este Herodes de segunda generación se menciona en Lucas 23 y Marcos 6:14-29. Este Herodes, conocido como Herodes Antipas, vivió en la zona de Galilea y ayudó a construir la ciudad romana de Tiberias en honor al emperador romano. Este fue el Herodes que trató directamente con Juan el Bautista. Juan predicaba abiertamente en contra del matrimonio ilegal de Herodes, y finalmente Herodes arrestó a Juan y lo metió en prisión.

En la celebración del cumpleaños de Herodes, una joven estaba bailando ante él, y despertó sus pasiones hasta el punto de ofrecerle a la chica cualquier deseo que tuviera, hasta la mitad de su reino.

LIMPIE su CASA y la de su FAMILIA

Tras consultar con su madre, fue a Herodes y le pidió la cabeza de Juan el Bautista en una bandeja de plata (Marcos 6:22-29).

No sería hasta años después cuando Herodes escuchó sobre el ministerio de Cristo y el rumor de que Juan el Bautista había resucitado de los muertos (Lucas 9:7). Le inundó el deseo de conocer personalmente a Jesús (v.9). Justo antes de su crucifixión, Jesús estuvo ante este Herodes, pero en lugar de arrepentirse de su violencia contra Juan, le pidió a Jesús que le mostrara un milagro, cosa que Cristo rehusó hacer.

Según cuenta Josefo, este mismo Herodes lideró su ejército en una batalla en la que tanto él como su ejército fueron destruidos. Josefo comenta que la muerte de Herodes "vino de Dios, y que fue como un justo castigo por lo que él hizo contra Juan".[13]

Herodes Agripa I

El legado del árbol familiar de Herodes continúa. El tercer Herodes en sucesión fue Herodes Agripa I. Según la historia judía, gastó mucho dinero intentando comprar amigos en Roma, y finalmente abandonó Roma y llegó a Judea pobre. Pensó en el suicidio cuando su hermana le dio un trabajo en un mercado en Tiberias. Finalmente pidió prestado dinero y regresó a Roma, haciéndose amigo del sobrino de Gayo. Se extendió el rumor de que Tiberio había sido arrestado y encadenado en prisión. Josefo escribió:

> Mientras esperaba encadenado frente al palacio, un búho enastado se posó en el árbol sobre el cual él estaba reclinado. Otro prisionero, un alemán, predijo que Agripa pronto sería liberado y obtendría el punto más alto de honor y poder. "Pero recuerde" continuó, "cuando vuelva a ver a este pájaro, morirá en un plazo de cinco días".[14]

Tras seis meses en prisión, Tiberio murió, y Gayo ocupó su lugar. Gayo coronó a Herodes Agripa. Este fue el Herodes del que leemos en la Escritura que decapitó a Santiago (Hechos 12:2). Cuando vio que la muerte de Santiago agradó a los judíos, arrestó a Pedro y ordenó una sentencia de ejecución sobre él, para cumplirse después de la Pascua (vv. 4-7). Tras una escapada sobrenatural de Pedro, Herodes mató a los carceleros (v.19).

Poco después, llegó a Cesarea para una gran celebración, vestido en un traje hecho de plata. Como la plata brillaba con la luz del sol, la gente comenzó a gritar que era un dios. Según Josefo, fue entonces cuando Herodes vio el mismo tipo de búho enastado posándose sobre una cuerda cercana. De repente, un dolor golpeó a Herodes, y dijo: "Yo, a quien llamáis un dios, ¡ahora estoy bajo sentencia de muerte!".[15] Este tercer Herodes de las Escrituras desarrolló fuertes dolores intestinales y murió cinco días después a los cincuenta y cuatro años de edad, después de reinar durante siete años.

Herodes Agripa II

El cuarto Herodes en la sucesión fue Herodes Agripa II, o como Pablo le llamó en Hechos 26:2: "Agripa". Cuando tenía diecisiete años, su padre murió, pero Agripa era demasiado joven para reinar. Más tarde recibiría varias áreas de dominio. Recibió autoridad para nombrar al sumo sacerdote en Jerusalén. Era el rey que se menciona en Hechos 25 que deseaba oír al apóstol Pablo dar su testimonio personal de cómo se convirtió. Tras una maravillosa y detallada presentación del evangelio, Pablo desafió a Agripa a hacerse cristiano. Pablo también le hizo a Agripa una declaración sorprendente. Cuando hablaba sobre Cristo, dijo: "Pues el rey sabe estas cosas, delante de quien también hablo con toda confianza. Porque no pienso que ignora nada de esto; pues no se ha hecho esto en algún rincón" (Hechos 26:26). Básicamente, Pablo estaba diciéndole al rey: "Usted tiene varias generaciones anteriores que conocían a Cristo y que tuvieron trato directo con Él. ¡Usted sabe de qué estoy hablando!".

Pablo le preguntó a Agripa: "¿Crees, oh rey Agripa, a los profetas? Yo sé que crees" (v. 27).

Agripa respondió: "Por poco me persuades a ser cristiano" (v. 28). Este Herodes era la cuarta generación a la que se le había dado la oportunidad de creer, pero en cambio también rechazó a Cristo.

LIMPIE su CASA y la de su FAMILIA

1. El primer Herodes pudo haber adorado al bebé en Belén pero prefirió matar a los inocentes.
2. El segundo Herodes pudo haber escuchado a Juan y haber descubierto a Cristo como el Mesías, pero su lujuria dictó sus convicciones, y en cambio mató al profeta Juan.
3. El tercer Herodes no les prestó atención a los apóstoles Pedro o Santiago, y en cambio mató a un hombre justo y fue castigado por un ángel del Señor y murió.
4. El cuarto Herodes conocía la historia de los Herodes previos y oyó un mensaje claro del evangelio, pero decidió no creer.

Después de Hechos 28, la línea de los Herodes desapareció de la historia. Los cuatro Herodes revelan lo que puede ocurrir cuando los hombres rechazan la oportunidad de entrar en un nuevo pacto de redención con Cristo. El legado de los Kennedy revela cómo la decisión de un padre tendrá un impacto sobre sus hijos.

¿Qué podría cambiar usted en su árbol genealógico?

Permítame gloriarme (en el Señor, claro) por un momento. Por parte de la familia de mi madre, mi bisabuelo vino de Italia. Su trasfondo era católico, pero en los años treinta se enfermó de muerte, y dos ministros oraron por él para que sanara, y fue sanado al instante. Sus dos hijos y sus dos hijas se hicieron cristianos fuertes y consagrados. Mi abuelo, John Bava, era ministro, y sus dos hijas, que ahora tienen setenta años, han servido a Cristo desde su niñez. Todos sus hijos, mis tres hermanos y los dos hijos de mi tía, sirven al Señor. Ahora estamos criando a nuestros hijos en la misma fe de nuestros antepasados. Este lado de la familia ha producido un fruto dinámico para el Reino de Dios y continúa haciéndolo.

Por el lado de mi padre, a principios de los años cincuenta él

Pode su árbol genealógico

era el único hijo de once en vida que servía activamente a Cristo. Como papá dio testimonio y vivió una buena vida ante su madre, su padre y sus hermanos, finalmente uno a uno llegaron al conocimiento del Señor y le recibieron como Señor y Salvador. Varias de sus hermanas desde entonces han partido con el Señor. El ministerio de papá ha impactado a miles de personas, y les ha dado a sus hijos el legado de un buen nombre y maravillosos recuerdos de los milagros y las bendiciones de Dios.

Este es el mayor de los legados. Salomón dijo: "De más estima es el buen nombre que las muchas riquezas, y la buena fama más que la plata y el oro" (Proverbios 22:1). A día de hoy, no hay nada en nuestro árbol familiar de lo que me avergüence o no quiera compartir. Siempre oro para que esto continúe en mi vida y en las vidas de mis preciosos hijos. Sin embargo, hay cosas en muchos árboles genealógicos que la gente cambiaría si pudiera o incluso quitaría. Por eso debemos podar nuestros árboles genealógicos.

El proceso de hacer crecer un árbol correcto

Lo natural es un reflejo de lo espiritual. Cuando una persona desea tener un árbol frutal que dé fruto, hay un proceso de cuatro partes necesario para poder ver fruto:

1. Polinización
2. Agua
3. Luz
4. Poda

Los elementos esenciales para hacer crecer bien un árbol conllevan el mismo proceso que afrontamos en el crecimiento de nuestra vida espiritual.

La necesidad de la polinización

La polinización es un proceso natural que las flores y los árboles frutales deben experimentar para ser productivos. Alrededor

LIMPIE su **CASA** y la de su **FAMILIA**

del ochenta por ciento de las plantas del mundo dependen de la polinización. Las abejas y otros insectos han polinizado uno de cada tres bocados de comida que comemos, incluyendo las especias que comemos y las bebidas que bebemos. Los agentes de la polinización de las plantas son los insectos y el viento.[16] Existe la autopolinización y la polinización cruzada. La autopolinización ocurre cuando la flor tiene tanto el estambre como el pistilo; y cuando ambos contactan en la flor, se lleva a cabo la polinización. El proceso de la polinización cruzada es cuando el polen pasa de una flor a otra. Hay algunas plantas que necesitan la polinización cruzada.

Su crecimiento espiritual no sólo requiere la poda ocasional o separarse de algunas personas y circunstancias que son un bagaje de su pasado, sino que también todos necesitamos tanto la autopolinización como la polinización cruzada. Debemos aprender en ocasiones a estar solos y experimentar una autopolinización. Es cuando podemos tomar lo que hemos aprendido y funcionar en fe, aunque ninguna otra persona esté de acuerdo con nosotros.

Todos necesitamos la polinización cruzada, la cual ocurre cuando aprendemos los unos de los otros y unimos nuestra fe para dar fruto en nuestras vidas. A menudo, los creyentes no se reúnen con otros que no comparten sus creencias o ideas denominacionales. ¿Cómo podemos aumentar nuestro conocimiento si rehusamos aprender de los que tienen ideas diferentes de las nuestras? Debido a mi trasfondo, me crié creyendo en la obra completa del Espíritu Santo. Hay algunas personas que no aceptan la creencia en la obra del Espíritu Santo hoy. Sin embargo, cuando tienen su polinización cruzada con aquellos que sí creen en el ministerio del evangelio completo, empiezan a entender la obra del Espíritu.

La necesidad de agua

El agua es el nutriente de todos los ecosistemas. El cuerpo humano tiene dos tercios de agua. Se recomienda que cada persona beba entre siete y diez vasos de agua al día. Una persona puede estar sin comer durante cuarenta días, como hicieron Cristo y

Moisés durante su prolongado ayuno. Sin embargo, una persona no puede estar ni un día sin agua y no experimentar deshidratación.

La lluvia se usa como una analogía cuando se habla del derramamiento del Espíritu Santo del cielo sobre la tierra (Joel 2:28-29). El agua se usa para identificar la manera en la que el Espíritu Santo fluye a través de una persona, produciendo nutrientes, refrigerio y la fuerza viva que causa o hace que un creyente crezca espiritualmente (Juan 7:38-39). Aunque las gotas de agua son visibles sobre las hojas después de la lluvia, el nutriente más importante procede de las raíces. A menudo juzgamos la espiritualidad de una persona por las manifestaciones externas que vemos, pero la verdadera fuerza está en la parte interna y escondida de una persona, la cual Pedro identificó como "el interno, el del corazón" (1 Pedro 3:4).

La necesidad de luz

Sin luz no hay vida. En la narración de la creación, antes de que el Todopoderoso creara forma de vida alguna (plantas, animales o el hombre), primero creó la luz. "Y dijo Dios: Sea la luz; y fue la luz" (Génesis 1:3). Todos tenemos oídos físicos para oír, pero hay oídos internos en nuestro espíritu para oír la Palabra del Señor y recibirla. Una persona puede oír un mensaje claro del evangelio, y de repente esa persona entenderá el mensaje y responderá. Este es un ejemplo de la luz de la Palabra abriendo los ojos de nuestro entendimiento (Efesios 1:18). Si una persona se niega a escuchar y le da la espalda a la verdad, los oídos de esa persona se taponan, y su entendimiento queda sin fruto.

> Vosotros también, poniendo toda diligencia por esto mismo, añadid a vuestra fe virtud; a la virtud, conocimiento; al conocimiento, dominio propio; al dominio propio, paciencia; a la paciencia, piedad; a la piedad, afecto fraternal; y al afecto fraternal, amor. Porque si estas cosas están en vosotros, y abundan, no os dejarán estar ociosos ni sin fruto en cuanto al conocimiento de nuestro Señor Jesucristo. Pero el que no

LIMPIE su **CASA** y la de su **FAMILIA**

> tiene estas cosas tiene la vista muy corta; es ciego, habiendo olvidado la purificación de sus antiguos pecados.
>
> —2 Pedro 1:5–9

Todos nosotros también hemos sido creados con ojos físicos para ver; sin embargo, hay ojos espirituales interiores donde recibimos el entendimiento espiritual. En las Escrituras tenemos la historia de un hombre que permitió que sus ojos espirituales se cerraran, por lo que no pudo seguir viendo la luz espiritual de Dios. Como resultado, perdió también sus ojos físicos y sufrió una gran persecución a manos de su enemigo. En su historia vemos muchos paralelismos con nuestra necesidad de guardar nuestros ojos espirituales de los intentos de Satanás de cegarnos también a nosotros.

En Números 6:2–21, encontramos las pautas específicas e inusuales que recibió Moisés en la ley de Dios con respecto al hombre que toma un voto nazareo:

1. Tenía que abstenerse de beber vino o licores fuertes y la comida que podía ingerir tenía limitaciones en cuanto a la variedad.
2. No podía tocar ningún cadáver, ni humano ni animal.
3. No podía afeitarse, pero debía dejarse el pelo largo como señal externa de su voto hacia Dios.

Sansón era nazareo. Antes del nacimiento de Sansón, sus padres recibieron la noticia de que sería nazareo (Jueces 13:5-7). Como un nazareno apartado para Dios, Sansón debía cumplir estos mandamientos y restricciones. Mientras cumpliera estos tres votos, tendría una gran unción del Señor, pero Sansón poco a poco fue descuidando sus votos, y comenzó a incumplirlos uno a uno.

En las Escrituras, Sansón detiene el ataque de un león con sus manos, matando al león. Poco después, cuando pasaba junto al cadáver del león, toca el cadáver para conseguir miel de una colmena que había en el cadáver, y haciéndolo rompió el voto de no tocar un cadáver inmundo (Jueces 14:5-9). Sin embargo, el Espíritu del Señor permaneció sobre él. Como no ocurrió nada, Sansón debió de sentirse seguro de que Dios le bendeciría a pesar de haber roto uno de sus votos. Pensó que podía desobedecer y a la vez mantener la unción.

Finalmente, rompió el tercer voto cuando Sansón le reveló a la mujer filistea, Dalila, que el secreto de su fuerza era su cabello. El pelo de Sansón estaba tejido con siete guedejas, y Dalila le hizo un corte de cabello (Jueces 16:13-19). Cuando el enemigo entró en la casa, Sansón, sin saber que el Espíritu del Señor se había apartado de él, intentó liberarse con su brutal fuerza pero no pudo hacerlo. Su poder no estaba en su cabello sino en su pacto y triple voto como nazareo. Aunque rompió la primera parte del voto, mantuvo su unción. Inclusó cuando rompió la segunda parte, siguió teniendo un gran poder, pero cuando rompió los tres votos, ¡el Señor se alejó de él! Él se había alejado de la luz espiritual de Dios.

Los filisteos le sacaron los ojos a Sansón y le usaron como un animal, poniéndole un yugo para moler grano. Sansón quedó ciego, atado y dando vueltas.

Buscando una aplicación práctica, la ceguera en la Biblia puede ser una analogía de la ceguera espiritual o de la falta de entendimiento espiritual. Las personas pueden tener ojos y no ver, y oídos pero no oír. Cuando Sansón perdió sus ojos, quedó atado por su enemigo. Cuando perdemos nuestro discernimiento espiritual, es fácil para el enemigo someternos a ciertas ataduras de la carne. La persona que está verdaderamente atada vivirá su vida en círculos. Puede que quiera ser libre y quizá algunos días consiga no pecar o no seguir una adicción, pero terminará una y otra vez en la misma condición.

Sansón se había debilitado. El adversario es un experto en pasar a la acción cuando una persona es vulnerable o débil. Finalmente, el cabello de Sansón volvió a crecer, y se acordó de su voto original a Dios. En sus momentos finales, clamó al Señor, volviendo a obtener su fuerza, y destruyó a tres mil filisteos, aunque también perdió su propia vida.

LIMPIE su CASA y la de su FAMILIA

4. Podar las ramas

Veamos el simple proceso de podar un árbol. Es necesario quitar las ramas muertas o sin fruto de los árboles o las viñas. En una vid, el proceso de poda comienza tras la cosecha y durante los meses más fríos. Se hace una vez que las plantas han perdido su follaje, lo que permite al agricultor ver cuáles son las ramas que tiene que quitar de la vid. Los recortes estimularán el crecimiento antes de la primavera.[17]

La vid es importante en la Tierra Santa. Las uvas son uno de los siete alimentos que Dios le prometió a Israel (Deuteronomio 8:8). El Nuevo Testamento usa la analogía del olivo y del proceso de injertos, comparándolo con cómo el olivo natural (Israel) recibió alimento de los pámpanos salvajes (gentiles) que son injertados al árbol natural. Cristo se llamó a sí mismo la vid y dijo que nosotros somos los pámpanos y debemos producir fruto. Cualquier pámpano que no dé fruto será podado de la vid para que las otras ramas puedan dar fruto (Juan 15:1-5).

Si alguna vez ha experimentado la bendición de Dios pero actualmente no ve respuestas a sus oraciones, resultados a su trabajo y se siente espiritualmente frío, puede que esté experimentando una poda en la que el Señor esté tratando su necesidad de separarse de ciertos hábitos, malas actitudes y personas. Una vez que haya sido usted podado, recobrará la fuerza en su vida. Sentirá un alivio tanto mental como espiritual después de tomar la decisión de separarse de las cosas que le impiden crecer.

Mi esposa escribió una vez un artículo para nuestra revista en la que compartió una historia que le contó su hermana Sheila. Este es el artículo original:

> Recientemente, mi hermana Sheila participaba en una conferencia en California. Durante la conferencia surgió la oportunidad de visitar un gran viñedo muy bonito. Fue lo que dijo el director del viaje lo que llamó su atención. Era una ley natural que tiene un paralelismo con una ley espiritual en las Escrituras. Ella se dio cuenta de que en algunas vides hermosas había etiquetas rojas para marcar ciertas ramas.

En la explicación de los detalles que el guía estaba dando sobre la viña, dijo: "Estoy seguro de que muchos de ustedes se preguntarán por qué algunas de las ramas están marcadas con etiquetas rojas". Después explicó que esas ramas eran ramas sanas, pues echaban hojas, pero durante el tiempo de la cosecha esas ramas no habían producido fruto. Se marcaron mientras tenían las hojas, porque cuando las hojas se caían, resultaba imposible saber qué ramas eran buenas y cuáles eran ramas sin fruto.

Dijo que las ramas con etiquetas rojas se cortarían, ya que si no se cortaban, perjudicarían a toda la vid. Las ramas que no producían fruto le restaban fuerza a las buenas, algo que finalmente causaba la muerte de esa vid. El hombre dijo: "Esta rama es engañosa, porque parece que es productiva debido a sus hojas, pero no hay fruto en ella. Las ramas sin fruto hay que podarlas, o de lo contrario le robarán la fuerza a alguna otra rama".

Jesús nos enseñó que Él es la vid y nosotros las ramas. Si una rama no produce fruto, es cortada, o podada, para que produzca fruto.

> Yo soy la vid, vosotros los pámpanos; el que permanece en mí, y yo en él, éste lleva mucho fruto; porque separados de mí nada podéis hacer. El que en mí no permanece, será echado fuera como pámpano, y se secará; y los recogen, y los echan en el fuego, y arden.
> —Juan 15:5-6

A menudo serán los pecados ocultos o los pesos internos de una persona los que cortarán la vida espiritual que procede de Dios. La falta de perdón, las disputas, el temor y la duda pueden llegar a detener las bendiciones del Señor en nuestras vidas. *Debemos cortar esas debilidades carnales de raíz.* Las personas tienden a juzgar su propia espiritualidad por el número de hojas que pueden contar en su vid; sin embargo, es el fruto (del Espíritu) lo que el Señor está buscando en nuestras vidas, no sólo la apariencia.

La Biblia dice que debemos limpiarnos "de toda contaminación

LIMPIE su CASA y la de su FAMILIA

de carne y de espíritu, perfeccionando la santidad en el temor de Dios" (2 Corintios 7:1). Limpiarnos significa que debemos "despojarnos de todo peso y del pecado que nos asedia" (Hebreos 12:1). En lugar de pedirle a alguien que ore por sus problemas personales o su mala actitud, ¡saque sus tijeras y comience a podar! Se nos dice que debemos despojarnos del peso y limpiarnos. A veces Dios está diciendo: "Tira los desperdicios de tu casa a la basura, pon filtros en la Internet, y anula los canales X de la televisión". Usted escoge cuánto fruto quiere en su vida. Usted escoge el tipo de testimonio que dará. Pode las ramas muertas para que las vivas crezcan y maduren. El fruto que aquellos a quienes usted ama verán floreciendo en usted, ¡bien vale la pena el esfuerzo!

Hay ciertas bendiciones espirituales que sólo el Señor mismo puede dar, como la salvación, el bautismo del Espíritu Santo, o la sanidad emocional y física. Cuando se nos dice "limpiémonos de toda contaminación de carne y de espíritu" (2 Corintios 7:1), puede parecer extraño, ya que dependemos sólo de Dios para que su poder limpiador nos limpie. Sin embargo, somos responsables de lo que vemos, oímos y decimos. Puede impedirse a usted mismo ver algo, oír algo, o decir algo que no agrada a Dios. De esta manera habrá usado su autoridad para limpiarse, y con ello habrá permitido que el Espíritu Santo haga esas cosas que usted no puede hacer. No hay nada como ver un hermoso árbol dando fruto en el verano que sirve de alimento para el hambriento y que aporta asombra a los que la necesitan. Usted puede dar fruto. ¡Comience podando su árbol genealógico!

Capítulo 7
CUANDO SATANÁS REGRESA A SU CASA

Cuando el espíritu inmundo sale del hombre, anda por lugares secos, buscando reposo, y no lo halla. Entonces dice: Volveré a mi casa de donde salí; y cuando llega, la halla desocupada, barrida y adornada. Entonces va, y toma consigo otros siete espíritus peores que él, y entrados, moran allí; y el postrer estado de aquel hombre viene a ser peor que el primero. Así también acontecerá a esta mala generación.

| MATEO 12:43-45 |

La Escritura deja claro que el adversario está buscando una casa. Este versículo en concreto ha desconcertado tanto a eruditos como a estudiantes. La casa a la que se refiere no es necesariamente la casa donde usted vive, sino que puede hacer alusión al cuerpo físico. En este pasaje, el espíritu inmundo ha sido expulsado de la casa pero regresa al mismo hogar, y lo encuentra barrido y desocupado. Finalmente, siete espíritus más malvados que el primer espíritu se unen. De esta forma la condición de la persona es ahora peor de lo que era antes. Esta es una referencia clara a Satanás regresando después de haber sido expulsado, un contraataque satánico cuando Satanás regresa a su casa.

Los creyentes tienden a atrincherarse cuando sienten que una batalla se aproxima por el horizonte. Todos sabemos cómo escondernos tras el escudo de la fe, ponernos nuestro yelmo de salvación, tomar la espada del Espíritu y prepararnos para permanecer en el día malo (véase Efesios 6:13-17). Pero cuando se termina la guerra y

LIMPIE su CASA y la de su FAMILIA

se ha ganado la batalla, nos quitamos la pesada armadura, tomamos un buen té helado y disfrutamos de nuestro programa favorito de televisión. Es entonces cuando somos más susceptibles a un contraataque repentino e inesperado del enemigo. A veces el enemigo permitirá una pérdida inicial, ¡sabiendo que podrá con nosotros en el contraataque!

Contraataque contra David

Cuando David se convirtió en rey de Israel, los filisteos decidieron ponerle a prueba muy pronto. Unieron sus fuerzas y acudieron a Jerusalén, donde David y sus guerreros derrotaron a sus perpetuos enemigos (2 Samuel 5:12-20). La Biblia dice que David proclamó: "Quebrantó Jehová a mis enemigos delante de mí, como corriente impetuosa" (v.20). Llamó al lugar *Baal Perazim*, que significa "Señor de la victoria". ¡David finalmente había conseguido una victoria que había esperado durante mucho tiempo! Ahora podía sentarse y contar sus historias de guerra, tomándose unas merecidas vacaciones, ¿verdad? ¡No! Quizá sería lógico pensar que los filisteos se debilitarían al haber sido derrotados por David año tras año, pero recuerde que el enemigo no se cansa de asaltarle una y otra vez porque quiere destruirle.

Pocos días después de la victoria de David leemos: "Y los filisteos volvieron a venir, y se extendieron en el valle de Refaim" (v. 22). Ese fue el contraataque: su plan para obtener ese territorio que habían perdido. Esta vez David recibió del Señor unas órdenes diferentes:

> Y consultando David a Jehová, él le respondió: No subas, sino rodéalos, y vendrás a ellos enfrente de las balsameras. Y cuando oigas ruido como de marcha por las copas de las balsameras, entonces te moverás; porque Jehová saldrá delante de ti a herir el campamento de los filisteos. Y David lo hizo así, como Jehová se lo había mandado; e hirió a los filisteos desde Geba hasta llegar a Gezer.
>
> —2 Samuel 5:23–25

La guerra era la misma, pero la estrategia había cambiado. La versión Reina Valera dice: "Y cuando oigas ruido como de marcha por las copas de las balsameras..." (v. 24). La versión inglesa Dake de la Biblia nota que en la versión árabe, la palabra *marcha* se traduce como: "el sonido era como el ruido de los cascos de un caballo". ¡Dios le estaba revelando a David que había un ejército invisible avanzando ante él para vencer el contraataque de los filisteos!

Creo que el ruido como de marcha era el sonido de los ángeles llevando el trono de Dios a la batalla. Ezequiel observó que a veces cuatro querubines movían el trono de Dios levantándolo sobre sus hombros. Lo mueven con tal velocidad que parece que los ángeles tienen ruedas (véase Ezequiel 1:15-28). Los judíos místicos llaman a este capítulo de Ezequiel "el misterio de Merkabah", que es la palabra en hebreo para *carro*. En el judaísmo, el trono de Dios a veces se transforma en un carro, transportado por cuatro seres vivientes.

Puede que sea esto a lo que hizo alusión David cuando escribió: "Y cabalgó sobre un querubín, y voló; voló sobre las alas del viento" (2 Samuel 22:11). No cabe duda de que fue a este contraataque de los filisteos a lo que hizo alusión David cuando escribió esas increíbles palabras. Tras esta victoria, David comenzó a preparar el traslado del arca del pacto a Jerusalén (2 Samuel 6:1-5). El arca de oro era un retrato terrenal del trono celestial de Dios.

El regreso de los gigantes

A los 17 años de edad, David derrotó al mayor de los adversarios de Israel: un gigante llamado Goliat. Cuando tenía cincuenta años, sin embargo, otro gigante casi acabó con David. De nuevo, fue el regreso de los filisteos lo que inició el conflicto:

> Volvieron los filisteos a hacer la guerra a Israel, y descendió David y sus siervos con él, y pelearon con los filisteos; y David se cansó. E Isbi-benob, uno de los descendientes de los gigantes, cuya lanza pesaba trescientos siclos de bronce, y quien estaba ceñido con una espada nueva, trató de matar a

LIMPIE su **CASA** y la de su **FAMILIA**

> David; mas Abisai hijo de Sarvia llegó en su ayuda, e hirió al filisteo y lo mató. Entonces los hombres de David le juraron, diciendo: Nunca más de aquí en adelante saldrás con nosotros a la batalla, no sea que apagues la lámpara de Israel."
>
> —2 Samuel 21:15–17

En su juventud, la Biblia nos dice que David *corrió hacia* Goliat, pero cuando era mayor *huyó de* un gigante.

De joven, corrió hacia el ejército para reunirse con sus hermanos (1 Samuel 17:22). Después corrió hacia el ejército filisteo para enfrentarse a Goliat (v. 48), y finalmente, tras colocar una piedra en su onda y tumbar a Goliat como un leñador haciendo caer a un roble gigante, corrió para tomar la espada de Goliat y separar su cabeza del cuerpo (v. 51).

En los tiempos del relato bíblico anterior, David tenía unos cincuenta años. Era mayor, más lento, pero seguía lleno de celo. Sin embargo, está tratando con un nuevo gigante que tiene una espada nueva y una nueva estrategia. Creo que David estaría recordando los días de su juventud, y en su mente pensó que tenía fuerza suficiente para soportar la batalla. En cuestión de momentos, David necesitó ayuda, y la recibió de Abisai, un soldado más joven.

Aunque había derrotado con una mano al gigante más deseado por Israel hacía treinta y tres años, ahora estaba en una nueva etapa de su vida. ¡Pero el enemigo aún estaba mandando gigantes a luchar contra el hombre de Dios! Debemos entender que los contraataques sólo cesarán cuando se cierre la tapa de nuestro ataúd el día de nuestro funeral. Mientras tengamos vida, encontraremos algún tipo de conflicto debido a los intentos del enemigo de volver para recuperar su territorio perdido.

Incluso Cristo experimentó esto. Cuando Cristo tenía treinta años (Lucas 3:23), Satanás le tentó en el desierto cuestionando su relación con Dios, diciendo: "Si eres el Hijo de Dios…" (Mateo 4:3). Luego, en la conclusión de su ministerio, mientras colgaba de la cruz, sus perseguidores se mofaban diciéndole: "Si eres Hijo de Dios, desciende de esa cruz" (Mateo 27:40). El ataque inicial fue en el desierto, pero el contraataque se produjo cuando Cristo estaba muriendo.

Impedir el regreso del destructor

En Marcos 5, un hombre desnudo poseído por miles de espíritus vivía en un cementerio, se cortaba y gritaba atormentado. Un día, un nazareno alto y moreno se bajó de un barco y se reunió con este hombre cara a cara. Cristo ordenó a los espíritus malignos que salieran del hombre, y los demonios, sabiendo que se había terminado su tiempo, pidieron entrar en una piara de cerdos. Los cerdos finalmente perdieron la orientación y se despeñaron en el mar.

Poco después, este hombre estaba vestido y en su sano juicio sentado a los pies de Jesús. Entonces el hombre pidió permiso para hacer algo que la mayoría de las personas que fueron sanadas durante el ministerio de Cristo habían hecho: quería seguir a Jesús de ciudad en ciudad.

Por ejemplo, los dos ciegos de Jericó que fueron sanados por Cristo comenzaron a seguirle por todas partes (Mateo 20:34). El ciego que estaba cerca de Jericó y que fue sanado siguió a Cristo (Lucas 18:43). Sin embargo, cuando este hombre sanado de una posesión demoníaca quiso seguir a Cristo, el Señor le ordenó que hiciera algo diferente. Cristo le dijo a este hombre: "Vete a tu casa, a los tuyos, y cuéntales cuán grandes cosas el Señor ha hecho contigo, y cómo ha tenido misericordia de ti" (Marcos 5:19). La Biblia nos dice que el hombre obedeció a Cristo y "comenzó a publicar en Decápolis cuán grandes cosas había hecho Jesús con él" (v. 20).

Personalmente creo que es posible que este hombre hubiera tenido más de una razón para querer seguir a Cristo. Deseaba seguir a Cristo no sólo como una muestra de aprecio, sino porque había vivido entre familiares y amigos cuando los espíritus malignos se apoderaron de él. Por tanto, de alguna manera tenía miedo de regresar a su casa, creyendo quizá que esos espíritus regresarían. En otras palabras, temía un contraataque. Cuando Cristo le dijo que se

LIMPIE su CASA y la de su FAMILIA

fuera a su casa y contara lo que el Señor había hecho, reveló la clave para impedir que el enemigo regrese: el poder del testimonio. El que antes era un maniático, viajó por toda Decápolis, diez ciudades controladas por los romanos, y comenzó a dar testimonio de lo que el Señor había hecho por él.

El poder del testimonio

La palabra *testimonio* en griego es *marturia*, que significa "dar evidencia, incluso evidencia judicial". Es presentar evidencia de lo que ha ocurrido, como un testigo en un juicio. Usamos el término *testimonio* para describir lo que una persona da en un juicio. Se usa la misma palabra cuando decimos que tenemos un testimonio que contarle a alguien acerca de lo que Cristo ha hecho por nosotros. El hombre de Gadara tenía prueba de su liberación: llevaba las marcas en sus brazos y su cuerpo debido a los cortes que él mismo se había producido.

Hay un poder único en su testimonio. Cuando Dios ha respondido una oración, ha suplido una necesidad personal, o hecho un milagro o una sanidad, deberíamos dar testimonio con denuedo de lo que Dios ha hecho. Sin embargo, por alguna razón los creyentes a menudo tienen temor a contar lo que Dios ha hecho. He conocido a personas que recibieron una sanidad maravillosa pero fueron reticentes a dar testimonio por temor a que de algún modo la enfermedad regresara, y se sintieran avergonzados. Una persona me dijo: "No quiero decirlo mucho porque el enemigo se puede enojar y volver a atacarme". Es común el hecho de tener temor a que, después de contar lo que Dios ha hecho, el problema pueda regresar. En realidad, ¡lo que tememos es un contraataque!

Esos temores son infundados y contrarios a la Palabra de Dios. Se nos dice en Apocalipsis 12:11: "Y ellos le han vencido por medio de la sangre del Cordero y de la palabra del testimonio de ellos, y menospreciaron sus vidas hasta la muerte".

Un testimonio es una forma de confesión. Es una de las

herramientas que tenemos para usar en la guerra espiritual. Siga el consejo de 1 Pedro 3:15:

> Y estad siempre preparados para presentar defensa con mansedumbre y reverencia ante todo el que os demande razón de la esperanza que hay en vosotros.

¿Le ha sanado el Señor? ¿Ha roto su esclavitud al pecado? ¿Le ha liberado? ¡Entonces grítelo desde los tejados! No tenga temor a un contraataque de Satanás. En su lugar: "que anunciéis las virtudes de aquel que os llamó de las tinieblas a su luz admirable" (1 Pedro 2:9).

En el comienzo de mi ministerio, a menudo oía a un creyente contarle a otro cómo el Señor había hecho una sanidad milagrosa o había respondido especialmente a una oración. Al oír eso, el otro creyente animaba a la persona a dar testimonio público y darle gloria al Señor por la bendición. No puedo contar las veces en que una persona respondía: "Bueno, me gustaría, pero tengo miedo de que si doy testimonio, el enemigo lo oiga e invierta la bendición, ¡o tenga que luchar otra batalla!".

Nuevamente, este es un temor común entre las personas. Está basado en la experiencia de otra persona y no en las Escrituras. Quizá esa persona haya oído testificar a un creyente de ser tocado por el Señor, y meses o años después sufrir el mismo tipo de aflicción. A ojos de un creyente sin fe, testificar es abrir la puerta al enemigo para que sepa dónde lanzar su ataque.

Sin embargo, como dije anteriormente, la Biblia deja claro esto: "Y ellos le han vencido [Satanás] por medio de la sangre del Cordero y de la palabra del testimonio de ellos, y menospreciaron sus vidas hasta la muerte" (Apocalipsis 12:11). Un testimonio es una confesión verbal exponiendo un hecho. Cuando Cristo sanó al hombre poseído de Gadara, esa persona sanada quiso seguir a Jesús, pero en cambio Cristo le ordenó: "Vete a tu casa, a los tuyos, y cuéntales cuán grandes cosas el Señor ha hecho contigo, y cómo ha tenido misericordia de ti" (Marcos 5:19). Si hubiera existido la amenaza de que los espíritus malignos hubieran podido regresar sobre el

LIMPIE su CASA y la de su FAMILIA

hombre, Cristo nunca lo habría enviado de vuelta con su familia. El testimonio del hombre sanado sobre el milagro no sólo impidió que el enemigo regresara, sino que también produjo una gran fe y esperanza en otras personas necesitadas. Como dijo Pedro: "Y estad siempre preparados para presentar defensa con mansedumbre y reverencia ante todo el que os demande razón de la esperanza que hay en vosotros" (1 Pedro 3:15).

En un juicio se da un testimonio para permitir que un testigo confirme o niegue una evidencia contra una persona. Un testimonio es una confesión pública. La confesión se hace con palabras: con su boca. Hay poder en la confesión de una persona. Está escrito: "Porque con el corazón se cree para justicia, pero con la boca se confiesa para salvación" (Romanos 10:10). La Biblia revela que, si confesamos nuestros pecados, el Señor es fiel y justo para perdonar nuestros pecados (1 Juan 1:9). Hebreo nos dice: "Mantengamos firme, sin fluctuar, la profesión de nuestra esperanza, porque fiel es el que prometió" (Hebreos 10:23). La palabra griega para *profesión* se puede traducir con la misma palabra usada para *confesión*. Observe que tenemos que *mantener* o *fijarnos* en la confesión y no dejarla ir.

Al no dejar ir nuestra fe y confesión, podemos mantener la puerta cerrada contra los poderes del adversario y contra las personas que quisieran intentar volver a llevarnos a alguna forma de atadura y esclavitud.

En un contraataque, ¡la misma fe y oración que usted usó para derrotar al enemigo la primera vez la puede usar como su arma espiritual para conquistar y vencer cualquier forma de contraataque! David recogió piedras del arroyo para derrotar al gigante, y sigue habiendo "piedras en el arroyo", o armas de guerra que pueden matar a sus gigantes.

Capítulo 8
PERMANEZCA FIRME CONTRA EL LEÓN RUGIENTE

Pero el Señor estuvo a mi lado, y me dio fuerzas, para que por mí fuese cumplida la predicación, y que todos los gentiles oyesen. Así fui librado de la boca del león. Y el Señor me librará de toda obra mala, y me preservará para su reino celestial. A él sea gloria por los siglos de los siglos. Amén

| 2 Timoteo 4:17–1 |

PABLO FUE LIBRADO de la boca del león. Los eruditos tienen dos posibles interpretaciones para esta frase. En primer lugar, Pablo estaba ministrando en tiempos del imperio romano cuando Nerón era emperador. El historiador Séneca llamó a Nerón un león, ya que este vil emperador era conocido por inventar persecuciones y alegrarse maliciosamente de la muerte de los cristianos.[1] El segundo significado posible era que Pablo hubiera sido condenado a morir sirviendo de alimento a los leones, pero de algún modo fuese liberado de ese castigo por alguna intervención milagrosa del Señor.

En las Escrituras hay varias criaturas en la tierra que se usan para dibujar la imagen de Satanás. La identificación de Satanás más antigua es la de una serpiente en el Edén, y esta imagen se ha usado durante seis mil años de historia, a lo largo del Nuevo Testamento, hasta donde el apóstol Juan vio a Satanás como un dragón, o como indica la palabra en griego, una gran serpiente.

El león también se ha usado para comparar la fiereza de los ataques de Satanás:

LIMPIE su **CASA** y la de su **FAMILIA**

> Sed sobrios, y velad; porque vuestro adversario el diablo, como león rugiente, anda alrededor buscando a quien devorar.
>
> —1 Pedro 5:8

Hace varios años estaba yo hablando con un íntimo amigo, el pastor Jentezen Franklin, quien recientemente había regresado de un safari en Sudáfrica. Lo que él y su familia habían experimentado durante su estancia es un paralelismo de cómo los creyentes deberían permanecer contra los poderes del enemigo, o contra Satanás, al que se compara con un león rugiente.

Las maneras de un león

Cuando Jentezen y su familia entraron en el campamento del safari, fueron llevados a una casa especial en la cual estarían. Inmediatamente les advirtieron de que no debían salir de su morada sin primero contactar con una persona armada que les escoltase a lugares como el comedor. Supieron que no había valla alrededor del campamento, que era un espacio abierto, lo cual permitía la entrada al campamento en cualquier momento de algún animal salvaje. Los trabajadores dijeron que algunas veces nativos que viajaban de un sitio a otro por los alrededores fueron encontrados muertos, atacados por alguna bestia salvaje. Yo pensé: "¿Y eso lo llamas vacaciones?". Probablemente, en ese momento yo hubiera hecho mis maletas y me hubiera montado en el próximo Jeep con unos cuantos hombres armados colgados de los laterales y llevado como Jehú en la Biblia al hotel más cercano.

Se le informó entonces a la familia sobre el animal más peligroso que se podrían encontrar: el león. A veces, las hogueras que se encendían por la noche atraían a los leones. En caso de que alguien se encontrara con un león, no debía en ningún momento darle la espalda al león, porque en el momento en que lo hiciera o corriera, sería atacado. Cualquiera que huya corriendo de un león será perseguido al instante, cazado y muerto por el rey de los animales.

Jentezen contó varias instrucciones para salvar la vida en caso de encontrarse con un león. Estas instrucciones son paralelismos de los principios bíblicos en cuanto al trato con Satanás.

Permanecer en grupo.

Les dijeron que permanecieran juntos y no se separasen del grupo. Hay una protección mayor cuando hay un grupo grande de personas que cuando hay una persona sola. La aplicación espiritual es que hay un aumento de autoridad espiritual cuando las personas se juntan. Cristo no envió a sus discípulos solos, sino que siempre les enviaba de dos en dos (Lucas 10:1). El sabio Salomón escribió:

> Mejores son dos que uno;
> porque tienen mejor paga de su trabajo.
> Porque si cayeren, el uno levantará a su compañero;
> pero ¡ay del solo! que cuando cayere,
> no habrá segundo que lo levante.
>
> —ECLESIASTÉS 4:9-10

Cuando permanecemos juntos como una unidad, podemos cubrirnos las espaldas para que no nos ataquen por el lado ciego. Puede que el adversario tenga ciertas limitaciones en sus planes, como en el caso de Job cuando Satanás atacó su cuerpo con llagas y Dios le había dicho a Satanás que no le quitara la vida (Job 2:6), pero él no juega limpio, y usa sus propias reglas. Como un león salvaje, el enemigo viene para "robar, matar y destruir" (Juan 10:10).

2. No hacer ningún movimiento brusco.

La segunda instrucción que recibieron fue esta: "Si se encuentran con un león, no hagan ningún movimiento brusco". Cualquier movimiento brusco sólo atraería la atención hacia esa persona. Un león podría interpretar un movimiento brusco como una señal de temor.

La aplicación espiritual exhorta a un creyente a evitar tomar grandes decisiones de una manera brusca, ya que cualquier movimiento brusco podría ser un movimiento equivocado. En el huerto de Getsemaní, Pedro, indignado, sacó su espada y cortó la oreja del siervo del sumo sacerdote. Fue un movimiento impulsivo, brusco.

LIMPIE su CASA y la de su FAMILIA

Cristo sanó al hombre y destruyó así cualquier evidencia del fallo de Pedro. Si Cristo no hubiera sanado la oreja, Pedro podría haber sido acusado de agresión y arrestado por su ataque.

He visto a personas casarse sin buscar un buen consejo. Otros deciden salir con amigos que están poniendo semillas destructivas en sus espíritus. He visto a ministros salir rápidamente de una iglesia para tomar un pastorado en otro lugar donde no encajan con las personalidades de los miembros.

3. Si le hace frente, quedarse quieto mirando al león.

La tercera instrucción importante era que si un león le hacía frente, la persona debía estar cara a cara con el león y quedarse totalmente quieto. Las tribus en África que viven en el campo saben que el peor error es darse la vuelta e intentar huir de la bestia. El león lee eso como una debilidad e inmediatamente persigue a su presa. Ningún hombre puede correr más que un león, pero los hombres de las tribus han podido quedarse quietos mirándole fijamente hasta que el león retiró la mirada de él.

Cuando yo me encontraba de visita en Kenia, al oeste de África, me hablaron de una tribu en África que entrenaba a sus niños para enfrentarse a leones. Para convertirse en un hombre en esta tribu, le dan a un niño de unos trece años una gran lanza y le llevan a las afueras del poblado. Finalmente, un león entra en el área y ve al niño. El joven debe quedarse perfectamente quieto, mirando fijamente al león. Al final, el león hará un movimiento brusco hacia el muchacho, el cual está entrenado y preparado para lanzar la espada al corazón del león en su salto. La clave es estar de pie haciendo frente al león, nunca girarse, y mantener los ojos abiertos todo el tiempo.

Pedro dijo que debemos ser sobrios y velar. En otras palabras, debemos estar alertas. En la selva de África, una persona nunca sabe cuándo se encontrará con una bestia peligrosa del campo como un león.

La aplicación espiritual es importante. He conocido a personas que siempre están huyendo de sus compromisos, sus valores, sus responsabilidades e intentando escaparse de sus problemas. Es importante recordar esto. Si alguna vez empieza a correr huyendo de sus problemas en lugar de hacerles frente, huirá de las dificultades por el resto de su vida. El patriarca Jacob tenía la debilidad de engañar a la gente para robar sus bendiciones. Finalmente necesitó luchar con un ángel, un cambio en el nombre de Jacob y la transformación de su carácter para refrenarle y llevarle a la plenitud de las promesas de su pacto. Cuando Dios tocó la cadera de Jacob, se aseguró de que este hombre que siempre corría no pudiera volver a correr. Él tuvo que apoyarse en Dios durante el resto de su vida.

Cuando Pablo reveló que nuestra lucha es contra espíritus malvados en nuestra batalla terrenal, dijo que debíamos ponernos la armadura de Dios: "Por tanto, tomad toda la armadura de Dios, para que podáis resistir en el día malo, y habiendo acabado todo, estar firmes" (Efesios 6:13). En el campamento del safari, se les dijo a los huéspedes que si por casualidad veían a un león, estuvieran quietos en un lugar y mirasen de frente a la bestia. Bajo ningún concepto debían apartar sus ojos del león; e hicieran lo que hicieran, no se estremecieran y salieran corriendo.

Cuando Pedro comparó a Satanás con un león rugiente, dijo que debíamos "resistir firmes en la fe" (1 Pedro 5:9). La palabra *resistir* en griego es *anthistemi*, que significa "estar en contra y en oposición".

4. Agitar los brazos y hablar en voz alta (hacer ruido).

La cuarta instrucción para tratar con un león era que si estaba enfrentando cara a cara a uno, en algún momento levantase sus manos lo más alto posible y comenzase a gritar y a hacer ruidos. La razón de esto es que el ruido puede confundir al león, y cuando levanta sus manos, usted parece más grande de lo que realmente es.

Hay muchos ejemplos en las Escrituras que revelan la importancia de levantar las manos. Israel una vez ganó una gran batalla contra Amalec cuando Moisés mantuvo sus brazos levantados (Éxodo 17:11-12). Cuando Moisés levantó sus manos con la vara de Dios, el mar se abrió (Éxodo 14:16). El sumo sacerdote levantó sus manos cuando

LIMPIE su CASA y la de su FAMILIA

declaró la bendición sacerdotal (Números 6:24-26). ¡Jesús trajo salvación cuando extendió sus brazos en el madero de la cruz!

Se nos dice: "Quiero, pues, que los hombres oren en todo lugar, levantando manos santas, sin ira ni contienda" (1 Timoteo 2:8). Cuando oramos, levantando nuestras manos, nos estamos rindiendo a Dios y permitiéndole que tome control de nuestra situación.

5. ¡El enemigo es derrotado con las palabras!

Un gran ruido puede confundir al león. Los creyentes conocen el poder de nuestras palabras cuando las usamos en una ferviente y apasionada intercesión.

> De cierto os digo que todo lo que atéis en la tierra, será atado en el cielo; y todo lo que desatéis en la tierra, será desatado en el cielo. Otra vez os digo, que si dos de vosotros se pusieren de acuerdo en la tierra acerca de cualquiera cosa que pidieren, les será hecho por mi Padre que está en los cielos. Porque donde están dos o tres congregados en mi nombre, allí estoy yo en medio de ellos.
>
> —Mateo 18:18-20

Detener la intimidación

Hace algún tiempo, nuestro ministerio compró setenta y ocho acres de una antigua granja para construir un ministerio de jóvenes especial y un lugar de reunión para la juventud y futuras conferencias. Parte del proceso inicial fue cuando un grupo de hábiles constructores construyó un edificio nuevo muy bonito en lo que fue un granero, el cual se usaba para reuniones especiales de oración. Cerca del granero hay un arroyo, muchos árboles y una hierba muy alta.

Hay tres cosas en cuanto a una vieja granja que no me gustan: ratas, garrapatas y serpientes, especialmente serpientes, ¡y quiero decir cualquier tipo de serpientes! Una noche, estaba yo en el granero y me giré y vi una serpiente de más de un metro de longitud. De repente, me quedé paralizado pero enseguida alcancé una barra de hierro. Comencé a golpear a la serpiente mientras se alejaba a unos dos metros. Entonces abrió su boca como si fuera a morderme. Yo acerqué la barra de hierro a su boca para que la mordiera. Finalmente logré expulsar a la serpiente a una zona en la que cayó en un agujero muy hondo.

Inmediatamente llamé a mi padre y le conté el incidente con esa enorme serpiente. Me hizo una pregunta (él se crió en una granja): "¿De qué color era la serpiente?". Le dije que era una serpiente negra. Él respondió: "Deja a esas serpientes tranquilas. No hacen daño y además se comen los roedores. Cuando éramos pequeños nos decían que también podían mantener alejadas a las serpientes peligrosas". Me di cuenta en ese momento de que no sabía nada sobre serpientes y que me intimidaba *cualquier* serpiente, tanto las *buenas* como las *malas*.

Tanto la imagen de una serpiente como el rugido de un león pueden intimidar. La intimidación actúa sobre la imaginación, de la misma forma que los gigantes hicieron que los espías hebreos se vieran como langostas. No siempre es el león mismo, sino el rugido del león, lo que intimida, al igual que los dardos de fuego de Satanás que atacan su mente. Ahí es donde se encuentra la verdadera batalla. Por eso cada creyente debe ponerse el "yelmo de la salvación" (Efesios 6:17) para proteger su mente, y debe renovarla continuamente para edificar barreras contra las fortalezas de intimidación.

El verdadero León es Cristo, el "León de la tribu de Judá". La imagen nos muestra que Cristo ha vencido a todos los poderes del enemigo y que es nuestro líder espiritual en todas nuestras batallas.

Capítulo 9
INVIERTA LOS ATAQUES

Y quitó Jehová la aflicción de Job, cuando él hubo orado por sus amigos; y aumentó al doble todas las cosas que habían sido de Job.

| Job 42:10 |

Estaba considerado como el hombre más grande de todo el Oriente. Tenía diez hijos, todos ellos con casas propias, además de una cartera empresarial enorme, la cual incluía:

- Siete mil ovejas
- Tres mil camellos
- Quinientas yuntas de bueyes
- Quinientas asnas

Así, la historia personal de Job revela con todo detalle como Satanás actuó contra una persona justa y le tendió una emboscada. Pero como vemos en el libro de Job, Dios puede invertir, y lo hará, el ataque cuando el justo toma la decisión adecuada en medio de su adversidad.

Guardaespaldas invisibles

Se cree que el libro de Job es el libro más antiguo de la Biblia. Es el primer libro que presenta a Satanás como un ser celestial dispuesto a matar, robar y destruir (Job 1:6; Juan 10:10). La historia comienza con una reunión celestial entre Dios y los hijos de Dios, un término usado cuatro veces en la Biblia para identificar a los seres angelicales.

Durante esta sesión en la corte celestial Dios presume de Job, diciendo que no había nadie como él en la tierra, temeroso de Dios y que rechazaba el mal (Job 1:1). Satanás respondió, insistiendo en que Job temía a Dios porque había en él un motivo oculto. Dios le había bendecido tan abundantemente que si la riqueza de Job y su prosperidad familiar eran destruidas, Job maldeciría a Dios (vv. 9-11). Satanás también reveló que había estado cerca de las propiedades de Job pero que no pudo traspasar el vallado que rodeaba a este hombre, a su familia y sus posesiones.

Este vallado es interesante. Era algo que Job no podía ver con sus ojos naturales, pero tanto Dios como Satanás lo vieron y sabían que existía. Por tanto, el vallado era invisible para los ojos naturales y visible en el mundo espiritual. Creo que era un asentamiento de ángeles asignados para proteger a Job y sus posesiones. La Biblia dice: "El ángel de Jehová acampa alrededor de los que le temen, y los defiende" (Salmo 34:7). Los ángeles son invisibles al ojo humano pero totalmente visibles en el mundo del espíritu. Pueden aparecer en forma de caballos de fuego y carros de fuego (2 Reyes 6:17). Los ángeles pueden rodear a las personas para protegerlas del peligro (2 Reyes 6). Satanás no pudo traspasar los guardaespaldas invisibles que rodeaban las propiedades de este hombre justo, Job.

¿Que formó el vallado?

¿Había algo que hizo Job que ayudase a formar ese vallado? Creo que la respuesta se encuentra en el primer capítulo de Job. Había veces en que los diez hijos de Job estaban de fiesta, y Job ofrecía sacrificios especiales en el altar en favor de sus hijos, para que no pecaran contra Dios:

> E iban sus hijos y hacían banquetes en sus casas, cada uno en su día; y enviaban a llamar a sus tres hermanas para que comiesen y bebiesen con ellos. Y acontecía que habiendo

LIMPIE su CASA y la de su FAMILIA

> pasado en turno los días del convite, Job enviaba y los santificaba, y se levantaba de mañana y ofrecía holocaustos conforme al número de todos ellos. Porque decía Job: Quizá habrán pecado mis hijos, y habrán blasfemado contra Dios en sus corazones. De esta manera hacía todos los días.
>
> —Job 1:4-5

Creo que esos sacrificios de sangre eran la clave para el vallado de protección de Job. Este patrón se puede ver en varios relatos bíblicos. Primero, en la historia del Éxodo cuando la sangre de los corderos sacrificados fue aplicada sobre las puertas de las casas israelitas para impedir que entrara el destructor a sus hogares (Éxodo 12:22-23).

En tiempos de David, una plaga destructora fue detenida cuando David ofreció sacrificios en el altar. Cuando Dios vio la ofrenda de sangre, detuvo la destrucción de Jerusalén (1 Crónicas 21:26-27). Bajo el antiguo pacto, los sacrificios de sangre tenían poder para liberar a una persona de la culpa y las transgresiones. Así, lo sacrificios de Job eran una parte importante en cuanto a que Dios mantuviese el vallado de protección alrededor de Job.

Observe que la intención de Job al ofrecer los sacrificios era su temor a que sus hijos hubieran podido maldecir a Dios en sus corazones (Job 1:5); así, ofrecía sacrificios continuamente. Puede que por este motivo Satanás le dijera a Dios: "Pero extiende ahora tu mano y toca todo lo que tiene, y verás si no blasfema contra ti en tu misma presencia" (v. 11).

La sangre es retirada

Dios quitó el vallado para demostrarle a Satanás que Job seguiría fiel a Él a pesar de sus pérdidas económicas y familiares. La tribu nómada llamada sabeos invadió el territorio de Job y se llevó sus burros y bueyes (Job 1:13-15). Inmediatamente después de que Job oyera ese informe de un siervo, comenzaron a caer relámpagos que consumieron las siete mil ovejas de Job (v. 16). Acababa de recibir Job estas noticias cuando llegó un tercer siervo, anunciando que tres bandas de caldeos habían invadido la tierra, robando tres mil camellos (v. 17). La peor noticia llegó repentinamente: un gran viento había sacudido la casa de su hijo mayor, provocando el derrumbamiento del edificio sobre sus diez hijos, y todos murieron (vv. 18-19).

Es importante destacar que cuando los animales desaparecieron, Job no tenía sacrificios que poner en el altar. Si sangre, no había posibilidad de crear el vallado de protección. Fue después de quitar los sacrificios de sangre cuando Satanás pudo tocar a los hijos de Job. A lo largo del Antiguo Testamento, el adversario estuvo siempre tras los sacrificios de sangre. Caín ofreció el fruto de la tierra, y Abel ofreció sacrificios de sangre. Debido al enojo, Caín mató a su hermano por su ofrenda (Génesis 4:5-8). Cuando Moisés y los hebreos salían de Egipto, el faraón pidió que dejaran sus animales en Egipto (Éxodo 10:24). Cuando fueron destruidos los templos, los sacrificios también cesaron. Sin el derramamiento de sangre, no había remisión de pecado; y sin sangre para sacrificio, los israelitas se debilitaron espiritualmente y no pudieron agradar a Dios y recibir la expiación por sus pecados (Hebreos 9:18-22).

Tanto el poder redentor como el poder protector se liberaban a través de la sangre. Cuando Noé construyó un altar y ofreció sangre, Dios confirmó que preservaría la tierra de una futura inundación global (Génesis 8:20-22). Abraham construyó un altar, y Dios hizo un pacto para una nueva nación a través de Abraham (Génesis 12:7). La sangre del cordero frenó al destructor en Egipto (Éxodo 12). Cuando se retiró la sangre, desapareció el vallado.

La segunda oleada

Durante la primera oleada de ataques, Job mantuvo su integridad y su fe en Dios. Tras oír las pérdidas, dijo: "Jehová dio, y Jehová quitó; sea el nombre de Jehová bendito" (Job 1:21). La Escritura nos dice que Job no pecó (v. 22). No maldijo ni culpó a Dios; sin embargo, la segunda oleada de ataques asomaba por el horizonte.

Se llevó a cabo una segunda reunión en la corte celestial.

LIMPIE su CASA y la de su FAMILIA

Dios estaba presumiendo de la integridad de Job cuando Satanás recomendó un segundo ataque, esta vez sobre el propio cuerpo físico de Job. Satanás sugirió que si Job se enfermaba y su salud fallaba, maldeciría a Dios abiertamente (Job 2:5). Al instante, Satanás recibió permiso de tocar el cuerpo de Job con sarna de pies a cabeza (v. 7).

Fue tras esa extraña enfermedad cuando la mujer de Job dijo: "Maldice a Dios, y muérete" (v. 9). A través de la esposa de Job, Satanás estaba haciendo otro intento de conseguir que Job declarara maldad contra el Señor. Casi de igual manera, Satanás persuadió a Pedro para hablarle a Cristo erróneamente, tras lo cual Jesús le reprendió, diciendo: "Quítate de delante de mí, Satanás" (Mateo 16:23). Tras la enfermedad de Job, los tres mejores amigos de Job llegaron a consolarle, pero cuando le vieron quedaron impactados por su enfermedad y la gran alteración que había sufrido su aspecto físico.

Durante siete días Job no dijo nada, y después leemos el momento en que abrió su boca y comenzó maldecir.

> Después de esto abrió Job su boca, y maldijo su día. Y exclamó Job, y dijo: Perezca el día en que yo nací, y la noche en que se dijo: Varón es concebido.
>
> —Job 3:1-3

> Maldíganla los que maldicen el día, los que se aprestan para despertar a Leviatán.
>
> —Job 3:8

Job nunca maldijo a Dios, pero se maldijo a sí mismo. Eso no era característico de él. Él no pecó contra Dios pero estaba hablando mal de sí mismo. De repente, tras maldecirse a sí mismo, clamó:

> Porque el temor que me espantaba me ha venido,
> Y me ha acontecido lo que yo temía.
>
> —Job 3:25

Al comienzo de mi ministerio, enseñaba que Job temía perder todo lo que tenía y en algún punto había confesado su temor públicamente. Sin embargo, lo único que Job temía era que sus hijos maldijeron a Dios. Se dio cuenta de que estaba cayendo en la trampa de maldecir su propia vida, la cual le había dado Dios.

Esperanza en medio de la tormenta

Cuando entramos en una lucha inesperada, necesitamos mantener nuestros oídos espirituales abiertos. Dios nos enviará una palabra especial de ánimo a través de un sermón, una canción o un individuo. En medio de la tragedia y la enfermedad de Job, el Señor le envió a Job esta palabra:

> Si te volvieres al Omnipotente, serás edificado;
> Alejarás de tu tienda la aflicción;
> Tendrás más oro que tierra,
> Y como piedras de arroyos oro de Ofir;
> El Todopoderoso será tu defensa,
> Y tendrás plata en abundancia.
> Porque entonces te deleitarás en el Omnipotente,
> Y alzarás a Dios tu rostro.
> Orarás a él, y él te oirá;
> Y tú pagarás tus votos.
> Determinarás asimismo una cosa, y te será firme,
> Y sobre tus caminos resplandecerá luz
> —Job 22:23-28

El Todopoderoso le estaba prometiendo a Job una restauración de la bendición económica en forma de oro y plata, si él oraba a Dios, guardaba las promesas que había hecho en el pasado (cumplir su votos), y hacía un decreto (una concesión) de que Dios establecería su bendición sobre su vida. Hoy diríamos: "Comienza a orar por un cambio de rumbo divino, y comienza a declarar que Dios te va a sacar de la situación negativa en la que te encuentras".

Más adelante, Job recibió esta palabra:

> Ciertamente la plata tiene sus veneros,
> Y el oro lugar donde se refina.
> El hierro se saca del polvo,
> Y de la piedra se funde el cobre.

LIMPIE su CASA y la de su FAMILIA

> A las tinieblas ponen término,
> Y examinan todo a la perfección,
> Las piedras que hay en oscuridad y en sombra de muerte…
> De la tierra nace el pan,
> Y debajo de ella está como convertida en fuego.
> Lugar hay cuyas piedras son zafiro,
> Y sus polvos de oro.
> Senda que nunca la conoció ave,
> Ni ojo de buitre la vio;
> Nunca la pisaron animales fieros,
> Ni león pasó por ella.
>
> —JOB 28:1-3, 5-8

En la Biblia, la plata representa redención. En este pasaje, el orador está revelando que ni las piedras preciosas ni el oro se encuentran sobre la tierra, sino excavando profundo debajo de la tierra. El escritor parece estar diciendo que no entiende por qué él (Job) está experimentando tal cosa, pero que si continúa excavando en oscuridad, descubrirá un filón de plata, o un filón de redención. Se le dice que Él (Dios) pondrá fin a la oscuridad.

Otra parte poderosa de este pasaje es cuando el orador dice que hay un camino que ningún ave conoce y que no ha visto el ojo de ningún halcón. En la parábola del Nuevo Testamento del sembrador que planta la Palabra de Dios, las aves intentan devorar parte de la semilla (Marcos 4:4). La interpretación es que Satanás roba la palabra que se ha sembrado (v. 15). Sin embargo, hay un camino espiritual que está lejos de los ojos del que se come la semilla. Hay también un camino por el que el feroz león no puede caminar. Pedro describe a Satanás como un león rugiente (1 Pedro 5:8). Job 28:8 revela que hay un camino por el que el león (feroz) rugiente no podrá caminar. Esta fue una palabra de ánimo para Job a fin de que siguiera creyendo en un cambio de rumbo divino; Dios le pondría en un nuevo camino con una nueva dirección.

De repente, Dios aparece

Durante varios meses, los tres amigos de Job intentaron explicarle las razones por las que había perdido su riqueza, su familia y su salud. Algunos pensaban que Dios estaba eliminando el orgullo de su vida. Otros insinuaron que era un pecado oculto de algún tipo, y los problemas eran una forma de castigo de Dios. Finalmente, Dios mismo le habló a Job en un torbellino, dándole una profunda revelación.

En la Ley de Moisés había un principio espiritual establecido con respecto a la restauración de bienes y cosas materiales, el cual ocurriría si se encontraba al ladrón.

> Cuando alguno diere a su prójimo plata o alhajas a guardar, y fuere hurtado de la casa de aquel hombre, si el ladrón fuere hallado, pagará el doble.
>
> —Éxodo 22:7

Anteriormente en la historia de Job, Job había dicho que el Señor daba y el Señor quitaba. Durante sus pruebas no era consciente de que Satanás era el instigador de todas sus dificultades. Así, alguien tenía que desenmascarar al verdadero ladrón de Job. Como nadie conocía la reunión secreta entre Dios y Satanás en la corte celestial, ¡el Señor mismo descendió para revelarle a Job quién era su verdadero enemigo!

Esto nos lleva a dos de los capítulos menos comunes de toda la Biblia. Job 40 trata de una extraña criatura llamada "behemot" y Job 41 muestra a Dios revelando el poder de algo llamado "leviatán". Dios describe a behemot como una criatura cuyos huesos son como trozos de bronce y hierro (Job 40:18). Sin embargo, la criatura más interesante es leviatán.

Leviatán es mencionado en otras referencias bíblicas, como Isaías 27:1, donde se describe como "leviatán serpiente veloz, y al leviatán serpiente tortuosa". Se hace alusión a él en los Salmos como un dragón con varias cabezas que será destruido (Salmo 74:13-14). En el Nuevo Testamento, Satanás es simbolizado por un dragón

LIMPIE su **CASA** y la de su **FAMILIA**

de siete cabezas (Apocalipsis 12:3). En el griego original, la palabra *dragón* es *drakon* y se refiere a una serpiente. La unión entre este leviatán de siete cabezas y las siete cabezas del dragón en Apocalipsis es inequívoca. Dios le dijo a Job que leviatán hizo hervir el mar profundo, y ningún arma terrenal podía destruirlo. Dios identificó a leviatán como el rey de todos los soberbios (véase Job 41). Dios le estaba revelando a Job que fue leviatán, la antigua serpiente, el diablo, el que inició el ataque contra él.

Es importante entender que Dios reveló o expuso al ladrón, porque si podía encontrarse al ladrón, ¡entonces él debía restaurar el doble de lo que había robado!

Restauración de la sangre en el altar

Después de que Dios revelara la causa del problema, reprendió a los tres amigos de Job, informándoles que todos ellos estaban equivocados en sus opiniones teológicas sobre el porqué llegó el problema (Job 42:7). Tras esto, se inició un proceso de restauración.

> Y aconteció que después que habló Jehová estas palabras a Job, Jehová dijo a Elifaz temanita: Mi ira se encendió contra ti y tus dos compañeros; porque no habéis hablado de mí lo recto, como mi siervo Job. Ahora, pues, tomaos siete becerros y siete carneros, y id a mi siervo Job, y ofreced holocausto por vosotros, y mi siervo Job orará por vosotros; porque de cierto a él atenderé para no trataros afrentosamente, por cuanto no habéis hablado de mí con rectitud, como mi siervo Job.
>
> —Job 42:7–8

En primer lugar, Job oró por sus amigos que habían dicho cosas malas de él (v. 8). En segundo lugar, los amigos de Job llevaron sacrificios para ofrecer en un altar (v.8). En tercer lugar, los amigos de Job le llevaron una ofrenda especial de oro (v. 11).

Este proceso revela importantes principios espirituales. Primero está el principio de perdonar a los que nos han ofendido. Cristo dejó claro que no experimentaríamos la bendición de Dios si permitiésemos que el rencor reinara en nuestros espíritus. No sólo se verían obstaculizadas nuestras oraciones, sino que tampoco nuestras ofrendas económicas serían bendecidas (Mateo 5:23-24; 6:14-15). Job oró por sus amigos, y eso provocó que la unción de Dios pudiera ser liberada sobre él.

Job no tenía animales, pero sus amigos sí. El Todopoderoso les dijo a los tres amigos que llevasen siete toros y carneros y los ofrecieran sobre el altar. Cuando la sangre volvió a fluir, y la dulce fragancia del holocausto se elevó hasta el cielo, ¡fue suficiente para colocar el vallado de nuevo alrededor de Job! Al comienzo de los problemas de Job, Satanás se hizo con todos los animales que podían usarse como sacrificios, como las ovejas. Ahora, no obstante, el altar había sido restaurado, y Dios podía legalmente reemplazar el vallado alrededor de la vida de Job

Después leemos lo siguiente:

> Y quitó Jehová la aflicción de Job, cuando él hubo orado por sus amigos; y aumentó al doble todas las cosas que habían sido de Job.
> —JOB 42:10

Doble por sus problemas

Observe que Job recibió el doble. ¿Por qué el doble de bendición? Primero, vimos el principio de la Ley de Moisés que si el ladrón era encontrado, debía devolver el doble de lo que había robado. Dios expuso al ladrón como Leviatán (Satanás), y así la bendición para Job debía ser del doble. También vimos que Satanás le dijo dos veces a Dios que Job le maldeciría si perdía sus bendiciones y su salud. Job sufrió dos grandes oleadas de ataques, y en esas dos veces no maldijo a Dios. Por tanto, Dios restauró el doble por su fidelidad. Dios usó a quienes estaban cerca de él para ayudar a Job a recuperar su riqueza dándole una ofrenda de oro.

Leemos cómo todo le fue doblado en la segunda mitad de la vida de:

LIMPIE su **CASA** y la de su **FAMILIA**

En el principio (Job 1:3)	La doble porción de bendición (Job 42:12)
7.000 ovejas	14.000 ovejas
3.000 camellos	6.000 camellos
500 yuntas de bueyes	1.000 yuntas de bueyes
500 asnas	1.000 asnas

Esta lista revela que cada animal fue doblado. Cuando leemos la lista de los hijos de Job tras su prueba, descubrimos que tuvo siete hijos y tres hijas (Job 42:13). Es el mismo número de hijos que murieron durante el ataque inicial (Job 1:2). Siempre pensé que el número también debería haber sido doblado, de igual manera que el número del ganado literalmente fue doblado. Al meditar en esta contradicción, de repente me di cuenta de que sí había doblado el número de hijos. Tuvo siete hijos que se fueron al cielo durante la prueba, y otros siete hijos que le nacieron después de la prueba. También tenía tres hijas en el cielo, y tres nuevas hijas que nacieron después de ser iniciada su doble bendición. Esto fue una gran revelación para mí, ya que revela que cuando nuestros familiares parten para estar con el Señor, continúan formando parte de nuestra familia. Pablo dijo que conoceríamos como somos conocidos (1 Corintios 13:12).

Job vivió 140 años adicionales después de este periodo de prueba (Job 42:16). Algunos sugieren que tenía 70 años cuando sufrió la prueba, y si eso es correcto, vivió el doble de años tras su restauración de los que había vivido antes de comenzar la prueba.

¿En qué le afecta esto a usted? El terrible desastre que experimentó Job y su increíble respuesta contienen varias claves que podemos aplicar en nuestros propios retos y batallas.

En primer lugar, cuando llegó la pérdida, Job no pecó culpando a Dios por algo que Dios no hizo. Salomón escribió: "No te des prisa con tu boca, ni tu corazón se apresure a proferir palabra delante de Dios" (Eclesiastés 5:2). También enseña: "No dejes que tu boca te haga pecar…¿Por qué harás que Dios se enoje a causa de tu voz, y que destruya la obra de tus manos?" (v. 6). A menudo, cuando llegan los problemas, nuestra primera pregunta es: "¿Por qué yo, Señor?". Esta es una reacción común, y no es necesariamente un pecado. Sin embargo, enojarse con Dios le llevará a una condición espiritual de rencor hacia Dios mismo.

En segundo lugar, los amigos de Job no le informaron bien, e incluso le insultaron verbalmente. Hubiera sido más fácil para Job decirles que le dejaran tranquilo y que no le volvieran a visitar, pero en vez de eso escuchó sus quejas y les dio sus propias opiniones personales. Recibió la orden de orar por sus amigos, ¡quienes no habían hablado correctamente! Esto se parece mucho a la instrucción de Cristo: "Orad por los que os ultrajan y os persiguen" (Mateo 5:44). El perdón no sólo libera a las personas que tenemos cautivas en nuestras prisiones mentales de falta de perdón, sino que también abre una puerta para que Dios nos bendiga por nuestra obediencia.

En tercer lugar, aunque el libro de Job siempre se ha considerado un *libro de fe*, hay un hilo revelado en la historia sobre el poder de un sacrificio de sangre. Nosotros ya no llevamos corderos, cabras y toros a la casa de Dios. ¿Se imagina el ruido y el olor que causaría mientras el pastor está predicando? Sin embargo, tenemos autoridad a través de la sangre de Cristo para derrotar a los poderes del enemigo. Job necesitó la sangre en sobre el altar, y por medio de Cristo podemos confesar el poder de su sangre sanadora, perdonadora y limpiadora (Apocalipsis 12:11).

Aunque no llevamos granos, aceite, vino y animales para presentarlos ante Dios en el altar, sí presentamos nuestras ofrendas, nuestra alabanza y nuestras oraciones en el lugar donde nos reunimos para adorar a Dios.

Esta poderosa historia revela que Dios es capaz de invertir los ataques del enemigo, ¡y hacer que "su final sea mayor que su comienzo"!

Capítulo 10
DESALOJE AL ENEMIGO DE SU CASA

Toda la Escritura es inspirada por Dios, y útil para enseñar, para redargüir, para corregir, para instruir en justicia, a fin de que el hombre de Dios sea perfecto, enteramente preparado para toda buena obra.

| 2 Timoteo 3:16–17 |

SI LE PREGUNTARA: "¿Cuál es el arma espiritual más poderosa para despojar al adversario de su autoridad e influencia sobre su casa y su vida?", ¿qué me respondería?

Permítame sugerirle que habría cuatro respuestas que darían la mayoría de los creyentes, y serían:

1. Citar las Escrituras
2. Experimentar la unción
3. Reprender al diablo
4. Tener una fe fuerte

Examinemos las cuatro con mayor detalle.

Citar las Escrituras

Cristo fue tentado por el diablo durante cuarenta días consecutivos. Cuando Cristo estaba hambriento, Satanás llegó y le tentó para que convirtiera las piedras en panes, se arrojara desde el pináculo del templo y se postrara y le rindiera un homenaje al mismo Satanás (Mateo 4:1-10). Durante cada una de esas tentaciones, Cristo citó tres versículos diferentes de Deuteronomio 6. De repente, en medio de la tentación, Satanás revela que él también puede memorizar y citar las Escrituras.

Cuando Satanás tentó a Jesús para arrojarse desde el pináculo del templo, el adversario comenzó a citar un pasaje que se encuentra en el Salmo 91 para respaldar su opinión de que Jesús podía lanzarse sin sufrir daño alguno:

> Entonces el diablo le llevó a la santa ciudad, y le puso sobre el pináculo del templo, y le dijo: Si eres Hijo de Dios, échate abajo; porque escrito está: A sus ángeles mandará acerca de ti, y, en sus manos te sostendrán, para que no tropieces con tu pie en piedra.
>
> —Mateo 4:5-6

Este pasaje se encuentra en el Antiguo Testamento, en el Salmo 91:11-12. Ya que el Salmo 91 es un salmo que detalla la capacidad de Dios para proteger a su pueblo, el enemigo quiso que Cristo se arrojara (de hecho, que intentara suicidarse), pues si era el Hijo de Dios, entonces Dios enviaría a sus ángeles para proteger su caída y no sufriría ningún daño. En realidad, el enemigo estaba malinterpretando el versículo del Salmo 91 añadiendo una frase que no está en el texto original (según la versión en inglés de la Biblia). El Salmo 91:12 dice: "En las manos te llevarán, para que tu pie no tropiece en piedra".

Según el relato de Mateo, en la versión King James de la Biblia (el versículo dice "para que en ningún momento tropieces con tu pie en piedra"), las palabras *en ningún momento* las añadió Satanás al texto, ya que el Salmo 91 en el original simplemente dice "para que tu pie no tropiece". La frase adicional "en ningún momento" implica que los ángeles estarán contigo en todas y cada una de las circunstancias. Con eso, Satanás le estaba diciendo a Jesús que saltara desde una altura de unos cien metros en Jerusalén (el pináculo del templo) porque, cuando saltase, el Señor le protegería. Esto se llama *presunción* o falsa suposición.

El enemigo conoce bastante bien la Biblia y ha asignado a sus propios falsos profetas para usar las Escrituras para su propia enseñanza falsa y engañosa. La Biblia incluso dice que a veces Satanás se disfraza de ángel de luz (2 Corintios 11:14). Sabemos que la Biblia es la espada del Espíritu (Efesios 6:17) y que es un arma espiritual para derrotar al enemigo; sin embargo, el enemigo mismo cita la Palabra.

Por tanto, ¿es la unción de Dios sobre la vida de un creyente un arma poderosa contra Satanás?

¿Es suficiente la unción a solas para derrotar a Satanás?

Hay muchos carismáticos y pentecostales que creen que una unción poderosa es el arma principal para derrotar al enemigo. Una vez oí a un destacado ministro de la televisión hacer una declaración que me produjo escalofríos por la espalda. Gritaba por el micrófono: "¡Tengo tanta unción que el diablo no me puede tocar!". Sin embargo, pocas semanas después comenzó a sufrir una serie de ataques contra su ministerio casi insoportables.

La unción es única. Es la *unción* procedente del Señor (1 Juan 2:20). Es la energía y la vida misma de Dios lo que se libera a través de la imposición de manos y la oración, y puede producir liberación y sanidad a los oprimidos por el diablo (Hechos 10:38). Cuando un ministro está predicando con la unción, es valiente y no tiene temor de enfrentarse al adversario. Sin embargo, Elías, el poderoso hombre de Dios que derribó a ochocientos cincuenta falsos profetas, después de serle retirada la unción huyó de Jezabel y se deprimió bajo un enebro, pidiéndole a Dios que le quitara la vida (1 Reyes 19:4).

La unción es un gran don que acompaña a un vida llena del Espíritu; sin embargo, el rey David hizo una observación muy interesante cuando dijo: "Y yo soy débil hoy, aunque ungido rey" (2 Samuel 3:39). Cuando Cristo fue bautizado en agua, el Espíritu Santo vino sobre Él y le guió al desierto donde fue probado por el diablo (Mateo 4:1). La unción no le hace estar exento de un ataque, sino más bien puede que atraiga los ataques. No en vano, Satanás originalmente era un querubín grande. No cabe duda de que él conoce el poder de la unción. Se necesita la unción para romper el yugo de pecado (Isaías 10:27); sin embargo, la unción no es una barrera para impedir los ataques.

Por tanto, ¿qué podemos decir sobre reprender al enemigo?

¿Derrotará a Satanás la reprensión?

Jesús tenía poder para reprender. Reprendió la tormenta (Mateo 8:26), reprendió a los demonios (Mateo 17:18), y reprendió la fiebre que afligía a la suegra de Pedro (Lucas 4:39). Incluso los discípulos entendieron la autoridad liberada al reprender a Satanás, visto lo ocurrido cuando intentaron reprender a los espíritus en el niño epiléptico (Marcos 9:17-19). Los discípulos aprendieron después que algunos espíritus sólo responden cuando ha habido ayuno y oración (Mateo 17:21). El obstáculo con el niño epiléptico había sido la propia incredulidad de los discípulos. El ayuno y la oración habrían aumentado su fe y nivel de autoridad sobre los poderes del enemigo. Debo confesar que ha habido veces en las que he reprendido al enemigo, y en ese momento en particular no he visto ninguna respuesta directa. Quizá fue una fe débil o una confesión débil (Hebreos 10:23).

Por tanto, ¿es la fe la mejor arma contra el enemigo?

¿Le detiene el usar sólo el tipo adecuado de fe?

En los años ochenta hubo un movimiento fuerte de Palabra de Fe en el que los ministros enseñaban y enfatizaban el mensaje de la fe y la confesión personal. El énfasis del mensaje de la fe fue recibido o fue criticado como algo extremo por los cristianos norteamericanos. Los que recibieron este mensaje a menudo enseñaban que cualquier enfermedad, dificultad económica o problema era el resultado de una falta de fe. Cuando una persona ofrendaba y no veía la recompensa a dicha ofrenda, se decía que el problema era una grieta en la armadura de fe del creyente.

Mientras investigaba este tema, leí Santiago 2:19, que dice: "Tú crees que Dios es uno; bien haces. También los demonios creen, y

LIMPIE su CASA y la de su FAMILIA

tiemblan". De repente me di cuenta de que los demonios tienen más fe que algunos de los que se llaman cristianos. Los demonios creen que Jesús es el Hijo de Dios, y algunos religiosos no (Lucas 4:41). Los demonios saben que Cristo puede sanar, y sin embargo muchos predicadores dicen que los milagros han cesado. El reino de las tinieblas cree en el abismo, y los demonios saben que van a ir allí, pero incluso muchos cristianos niegan la existencia del infierno (Lucas 8:31). Es un comentario triste que los espíritus caídos, que están destinados a la perdición, tengan más fe en Dios, Cristo y el poder de Dios que algunos creyentes incrédulos teológicamente cojos.

Sin fe es imposible agradar a Dios (Hebreos 11:6). Pablo escribió: "Sobre todo, tomad el escudo de la fe, con que podáis apagar todos los dardos de fuego del maligno" (Efesios 6:16). Usted debe creer con su corazón y confesar con su boca para ser salvo (Romanos 10:10). Cada hombre tiene una medida de fe (Romanos 12:3). Hay también un don especial de fe que se manifiesta a veces (1 Corintios 12:7-10). La fe es también un fruto del Espíritu (Gálatas 5:22). ¿Es la fe la mejor arma para derrotar al enemigo? Si es así, ¿qué ocurre cuando usted tiene poca fe (Mateo 8:26) y ora, pero su fe es débil y vacilante?

El arma más importante

Al comienzo de la vida de Cristo, cuando los soldados romanos mataron a todos los niños que encontraron en Belén, Satanás intentó matar a Jesús. Los hombres de su ciudad natal, Nazaret, intentaron tirar a Cristo por un precipicio (Lucas 4:29-30). Más adelante, una tormenta sacudió el mar de Galilea cuando Cristo estaba en la barca que comenzó a llenarse de agua; sin embargo nunca se hundió: otro intento de Satanás de matar a Cristo (Marcos 4:37-38). En otra ocasión, los hombres planearon lapidar a Cristo cuando proclamó ser el Hijo de Dios, pero nuevamente escapó (Juan 10:31-39). Durante los cuarenta y dos meses del ministerio de Cristo, podemos ver la mano invisible del enemigo guiando los sutiles ataques contra Cristo. En una ocasión, en el huerto de Getsemaní, Satanás mismo estaba presente, pero no tuvo ninguna influencia o control sobre la situación. Lea el relato en estas tres traducciones:

> Ya no hablaré más con ustedes, porque viene el príncipe de este mundo. Él no tiene ningún dominio sobre mí.
> —JUAN 14:30, NVI

> No hablaré ya mucho con vosotros; porque viene el príncipe de este mundo, y él nada tiene en mí.
> —JUAN 14:30, RV60

> No me queda mucho tiempo para hablar con ustedes, porque se acerca el que gobierna este mundo. Él no tiene ningún poder sobre mí.
> —JUAN 14:30, NTV

Cristo estaba identificando a Satanás como el príncipe de este mundo (2 Corintios 4:4). La Biblia dice que, en el huerto, Cristo sufrió una agonía, y "su sudor caía al suelo como grandes gotas de sangre" (Lucas 22:44). El estrés y la presión sobre Cristo eran casi insoportables. Los pecados del mundo estaban siendo depositados sobre Él en el huerto (2 Corintios 5:21), y el inocente Cordero de Dios estaba sintiendo la carga de todo el mundo sobre Él. Antes de estas tres horas en el huerto, Cristo quiso que sus discípulos supieran que se acercaba el enemigo, pero lo que estaban a punto de ver no era a Satanás atacándole. Era el plan de Dios, no Satanás. El adversario llegaba, pero no tenía nada que ver con Cristo, nada en Él, y ningún poder sobre Él. Ese era un momento en el que Satanás no tuvo poder sobre Cristo, porque el pecado depositado sobre Cristo no era suyo, sino los pecados de otros puestos sobre Él.

No había algún pecado al que el enemigo pudiera aferrarse para darle acceso a Cristo. La verdad es, que cuando practicamos cualquier forma de pecado ya sea público o encubierto, o alguna desobediencia contra la Palabra de Dios, el pecado espera a la puerta (Génesis 4:7). El pecado se convierte en el pomo de la puerta, al cual el enemigo puede aferrarse. Si continuamos en pecado con un espíritu no arrepentido, entonces el enemigo tiene algo a lo que aferrarse.

LIMPIE su CASA y la de su FAMILIA

Cuando Cristo sanó a un hombre, después vio a esa persona e hizo una declaración poco común:

> Después de esto Jesús lo encontró en el templo y le dijo: Mira, ya has quedado sano. No vuelvas a pecar, no sea que te ocurra algo.
> —Juan 5:14, NVI

Santiago nos enseña que cuando los ancianos de una iglesia oran por el enfermo, deben ungirle con aceite en el nombre del Señor, y la oración de fe salvará al enfermo y Dios le levantará. También añade: "y si hubiere cometido pecados, le serán perdonados" (Santiago 5:14-16). En el ministerio de Cristo, Él continuamente conectó el perdón de pecados con la sanidad (Mateo 9:2-6). La caída de Adán en el huerto produjo pecado y enfermedad, y Cristo vino para derrotar al pecado y traer sanidad a la humanidad. Por eso leemos: "Y por cuya herida fuisteis sanados" (1 Pedro 2:24).

Un ejemplo extremo

Hace años, en la iglesia que pastoreaba mi padre en aquel entonces, él estaba dirigiendo una reunión de negocios por la tarde, cuando de repente oyó una voz interrumpiéndole, que gritaba: "¡Sal de él, diablo!". Se quedó atónito al ver a una mujer en la iglesia reprendiéndole públicamente.

Papá respondió: "Hermana, no sé lo que está haciendo, pero este hombre dejó de mentir a los 17 años cuando Cristo le salvó".

La señora continuó desvariando y finalmente se fue tras llamar a mi papá mentiroso. A la mañana siguiente cuando ella se levantó, no podía hablar. Pensando que era laringitis, no hizo nada y siguió con su día. Imagínese su conmoción treinta días más tarde, ¡cuando aún era incapaz de hablar!

El extraño suceso siguió el segundo mes. Papá recordó el versículo de cuando Zacarías dudó del mensaje del ángel de que su esposa estaba embarazada y se quedó mudo, incapaz de hablar, durante nueve meses debido a su incredulidad (Lucas 1:20). Esa mujer en la iglesia de papá había ofendido al Espíritu Santo y estaba bajo un juicio divino. Incluso los doctores no podían explicar ni tratar su condición. Un especialista quiso cobrarle dieciséis mil dólares para examinarla a fin de descubrir la causa. Ella continuó viniendo a la iglesia en esa penosa condición.

Me encontraba predicando avivamiento en la iglesia de papá cuando el Espíritu Santo le habló a papá y le dijo: "Sus hijos la necesitan, y si oras por ella esta noche, la sanaré y restauraré su voz. Ella nunca se arrepentirá ante ti, pero la sanaré porque sus hijos me están pidiendo que ayude a su madre". Papá la llamó durante la canción del coro y le pidió a mamá que pasara al frente con ella. Le dijo lo que le había dicho el Señor, y le pidió a mamá que la perdonara, cosa que mamá hizo. A la mañana siguiente estaba completamente sana. Sin embargo, en vez de humillarse se llenó de arrogancia, y como resultado, tanto ella como su familia comenzaron a sufrir, y más tarde murió en un terrible accidente de tráfico.

Este es un ejemplo perfecto de lo que quieren decir las palabras de Juan 5:14: "Mira, ya has quedado sano. No vuelvas a pecar, no sea que te ocurra algo peor" (NVI). Caminar en obediencia es el arma más poderosa que tenemos en nuestro arsenal espiritual diario. Ninguna bendición de ningún tipo será liberada en nuestras vidas sin fe. Puede que digamos que tenemos fe, pero la fe sin obras (obediencia) es muerta (Santiago 2:20).

El triple proceso

Como todas las personas somos espíritu, alma y cuerpo, los ataques del enemigo se manifestarán contra nuestro espíritu, alma y cuerpo. Dios ha provisto una acción espiritual que impactará cada área de nuestro templo tripartito.

1. Arrepiéntase y acuda a Cristo.

Al igual que Satanás no tenía nada de qué acusar a Cristo en el huerto, así el arrepentimiento le cierra la puerta al acceso que el enemigo tiene en nuestro espíritu. Arrepentirse no significa sólo

LIMPIE su CASA y la de su FAMILIA

lamentarse o apenarse por sus acciones, sino también dar un giro y cambiar su mente en cuanto a su destino. A menudo en la iglesia, las personas llegan al altar, se arrepienten de sus pecados, hacen una oración y después salen de la iglesia sólo para seguir viviendo como antes. Tenemos que enseñar a las personas no sólo a pedir perdón, sino a planificar un nuevo estilo de vida, nuevos amigos, y un viaje emocionante libre de pecados y ataduras del pasado.

2. Renueve su mente de la corrupción del mundo.

Las Escrituras nos enseñan que debemos renovarnos "en el espíritu de nuestra mente" (Efesios 4:23). *Renovarse* significa "reformar o renovar". W. E. Vine comenta lo siguiente acerca de Efesios 4:23:

> La renovación aquí mencionada no es la de la mente misma en su poder natural de memoria, juicio o percepción, sino "el espíritu de la mente", el cual bajo el poder controlador del Espíritu Santo en nosotros dirige su inclinación y energías hacia Dios en el disfrute de la comunión con el Padre y con su Hijo Jesucristo, y del cumplimiento de la voluntad de Dios.[1]

3. Resista al enemigo, y huirá.

Santiago también escribió: "Someteos, pues, a Dios; resistid al diablo, y huirá de vosotros" (Santiago 4:7). La palabra *resistir* se usa nueve veces en el Nuevo Testamento en la versión inglesa King James. La palabra significa "hacer frente y oponerse". En el ámbito natural, el sistema inmunológico humano está diseñado para luchar contra los gérmenes y virus que podrían debilitar el cuerpo. Cuando el sistema inmunológico se debilita, el cuerpo es más susceptible a las enfermedades. El sistema inmunológico actúa en la sangre y a través de ella.

Hay hombres que crían reptiles peligrosos y mortales, incluyendo serpientes. Algunos han sido mordidos tantas veces que su sangre ha desarrollado inmunidad al veneno. Cuando los pecados del mundo se pusieron sobre Cristo, Él experimentó un mordisco de la serpiente. Sin embargo, la sangre preciosa de Cristo se inmunizó contra el poder del pecado, y cuando recibimos su sangre a través de la fe y la redención, el pecado ya no tiene dominio en nuestro cuerpo y nuestro espíritu.

En los siguientes versículos, Juan nos dice que un creyente no practicará un estilo de vida de pecado si la semilla (Palabra) de Dios mora en su corazón. Cada creyente debe "mantenerse", lo cual significa "guardar, estar vigilante para impedir una pérdida". La frase conlleva la imagen de guardar un tesoro muy caro para impedir que un ladrón entre y lo robe. Es nuestra responsabilidad mantener las cosas en orden para impedir que el maligno consiga el acceso.

> Sabemos que todo aquel que ha nacido de Dios, no practica el pecado, pues Aquel que fue engendrado por Dios le guarda, y el maligno no le toca.
> —1 Juan 5:18

> Sabemos que los hijos de Dios no se caracterizan por practicar el pecado, porque el Hijo de Dios los mantiene protegidos, y el maligno no puede tocarlos.
> —1 Juan 5:18, NTV

En esta primera parte de este capítulo hemos descubierto el poder de la Palabra de Dios para ayudarnos a evitar que el enemigo entre en nuestro espíritu y nuestra casa. Hay otra herramienta poderosa que podemos usar: el poder de la adoración y la alabanza.

Usar la música para cambiar la atmósfera de su casa

De niños, si alguien nos insultaban verbalmente, decíamos: "Los palos y las piedras me hacen daño, pero las palabras nunca me dañarán". Ahora que soy mayor, he entendido que cuando alguno venía con esa cancioncita, ¡o bien no podía oír o no tenía amigos ni contacto con la gente! En realidad, una de las armas más poderosas del mundo es el arma de las palabras. Salomón dijo: "La muerte y la vida están en poder de la lengua, y el que la ama comerá de sus frutos" (Proverbios 18:21). Las guerras comienzan con palabras, y los tratados de paz se inician con palabras. Los matrimonios se pactan por medio de votos verbales, y los divorcios ocurren debido

LIMPIE su **CASA** y la de su **FAMILIA**

a palabras negativas y riñas. Las palabras crean la atmósfera que le rodea.

Hace años, estaba ministrando en una iglesia donde no conocía para nada a la congregación ni las dificultades internas que estaban viviendo. Sin embargo, cuando me acerqué a la plataforma, pude sentir en mi espíritu una atmósfera muy tensa. Mientras ministraba, comencé a tratar el tema de las peleas y la falta de perdón. Observé que varias personas no podían mirarme a los ojos cuando yo les miraba. Cuanto más predicaba, más se tensaba el ambiente. Al terminar el servicio, el pastor me informó de que todo lo que dije fue muy apropiado, y me contó que varias personas habían iniciado una rebelión contra su ministerio, y la iglesia estaba a punto de sufrir una división. Yo sabía por la atmósfera que algo no andaba bien; ¡las palabras habían formado espiritualmente una oscura nube sobre la congregación!

Lo mismo ocurre con su casa. La tensión se forma cuando se liberan palabras negativas de ira. El salmista enseñó que las palabras amargas son como flechas lanzadas con un arco. No hay mayor bendición que una casa donde impera la paz de Dios y los que se acuestan pueden tener dulces sueños (Proverbios 3:24). Uno de los halagos que continuamente recibe mi esposa de amigos que vienen a dormir a nuestro cuarto de invitados es: "Dormimos muy bien; hay una paz muy grande en esta casa". Cristo enseñó que cuando los creyentes se quedaran en casas de otros creyentes, debían pedir que la paz de Dios descansara sobre ese hogar (Lucas 10:5-6).

Noches en vela en la carretera

He viajado sin parar desde que tenía dieciocho años de edad. Al principio de mi ministerio, las iglesias que visitaba eran principalmente pequeñas congregaciones rurales. Me quedaba en la casa del pastor durante toda mi estancia. A medida que creció mi ministerio y comencé a recibir invitaciones para ministrar en iglesias mayores, el pastor por lo general me conseguía una habitación de hotel

Desaloje al enemigo de su casa

para asegurar que tuviera privacidad. Mi esposa y yo hemos sido bendecidos al quedarnos en algunas instalaciones muy bellas, otras moderadas y, en ocasiones, algunas en las que nos quedábamos despiertos preguntándonos si seguirían las ruedas en el auto a la mañana siguiente.

Al principio nos invitó a predicar un amigo nuestro que estaba comenzando una nueva iglesia en Tampa, Florida. El sueldo en esos días era bajo, con lo que nos dieron una habitación de hotel en la calle principal. Cada noche nuestro hijo pequeño se despertaba a las 12:30 en punto, gritando como si alguien estuviera haciéndole daño. Yo me despertaba cada hora, y había una atmósfera de intranquilidad en todo el área. Vimos un gran avance espiritual entre las personas, pero me alegré cuando nos fuimos de esa área en concreto por la atmósfera tan depresiva que había. Aunque fue una experiencia rara, había un par de ciudades que tenían algún tipo de atmósfera negativa que hacía difícil para mi esposa y para mí conciliar el sueño. En alguna ocasión tuve sueños muy extraños durante toda la noche. Al despertarme, le preguntaba a mi mujer: "¿De dónde viene todo esto? No tengo nada de esto en mi mente, y sin embargo tengo pesadillas y sueños muy raros".

Quería saber si podía hacer algo para cambiar la atmósfera en la que nos encontrábamos. Escuché hablar de un músico y cantante gospel muy conocido que seguía la misma rutina cuando se quedaba en hoteles por todo el mundo. Llevaba consigo cintas de música de alabanza, y cuando llegaba, al deshacer sus maletas, ponía la música de alabanza y subía el volumen, y luego salía a comer o a cenar. La música de alabanza y adoración llenaba la habitación mientras él estaba fuera. Él lo llamaba *limpiar la atmósfera*. Tras oír eso, decidí imitar su idea. Llevaba conmigo cintas de casete de música de alabanza y adoración y mensajes con unción de varios ministros, y las ponía desde que me despertaba hasta la hora de la reunión todas las noches. La música y los mensajes literalmente cambiaban la atmósfera del lugar en el que nos quedábamos.

Recuerde que las Escrituras nos enseñan que la música de David

LIMPIE su **CASA** y la de su **FAMILIA**

(tocando el arpa) llevaba alivio y paz a un rey atormentado (1 Samuel 16:23). Si la música tenía ese efecto en la vida y ministerio de David, ¿por qué no iba a tener el mismo efecto hoy día?

Una revelación de música

Durante esa época comencé un estudio bíblico para definir el poder de la música. La primera canción me guió al momento en el que Dios creó el mundo. Job recibió una serie de preguntas:

> ¿Dónde estabas tú cuando yo fundaba la tierra?
> Házmelo saber, si tienes inteligencia.
> ¿Quién ordenó sus medidas, si lo sabes?
> ¿O quién extendió sobre ella cordel?
> ¿Sobre qué están fundadas sus bases?
> ¿O quién puso su piedra angular,
> Cuando alababan todas las estrellas del alba,
> Y se regocijaban todos los hijos de Dios?
> —JOB 38:4-7

En hebreo, la palabra *alba* en la frase las *estrellas del alba* es *boker* y hace alusión al *amanecer*, y por lo general, a la mañana. Esto podría estar conectado al nombre Lucifer, el cual encontramos en Isaías 14:12, un nombre para hacer referencia a Satanás. Lucifer es llamado el "hijo de la mañana" (Isaías 14:12). La palabra hebrea *Lucifer es heylel*, que significa "brillar, alarde o alabanza". Muchos eruditos creen que comparando Isaías 14:12 con Ezequiel 28:13-16, descubrimos que Satanás podría haber sido un líder de alabanza en el cielo antes de ser expulsado. Ezequiel describe a este querubín grande como un ser creado con *tamboriles y flautas*, todas las formas de instrumentos o sonidos musicales.

El poder de la música se puede ver cuando oímos una vieja canción. A menudo, cuando he estado viendo un programa o escuchando la radio, de repente oigo una vieja canción y al instante puedo recordar dónde estaba cuando sonó esa canción hace más de treinta años. Ciertas canciones evocan preciosos recuerdos. Mi esposa y yo tenemos una canción especial que es nuestra canción, ¡y cuando la oímos, inmediatamente pensamos el uno en el otro!

El efecto de la música sobre las emociones

Se han realizado muchas pruebas que corroboran los efectos físicos, mentales e incluso espirituales de la música. Según el instituto HeartMath, 144 individuos realizaron un perfil psicológico antes y después de quince minutos de música. Los cuatro tipos de música probados fueron rock duro, música clásica, Nueva Era y de diseño.

Cada grupo experimentó unas respuestas emocionales únicas y específicas a la música que oyeron. Los que escucharon música rock mostraron un aumento significativo de hostilidad, tristeza, tensión y fatiga. Los que escucharon la música de diseño parecían estar relajados y experimentaron claridad y vigor mental. El grupo que escuchó la música de la Nueva Era tenía una mezcla de emociones, incluyendo algún aumento de la relajación junto a una reducción de la claridad y el vigor mental. Los que escucharon música clásica experimentaron una reducción de la tensión y el vigor. El estudio presentó una base para el uso de la música para reducir el estrés, la fatiga y el afecto negativo, y para mejorar el bienestar emocional y la claridad mental.[2]

Los efectos de la música sobre la memoria

Sara Kirkweg, con el Departamento de Psicología en Missouri Western, ha llevado a cabo un estudio que indica que la música estimula ciertas partes del cerebro. Se demostró que la música mejora la memoria en pacientes con Alzheimer y demencia. Hay tres tipos básicos de memoria: memoria sensorial, memoria a corto plazo y memoria a largo plazo. Kirkweg y otros han llegado a la conclusión de que la memoria a corto plazo puede retener siete bits de memoria. (Los bits son unidades de información como números, frases o palabras).[3] Extrañamente, hay siete notas principales en un teclado, desde el DO hasta el SI.

La gente sabe desde hace mucho tiempo que la música puede despertar poderosos recuerdos, pero un estudio reciente de la exploración del cerebro ha descubierto que parte del cerebro provoca esos recuerdos. "Parece que lo que ocurre es que una pieza de música familiar trabaja como una banda sonora de una película mental que empieza a rodarse en nuestra cabeza", dijo Petr Janata, un neurocientífico cognitivo de la Universidad de California-Davis. "Recupera recuerdos de una persona y lugar en particular, y usted podría de repente ver el rostro de esa persona en el ojo de su mente". Según Janata: "Esta última investigación podría explicar por qué incluso los pacientes de Alzheimer que sufren una pérdida de memoria cada vez mayor aún pueden recordar canciones de su pasado lejano". Janata tiene la esperanza de que tanto sus estudios como otros que se están realizando puedan fomentar prácticas tales como darles iPods a pacientes de Alzheimer, proveyendo posiblemente testamento de la vida real del poder de la música. "No va a invertir la enfermedad", dijo Janata, "pero si puede mejorar la calidad de vida, ¿por qué no?"[4]

El efecto de la música en las plantas

Se han llevado a cabo estudios para descubrir los efectos de la música sobre las plantas. El Dr. T. C. N. Singh, del Departamento de Botánica de la Universidad Annamalai en India, descubrió que la música puede afectar al crecimiento y desarrollo de las plantas. Ya en los años cincuenta, Singh descubrió que el protoplasma de una planta se movía más rápidamente en la célula como resultado del sonido que producía un diapasón eléctrico. Llegó a la conclusión de que el sonido debía de tener algún efecto sobre las actividades metabólicas de la célula de la planta.

"El Dr. Singh comenzó una serie de experimentos sobre un gran número de especies, tales como el áster común, la petunia, el cosmos y los lirios araña blanca, junto con plantas comestibles como el sésamo, el rábano y el boniato". Durante varias semanas, justo antes del amanecer, les ponía música durante media hora, a un volumen fuerte, con frecuencias entre cien y seiscientos ciclos por segundo. Como resultado de su investigación, "pudo afirmar que había demostrado, sin lugar a dudas, que... las ondas sonoras afectan al crecimiento, floración, desarrollo del fruto y la producción de semillas de las plantas".[5]

El efecto de la música sobre el cuerpo físico

Todo el cuerpo está unido a electroimpulsos. Los oídos recogen ondas sonoras en el aire y las convierten en impulsos eléctricos. Los impulsos suben por el sistema nervioso hasta las neuronas a través de la electricidad. El cerebro produce ondas electromagnéticas (ondas cerebrales), las cuales se pueden medir con cierto equipo médico electrónico. Incluso el corazón humano responde a los impulsos eléctricos, como quedó demostrado con el uso del marcapasos.

El ritmo en la música también puede afectar al cerebro y al cuerpo. Marie Louise Oosthysen de Gutierrez, una investigadora cerebral educativa de la ciudad de México, ha documentado algunas investigaciones sorprendentes realizadas por el biólogo biofísico y molecular ruso Pjotr Garjajev y sus colegas que han explorado el comportamiento vibratorio del ADN. Su investigación sugiere que el "ADN es una estructura resonante que posee los patrones lingüísticos del lenguaje y las frecuencias vibratorias que responden a las ondas de luz y radio. ¡El lenguaje y la música están en nuestros genes!". Estos investigadores pudieron determinar que "la música activa múltiples regiones cerebrales, razón por la cual tiene un impacto tan global en nosotros: memoria, respuesta inmune, respuesta al estrés y nuestras emociones". En base a su investigación de Garjajev y sus colegas, así como su propia investigación, Gutierrez llega a la conclusión de que: "La música tiene una amplia influencia sobre nosotros (y otros animales e incluso plantas), calmando y reduciendo las hormonas del estrés, ¡estimulándonos en todos los niveles desde la excitación hasta la euforia!". Ella cree que el poder de la música debería ser parte del temario de cada escuela para ayudar con las "matemáticas, lenguaje y habilidades de lectura. La música debería usarse de forma más extensa en el entrenamiento deportivo, ya que mejora la capacidad del cerebro para conceptualizar el espacio y también enseña el ritmo

LIMPIE su **CASA** y la de su **FAMILIA**

y la ejecución fluida del movimiento (desde gimnasia hasta control de balón en futbol)".[6]

Si no cree que la música puede crear un estado de ánimo, pruebe a tocar: "Sueño con unas Navidades blancas" en mitad del verano. O intente tocar "Jingle Bells" en un funeral. ¿Y qué tal "Jesús me ama" en lugar del himno nacional en la Super Bowl? ¿Y cómo sería tocar "The Star-Spangled Banner" en el funeral de Saddam Hussein mientras sus familiares permanecen con sus manos sobre sus corazones? Quizá "La marcha nupcial" sería algo apropiado mientras el director de la funeraria cierra el ataúd. Las canciones encajan en ciertas ocasiones porque fueron escritas para esa ocasión y porque crean un estado de ánimo y recuerdos.

Decir o cantar la Palabra

Cuando una persona entrena su voz o toma clases de oratoria, los maestros continuamente recuerdan a los estudiantes que canten y hablen con el diafragma, porque así les quitarán presión a las cuerdas vocales. Don Channel, compositor, cantante y músico, una vez me demostró la diferencia entre *cantar* y *decir* la Palabra de Dios. Coloque sus cuatro dedos ligeramente sobre el diafragma, y simplemente diga en voz alta tres o cuatro veces: "Aleluya". Apenas puede sentir el movimiento del diafragma. Ahora cante la palabra "Aleluya" en voz alta y mantenga el sonido durante unos cinco segundos. Es posible sentir el movimiento del diafragma cuando canta, mucho más que cuando simplemente habla.

¿Por qué es esto interesante? Cuando Jesús estaba desvelando la revelación sobre adorar a Dios en espíritu y verdad, estaba sentado en un pozo con una mujer de Samaria (Juan 4:6-24). Los pozos en el tiempo de Cristo eran cisternas subterráneas que o bien contenían agua corriente o, en muchas ocasiones, agua de lluvia estancada. Cada pozo tenía una gran piedra a modo de cubierta que había que retirar cada vez que alguien introducía su cubo en el pozo para sacar agua. La tapadera aseguraba que el agua no se contaminara con las impurezas externas.

Más adelante, en el templo, durante la fiesta de los Tabernáculos, los sacerdotes llevaban a cabo la ceremonia de la extracción del agua. Al amanecer, el sumo sacerdote descendía desde la puerta del agua de Jerusalén al estanque de Siloé y sacaba agua con un cuenco de oro del agua (viva) que fluía. Un equipo de sacerdotes le seguía, tocando flautas, címbalos, arpas, liras y campanas. Los ancianos y miembros del Sanedrín bailaban y portaban antorchas. Después de que el sacerdote llegaba a la gran asamblea de gente en el templo, derramaba agua sobre el altar de bronce y proclamaba: "Sacaréis con gozo aguas de las fuentes de la salvación" (Isaías 12:3).[7]

Fue en este entorno de la ceremonia del agua viva, el último día de la fiesta, cuando Jesús hizo esta gran profecía:

> En el último y gran día de la fiesta, Jesús se puso en pie y alzó la voz, diciendo: Si alguno tiene sed, venga a mí y beba. El que cree en mí, como dice la Escritura, de su interior correrán ríos de agua viva. Esto dijo del Espíritu que habían de recibir los que creyesen en él; pues aún no había venido el Espíritu Santo, porque Jesús no había sido aún glorificado.
> —Juan 7:37-39

Jesús dijo que de nuestro interior, o de lo más hondo de nuestro ser, saldría este agua viva del Espíritu Santo. Es interesante que Cristo dijo que el río comienza en su "interior" (v. 38). El hombre es un ser tripartito, compuesto por cuerpo, alma y espíritu (1 Tesalonicenses 5:23). Toda bendición espiritual comienza con el espíritu humano. Salomón escribió: "Lámpara de Jehová es el espíritu del hombre, la cual escudriña lo más profundo del corazón" (Proverbios 20:27). El corazón físico es el centro del cuerpo humano, y el interior es el centro del espíritu humano. Sentimos muchas emociones profundamente en nuestro interior. Cuando tenemos miedo, pena o enojo, podemos sentir un movimiento en nuestro estómago. Esto se debe a que el centro de emociones del espíritu humano está localizado en esta área.

LIMPIE su CASA y la de su FAMILIA

Don Channel dijo que el diafragma es similar a la piedra que cubría el pozo de agua. Cuando cantamos alabanzas a Dios, abre la cobertura (el diafragma), permitiendo que un fluir del Espíritu Santo se mueva a través de nosotros, liberando así una atmósfera llena de fe a nuestro alrededor.

Cantar tiene una dimensión propia. Cualquiera puede abrir su boca y dar la apariencia de estar alabando a Dios, pero el corazón de esa persona puede que no esté conectado con lo que está diciendo con la boca. Este era el problema de los fariseos hipócritas de los tiempos de Cristo. Cristo dijo: "Este pueblo de labios me honra; mas su corazón está lejos de mí" (Mateo 15:8). Su alabanza procedía de su cabeza y no de su espíritu.

Una persona puede sentarse en una atmósfera seca en un servicio de adoración seco y decir: "Gloria al Señor", y no sentir absolutamente nada. Sin embargo, si esa misma persona se levanta y canta una canción de alabanza, algo comienza a ocurrir; la tapadera del pozo es retirada, y el agua viva comienza a fluir. No quiero decir con esto que cuando oramos o adoramos sin cantar no estemos experimentando el mismo nivel de la presencia de Dios. La oración es otra dimensión. Sin embargo, es interesante destacar que en las sinagogas judías cuando se leen las Escrituras, realmente un cantor las canta de manera rítmica. Las oraciones a menudo se hacen en un gemido bajo, con un tipo de fluir rítmico. En el judaísmo, el canto interior es importante en la oración y la adoración.

Pablo reveló la importancia de la música y de cantar, y cómo ayuda a estimular al Espíritu Santo en nosotros:

> No se emborrachen con vino, porque eso les arruinará la vida. En cambio, sean llenos del Espíritu Santo cantando salmos e himnos y canciones espirituales entre ustedes, y haciendo música al Señor en el corazón.
> —Efesios 5:18–19, NTV

Cuando cantamos para nosotros y para el Señor, el pozo de nuestro espíritu se abre, y permite que la presencia del Señor se mueva en nosotros, sobre nosotros y a nuestro alrededor.

El poder de la trompeta

El adversario es muy consciente del poder de los instrumentos musicales en la adoración. Satanás fue creado en un principio como un querubín grande, un ángel especial asignado para guardar la presencia del Señor. El querubín protegía las puertas del huerto del Edén (Génesis 3:24), y dos querubines de oro reposaban sobre el propiciatorio del arca del pacto (Éxodo 25:18-20). Ezequiel vio querubines llevando el trono de Dios en el capítulo 1 de Ezequiel.

Ezequiel reveló mucha información sobre la historia previa a la caída de Satanás y cuál era su tarea en el cielo:

> Hijo de hombre, levanta endechas sobre el rey de Tiro, y dile: Así ha dicho Jehová el Señor: Tú eras el sello de la perfección, lleno de sabiduría, y acabado de hermosura.
>
> En Edén, en el huerto de Dios estuviste; de toda piedra preciosa era tu vestidura; de cornerina, topacio, jaspe, crisólito, berilo y ónice; de zafiro, carbunclo, esmeralda y oro; los primores de tus tamboriles y flautas estuvieron preparados para ti en el día de tu creación.
>
> Tú, querubín grande, protector, yo te puse en el santo monte de Dios, allí estuviste; en medio de las piedras de fuego te paseabas.
>
> Perfecto eras en todos tus caminos desde el día que fuiste creado, hasta que se halló en ti maldad.
>
> A causa de la multitud de tus contrataciones fuiste lleno de iniquidad, y pecaste; por lo que yo te eché del monte de Dios, y te arrojé de entre las piedras del fuego, oh querubín protector.
>
> —Ezequiel 28:12-16

La descripción dada a este querubín grande comienza con la descripción de nueve piedras preciosas que formaban su cobertura.

LIMPIE su CASA y la de su FAMILIA

Estas nueve piedras también se encuentran en la coraza del sumo sacerdote del Antiguo Testamento, cuya coraza de oro tenía doce piedras para identificar a las doce tribus de Israel.

El profeta describe entonces cómo el querubín había sido creado con tamboriles y flautas, e Isaías añadió que Lucifer tenía arpas como parte de su don musical (Isaías 14:11). Me gustaría sugerir que este ángel fue creado para dirigir la alabanza y adoración de las huestes celestiales ante el trono de Dios antes de la creación del hombre.

Los músicos saben que los instrumentos musicales están divididos en cuatro categorías diferentes:

1. Instrumentos de viento
2. Instrumentos de cuerda
3. Instrumentos de percusión
4. Instrumentos de metal

Los instrumentos de viento se tocan con la boca, los instrumentos de cuerda se tocan con los dedos y los instrumentos de percusión se tocan golpeándolos con las manos.

Este querubín grande tenía tres de los cuatro grupos musicales principales creados dentro de él. Las flautas se asocian a los instrumentos de viento, las arpas a los de cuerda y los tamboriles a los de percusión. Hace años, mi amigo Phil Driscoll señaló que había un grupo de instrumentos que nunca se le había dado a Lucifer, y eran los metales o cuernos.

En el Antiguo Testamento había trompetas de plata preparadas para llamar a la asamblea al campamento o a viajar (Números 10:1-2). Sin embargo, las trompetas más comunes eran las trompetas naturales hechas con los cuernos de los animales, llamados *shofar* en hebreo. Estos consistían en los cuernos de un carnero, que son los cuernos pequeños circulares de un carnero y los cuernos más grandes del antílope. Como señaló Driscoll, Dios nunca le dio a Lucifer el cuerno como uno de sus instrumentos, ¡ya que Dios reservó la voz del cuerno para Él mismo!

Desaloje al enemigo de su casa

Por ejemplo, en el Antiguo Testamento, cuando se oía la voz de Dios, a menudo los que la oyeron la comparaban con el sonido de una trompeta (Éxodo 19:16). En el regreso de Cristo, Él volverá "con voz de mando, con voz de arcángel, y con trompeta de Dios". (1 Tesalonicenses 4:16). El apóstol Juan estaba en la isla de Patmos cuando recibió su visión apocalíptica. Él escribe:

> Después de esto miré, y he aquí una puerta abierta en el cielo; y la primera voz que oí, como de trompeta, hablando conmigo, dijo: Sube acá, y yo te mostraré las cosas que sucederán después de estas.
> —Apocalipsis 4:1

Para Juan, la voz era como una trompeta, y a la vez era la voz de un ser celestial hablándole. Cuando Dios creó a Lucifer, le limitó en varias áreas. Este ángel, según Ezequiel 28, tenía nueve piedras que le cubrían. Sin embargo, doce piedras preciosas cubrían la coraza del sumo sacerdote, queriendo decir que Lucifer estaba tres piedras por debajo de la capacidad total. Fue creado con tres instrumentos principales, pero Dios reservó la trompeta para Él mismo. Esto tiene la intención de que cuando suene la trompeta, todos reconozcamos el sonido celestial, ¡el cual el enemigo no puede ni duplicar ni imitar!

Alabar le puede hacer la pascua

Es difícil, si no imposible, dormir bien toda una noche después de haber sido golpeado y metido en una prisión con camas de madera. Cuando Pablo y Silas fueron arrestados y golpeados por predicar el evangelio, no podían dormir, así que comenzaron a cantar. Lo que empezó como un dueto rápidamente se convirtió en un *trío*: Dios lo hizo un trío al enviar un terremoto que desató a los prisioneros de sus cadenas y rompió los barrotes que los retenían. El incidente fue tan sobrenatural que el carcelero se convirtió a Cristo, y después, toda su familia recibió el evangelio (Hechos 16:2-34). ¡La música ungida puede romper la fortaleza que rodea a una persona!

Esto es lo que vemos en la vida del rey Saúl, el primer rey de

LIMPIE su CASA y la de su FAMILIA

Israel. Saúl se convirtió en alguien violentamente celoso de David debido a su éxito militar contra Goliat y su nuevo reconocimiento entre el pueblo. Un espíritu maligno comenzó a atormentar a Saúl, y el atormentado rey intentó asesinar a David en varias ocasiones. Sin embargo, David entendió el poder de la música ungida, así que tomando su arpa, tocaba música en presencia del rey. La Biblia dice:

> Y cuando el espíritu malo de parte de Dios venía sobre Saúl, David tomaba el arpa y tocaba con su mano; y Saúl tenía alivio y estaba mejor, y el espíritu malo se apartaba de él.
> —1 Samuel 16:23

Ocurrieron tres cosas cuando David ministró ante Saúl:

1. Saúl fue renovado.
2. Saúl se sintió bien.
3. El espíritu maligno se fue.

Música como las canciones de alabanza y adoración, gospel, instrumental y canciones en CD de cantantes y músicos ungidos no sólo pueden ministrarle, sino que también pueden crear una atmósfera en la que usted puede morar, incluso cuando viaja o está separado de su casa o amigos.

Capítulo 11
ATE DEMONIOS Y DESATE SANTOS

Y a ti te daré las llaves del reino de los cielos; y todo lo que atares en la tierra será atado en los cielos; y todo lo que desatares en la tierra será desatado en los cielos.

| Mateo 16:19 |

¿Qué ocurriría si las escamas que cubren sus ojos espirituales se pudieran quitar y, como en una gran pantalla de cine, pudiera ver la realidad invisible de los ángeles y los demonios? A lo largo de las Escrituras, mensajeros espirituales fueron enviados desde el templo celestial a la esfera terrenal para desvelar revelaciones divinas y revelar avisos e instrucciones a los patriarcas, profetas y sacerdotes. Los mismos versículos indican que espíritus rebeldes opositores (identificados en categorías como demonios, espíritus malignos, espíritus inmundos, espíritus de príncipes y gobernantes de las tinieblas de este mundo) están presentes en la tierra para estorbar, interrumpir e incluso destruir los propósitos de Dios y finalmente las almas de los hombres. Como advirtió Cristo: "El ladrón no viene sino para hurtar y matar y destruir" (Juan 10:10). Estas estrategias para muchos de los grandes conflictos espirituales se originan en la esfera cósmica entre los ángeles de Dios y los ángeles de Satanás.

Conflictos cósmicos–Guerras angélicas

A lo largo del Antiguo Testamento, Dios asignó sus mensajeros personales, ángeles, para ejercer la autoridad espiritual sobre las fuerzas del adversario, incluyendo a Satanás mismo. El libro de Judas indica

LIMPIE su CASA y la de su FAMILIA

que después de la muerte de Moisés, Satanás quiso el cuerpo del hombre de Dios, y el arcángel Miguel fue asignado para descender al monte Nebo y resistir la trama de Satanás. Tras el conflicto, Dios personalmente enterró el cuerpo de Moisés, en mi opinión para impedir que los hijos de Israel descubrieran su cuerpo y edificaran un altar a este gran líder (véase Deuteronomio 34 y Judas 9).

El capítulo 10 de Daniel es el clásico ejemplo de guerras angélicas en la esfera cósmica, o el segundo nivel del cielo. Este capítulo menciona a dos de los ángeles de Dios, Miguel y un ángel sin nombre (muchos creen que era Gabriel) que fue obstaculizado durante tres semanas para llevar el entendimiento de una visión a Daniel (Daniel 10:1-13; 9:21). Dos espíritus malignos de príncipes opositores, identificados como el *príncipe de Persia* (Daniel 10:13) y el *príncipe de Grecia* (v. 20), se enzarzaron con los mensajeros de Dios en una pelea para impedir que el entendimiento espiritual llegara hasta Daniel. Estos dos espíritus malignos, como los ángeles, eran invisibles al ojo humano; sin embargo, eran visibles y tangibles para todos los demás espíritus en el mundo espiritual. En este relato bíblico, estos agentes satánicos estaban obstaculizando una respuesta a una oración frenando al ángel del Señor en el segundo cielo, impidiendo así que Daniel pudiera obtener dicha respuesta (Daniel 10:1). Sólo cuando el arcángel Miguel recibió la comisión, tras veintiún días, de frenar al malvado espíritu que controlaba Persia, le fue revelado a Daniel el significado de una visión de Dios. Observe que Daniel no ejerció autoridad espiritual alguna sobre la situación, sino que fue el arcángel Miguel el que recibió una autoridad especial para resistir y frenar al ángel demoníaco de Persia.

Un tercer ejemplo de conflicto angélico (satánico) fue cuando los judíos regresaron de la cautividad babilónica para reconstruir el templo. Mientras el sumo sacerdote Josué estaba de pie sobre las ruinas del templo para ministrar, un ángel del Señor recibió la orden de estar con él. De repente, Satanás (el adversario) apareció a la derecha de Josué para resistir su ministerio sacerdotal. La razón: las túnicas sacerdotales del sumo sacerdote no estaban limpias, ya que no había habido un sacerdocio activo en Jerusalén durante los setenta años de cautiverio babilónico. Satanás estaba acusando a Josué el sumo sacerdote e iniciando una resistencia para impedir que se volvieran a establecer los servicios sagrados de la casa de Dios. El profeta Zacarías vio un ángel del Señor aparecer cerca de Josué y reprender a Satanás (Zacarías 3:1-5).

Como Satanás es también un ángel (un ángel caído) y Miguel, Gabriel y otros espíritus ministradores en el cielo también son ángeles, los ángeles del Señor no pueden reprender a Satanás usando su propia autoridad. En la esfera del espíritu, sería semejante a dos generales de cinco estrellas en un conflicto, donde uno intenta ejercer toda la autoridad sobre el otro. Si un general recibe órdenes del presidente de los Estados Unidos (que es el comandante en jefe sobre todas las divisiones del ejército de E. U.), la orden del comandante dada a un general desbanca la instrucción previa dada al otro general militar. Ambos generales tienen el mismo nivel de autoridad. Satanás era "el querubín grande" que "estaba en el santo monte de Dios" y caminaba de un lado para otro en medio de "las piedras de fuego" (Ezequiel 28:14). Fue creado con una coraza de nueve piedras preciosas y tenía "tamboriles y flautas", indicando alguna forma de capacidad musical interna que muchos eruditos creen estar ligada a su función de director de adoración de los ángeles en el cielo sobre el santo monte (v. 13). Satanás era una criatura única y de alto nivel; por eso, un arcángel como Miguel tuvo que ejercer la autoridad que Dios mismo le había dado cuando trató con Satanás.

Por eso, cuando un ángel de alto rango del Señor reprendió a Satanás, el ángel del templo dijo: "Jehová te reprenda…" (Zacarías 3:2), y por eso el arcángel Miguel le dijo a Satanás en las llanuras de Moab: "El Señor te reprenda" (Judas 9). En una ocasión, Satanás se levantó para provocar a David a contar a los hombres que vivían en Israel (1 Crónicas 21:1). Sin embargo, en el proceso de iniciación del censo, David desobedeció a Dios, ignorando la Ley de Moisés, la cual decía que el líder tenía que recaudar medio siclo de plata de cada hombre de más de veinte años de edad, que era el "precio de

LIMPIE su **CASA** y la de su **FAMILIA**

la redención" (véase Éxodo 30:11-16). Debido al pecado nacional de David, una plaga de muerte sacudió a Israel, y más de setenta mil hombres murieron en poco tiempo (1 Crónicas 21:14). Para detener al ángel de la muerte, David ascendió al monte Moriah, donde Abraham había ofrecido a Isaac cientos de años antes, y edificó un altar sobre el que colocó una ofrenda de sangre como expiación. En esta ocasión, fue la sangre sobre el altar lo que impidió la destrucción de Jerusalén. David no tenía "autoridad espiritual" sobre la plaga aparte de la dependencia del sacrificio. Durante cuatro mil años los hijos de Adán se apoyaron en ángeles y sacrificios de sangre para frenar y detener el poder del pecado, la muerte y los agentes satánicos asignados para su destrucción. Este proceso permaneció así hasta la revelación del ministerio de Cristo en Israel, cuando el Mesías llegó y demostró su poder sobre todos los poderes del enemigo (Lucas 10:19).

Jesús: el auténtico exorcista

El Nuevo Testamento identifica claramente varios tipos de espíritus activos entre las personas en los días de Cristo. Leemos sobre espíritus inmundos (Marcos 9:25; 1:23), espíritus malos (Lucas 7:21), espíritus de enfermedad (Lucas 13:11) y espíritus engañadores (1 Timoteo 4:1). Estas entidades malignas causan sordera, debilidad en el cuerpo, enfermedades, dolencias, epilepsias y varios estados mentales de tormento (Marcos 5:1-13; 9:25).

En el judaísmo no había ni una sola persona que fuera exorcista: una persona con la capacidad de echar fuera espíritus malignos con autoridad espiritual. Sin embargo, existía la creencia en los espíritus malignos y que se les podía engañar para expulsarles. Un método usado era establecer comunicación con el demonio para descubrir el nombre del espíritu en concreto para *engañarle* y que saliera. Los rabinos de la época de Cristo estaban familiarizados con este método, y puede que esta sea una razón por la que en Marcos 5:9, cuando un hombre con más de mil espíritus malignos es confrontado, Cristo pidió conocer el nombre del jefe de los demonios que controlaba a los otros espíritus dentro del hombre atormentado. Cristo le preguntó al espíritu: "¿Cómo te llamas?". La respuesta fue: "Legión me llamo, porque somos muchos" (v. 9). Una vez que Cristo tomó autoridad sobre el jefe de los demonios que controlaba a los otros espíritus y le ordenó salir del cuerpo de la persona, los otros espíritus menos poderosos que eran parte de esa banda organizada de invasores de cuerpos inmediatamente fueron expulsados del hombre atormentado.

Hace años en Israel, un guía turístico nos explicaba que entre los antiguos rabinos se enseñaba que una de las señales del Mesías sería su capacidad para ejercer control sobre los espíritus que causaban la sordomudez de una persona, ya que una orden para que el espíritu revelara su nombre no funcionaría porque la persona estaba sorda y no podía oír. Por tanto, sólo el Mesías podría ordenar a un espíritu de sordomudez que saliera de una persona. En Mateo 12, Cristo ordena a un espíritu así que salga del cuerpo de la persona (Mateo 12:22). ¡Inmediatamente la persona afligida pudo oír y hablar!

Este milagro impresionó a los testigos oculares, y comenzaron a preguntar: "¿Será éste aquel Hijo de David? (v. 23). El término "Hijo de David" es una frase usada para identificar al Mesías judío como descendiente del rey David. Los que presenciaron el servicio de sanidad se quedaron muy impresionados con el milagro, porque sabían que sólo el Mesías tendría poder para echar fuera el espíritu de una persona que no podía ni tan siquiera oír las palabras que se estaban diciendo; sin embargo, el espíritu maligno oyó y obedeció. Los fariseos religiosos dijeron inmediatamente que Cristo estaba echando fuera demonios por el poder de los demonios y que Él mismo era un diablo (v. 24). Los zelotes religiosos tenían miedo de que las multitudes siguieran a Cristo y le declarasen Mesías. Por ello intentaron amedrentar a los seguidores de Cristo diciendo que se había aliado con Belzebú, príncipe de los demonios.

Este milagro es significativo, porque es la primera vez que vemos en las Escrituras a un hombre (Cristo) que tiene una autoridad total sobre el mundo de los espíritus malignos. Cristo no hizo exorcismo usando especias y raíces antiguas, y no tenía agua santa ni dietas especiales para ayudar a quitar la presencia demoníaca de una persona poseída. ¡Simplemente usó sus PALABRAS! Por eso, un oficial de los principales sacerdotes que había sido enviado para arrestar a Cristo regresó con las manos vacías y declaró: "¡Jamás hombre alguno ha hablado como este hombre! (Juan 7:44-46). Cristo echó fuera espíritu malignos por su palabra y sanó a los enfermos con una simple orden de fe o una corta oración.

Discernir el *verdadero* mal

Al comenzar a tratar el uso del poder y la autoridad espiritual en la vida de un creyente, primero debemos discernir qué es exactamente la *guerra espiritual* y cuál es el resultado de vivir simplemente en una tierra que tiene multitud de inconversos y seres humanos no regenerados. He oído a algunos creyentes bien intencionados decir: "¡El diablo me pinchó una rueda!". Yo les recordé a esas personas que el clavo que atropellaron en la carretera fue el que realmente les provocó el pinchazo.

Alguien dijo una vez: "El diablo me puso una multa por exceso de velocidad mientras iba a la reunión de avivamiento". Lo primero que hemos de recordar es que cuando usted incumple la ley y viaja por encima de la velocidad límite, usted ha abierto la puerta, no al enemigo, sino al policía con el uniforme azul y con luces azules en su auto haciéndole parar y extendiéndole una *multa* por ir tan deprisa.

Una vez me reí cuando un compañero que estaba comiendo tacos con salsa picante, acompañados de una pila de jalapeños cortados, de repente gritó: "Uf, oren por mí, porque el diablo me está dando una mala digestión". No era el momento de reprender al diablo, sino de dejar de incendiar su *templo* con las comidas y salsas más picantes del restaurante.

Hace años, cuando personas ancianas tenían un día difícil y luego venían a la iglesia a *testificar*, anunciaban: "El diablo ha estado encima de mí todo el día, bendito sea su nombre". Yo solía imaginarme un pequeño espíritu maligno con ambos brazos aferrados al cuello de la persona, dando botes en la espalda de ese santo anciano. Luego pensaba: "¿Por qué dejó que el diablo se pasara el día entero ahí subido y no le dijo que se bajara?". No en vano, Jesús dijo: "Vete de mí Satanás" (Lucas 4:8), versículo que la versión en inglés no autorizada Stone traduce como: "Eh, Diablo, apártate de mi camino y déjame en paz; ¡no tengo tiempo para jugar!".

La *verdadera* batalla no son las pequeñas luchas diarias *contra sangre y carne* que solemos tener, como tostadas quemadas, quedarnos sin café, que se nos vaya la batería del auto o un intenso dolor de cabeza. La verdadera batalla es contra el poder satánico de la tentación que afecta a la mente, creando formaciones de imaginación que crean fortalezas espirituales. Está también el aspecto de las luchas emocionales y físicas que obstaculizan al creyente, y a veces, pueden estar generadas por poderes espirituales. Las batallas secretas o los conflictos internos que crean raíces de amargura, rencor, disputa, temor y otras obras de la carne es donde comienza o termina la verdadera batalla. Sin embargo, el adversario puede, a veces, crear una situación o una circunstancia cerca o alrededor de usted para sacarle de su trazado. Está el propósito del "espíritu engañador", del cual Pablo advirtió a Timoteo diciéndole que estaría activo en los últimos tiempos (1 Timoteo 4:1). La palabra griega para "engañador" es *planos*, y puede hacer alusión a un impostor que engaña. *Engañar*, en un sentido espiritual, significa apartar a una persona de la verdad. La razón por la que el engaño funciona es porque las personas a menudo ignoran o rechazan la verdad.

El primer principio de la guerra espiritual: Adquirir el conocimiento correcto

El primer principio de victoria durante la guerra espiritual es tener la información o el conocimiento correcto. Estar informado sobre su enemigo. La siguiente historia ilustra la importancia de estar debidamente informado. Hace años, yo estaba ministrando en Florida bajo una gran tienda con asientos para dos mil personas, con

LIMPIE su **CASA** y la de su **FAMILIA**

lonas como "paredes" colgando de los bordes. Durante el servicio, alguien intentó prender fuego desde fuera quemando una cuerda y parte de las lonas de la tienda. De repente, apareció humo en el fondo, y la esposa del pastor vino corriendo a la plataforma mientras yo predicaba, susurrando en el oído de su marido: "La tienda se está incendiando por fuera…alguien ha intentado quemarnos esta noche". Él simplemente sonrió y se quedó sentado con mucha calma, y el servicio continuó. No le ocurrió nada notable a la tienda, y el servicio terminó después con una gran invitación al altar y la oración de despedida.

Después del servicio, mi esposa y yo estábamos sentados en la oficina del pastor con el pastor y su esposa cuando oí a la esposa del pastor decirle a su marido: "¡No puedo creer que te quedaras ahí sentado cuando dije que la tienda estaba en llamas! ¿Qué habrías hecho si de repente toda la tienda se hubiera incendiado?".

Él comenzó a reírse, lo cual no hizo sino aumentar la tensión, y ella dijo: "¡No es gracioso!". Él contestó: "Cálmate mujer. Esta tienda es totalmente ignífuga, y la ciudad nunca me habría permitido usarla para una reunión pública sin cierto tipo de tejido que fuera resistente al fuego. Ese fueguito no iba a quemar esta tienda, y yo lo sabía. Pero fue divertido ver lo alterada que estabas". En ese momento todos nos reímos mucho. *Ella vio el fuego, ¡pero no tenía el conocimiento!*

La guerra espiritual no se trata tanto de lo que *vemos* como de lo que *sabemos*. Observe estos versículos:

> Porque las armas de nuestra milicia no son carnales, sino poderosas en Dios para la destrucción de fortalezas, derribando argumentos y toda altivez que se levanta contra el conocimiento de Dios, y llevando cautivo todo pensamiento a la obediencia a Cristo, y estando prontos para castigar toda desobediencia, cuando vuestra obediencia sea perfecta.
> —2 Corintios 10:4–6

Prepárese con la armadura correcta

Observe que las fortalezas están para exaltarse a sí mismas contra el *conocimiento de Dios*. Debemos entender que el conocimiento espiritual se convierte en nuestra arma espiritual; pero no sólo cualquier conocimiento. Indica conocimiento que tiene que ver con conocer al enemigo, entender sus estrategias y saber qué armas usar para cada ataque en concreto. Por eso la armadura de Dios tiene diferentes partes (Efesios 6:13-18).

El yelmo de la salvación cubre toda la cabeza, donde está localizada la mente, y nos protege durante los ataques mentales que lanza Satanás, incluyendo los sentimientos de condenación, culpa y temor. Si entendemos que "ninguna condenación hay para los que están en Cristo Jesús, los que no andan conforme a la carne, sino conforme al Espíritu", entonces los ataques que Satanás lanza contra la mente fracasarán (Romanos 8:1).

La coraza de justicia cubre los órganos vitales, incluyendo el corazón, e impide que el mal penetre en el lugar sagrado de nuestro espíritu. Cristo dijo:

> Jesús dijo: ¿También vosotros sois aún sin entendimiento? ¿No entendéis que todo lo que entra en la boca va al vientre, y es echado en la letrina? Pero lo que sale de la boca, del corazón sale; y esto contamina al hombre. Porque del corazón salen los malos pensamientos, los homicidios, los adulterios, las fornicaciones, los hurtos, los falsos testimonios, las blasfemias. Estas cosas son las que contaminan al hombre; pero el comer con las manos sin lavar no contamina al hombre.
>
> —Mateo 15:16–20

Cuando nuestros corazones están desprotegidos, las compuertas de iniquidad están abiertas para que entre todo tipo de tentación.

Nuestra armadura espiritual también incluye el *calzado del evangelio*; a esto se le llama "y calzados los pies con el apresto del evangelio de la paz" (Efesios 6:15). En este versículo, Pablo usa el calzado de un soldado romano para establecer una analogía. En tiempos del

LIMPIE su CASA y la de su FAMILIA

imperio romano, los zapatos de los soldados tenían tacos o clavos en la suela, permitiéndoles a los soldados estar firmes en la batalla y no ser derribados por los golpes del enemigo. Así es como un creyente puede "resistir en el día malo, y habiendo acabado todo, estar firme" (v. 13).

Pablo escribió: "Sobre todo, tomad el escudo de la fe, con que podáis apagar todos los dardos de fuego del maligno" (v. 16). Los soldados romanos tenían dos tipos de escudos. Uno era pequeño y redondo, y estaba sujeto con el cinto que el soldado llevaba en el lomo. Era más bien decorativo y se podía usar en combates cuerpo a cuerpo. La palabra *escudo* aquí en griego es *thureos*, y es una palabra usada para una puerta (o para un escudo con forma de puerta). Este era un escudo grande que cubría gran parte del cuerpo del soldado. Este escudo se podía alinear junto a los escudos de otros soldados, formando un muro de protección. Grandes grupos de soldados a menudo usaban esos escudos para cubrir las cabezas de las tropas cuando se aproximaban a la muralla de una ciudad y el enemigo les lanzaba piedras. Estos escudos, combinados con los cascos que cubrían su cabeza, se parecían a la concha de una tortuga. Así, el escudo de fe es un tipo de fe que se puede usar individualmente o unida a la fe de otros creyentes para hacer frente y soportar las flechas del enemigo.

Pablo habló sobre los "dardos de fuego del maligno" (v. 16). Estos dardos eran flechas con punta de metal que se impregnaban de una sustancia inflamable y se encendían segundos antes de salir del arco del enemigo. Para apagar los dardos cuando se clavaban en los escudos, el soldado romano mojaba la piel que cubría su escudo en agua antes de la batalla y untaba aceite de oliva en el escudo, evitando con ello que la piel se secase y dificultando que una flecha encendida quemara el escudo.

Niveles de pruebas

En la vida de un creyente hay muchos tipos de flechas o *dardos* que envía el enemigo. Estas flechas se pueden clasificar en tres niveles: las pruebas comunes, las pruebas temporales y la hora de la prueba. La Biblia enseña: "No os ha sobrevenido ninguna tentación que no sea humana" (1 Corintios 10:13). Por ejemplo, todos los hombres experimentan alguna forma de tentación. Estar *estresado* ocasionalmente es una *prueba común*. Luchar con el temor ocasionalmente también es algo común para el hombre. Las pruebas comunes vienen y van, y son más fáciles de vencer si usamos nuestro escudo de la fe.

El siguiente nivel es una *prueba temporal*. Después de que Satanás tentase a Jesús durante cuarenta días en el desierto, leemos: "Se apartó [Satanás] de él por un tiempo" (Lucas 4:13). Satanás desafió a Cristo en su deidad, cuestionando si Él era el "Hijo de Dios" (v.3). Más de tres años después, en la crucifixión, vemos el mismo ataque ahora procedente de la gente y de uno de los ladrones de la cruz: "Si eres Hijo de Dios…" (Mateo 27:40).

He descubierto que las pruebas y tentaciones se producen en temporadas. Por ejemplo, un creyente puede ser librado de un hábito, como fumar, y estar meses sin tener ganas de fumar. Después, un día esa persona se levanta y siente un fuerte deseo o *impulso* de volver al hábito. Si la persona entiende que este es un ataque temporal, puede soportar ese tiempo, y poco después terminará la presión. Recuerde que las etapas vienen y van, cambian. Con lo que lucha hoy, habrá desaparecido mañana.

El tercer nivel de prueba y el más difícil es la *hora de la prueba* que se menciona en Apocalipsis 3:10, la cual vendrá sobre toda la tierra. La hora de la prueba es cuando un miembro de la familia o una circunstancia provoca una situación, o se produce un ataque personal dentro de su mente, que prueba su fe y su confianza en la Palabra de Dios. Un ejemplo de esto es cuando Job, el hombre más rico de Oriente, de repente perdió todas sus propiedades, diez hijos y su riqueza (Job capítulos 1-2). Pasó de ser millonario a ser pobre en poco tiempo. Su *hora de la prueba* podría ser la muerte repentina de un hijo, una enfermedad mortal que está acabando con la vida de un compañero, o un accidente de tráfico grave que produzca la

LIMPIE su CASA y la de su FAMILIA

discapacitación física de algún ser querido. En algún momento de nuestras vidas, cada uno de nosotros tendrá su *hora de la prueba*.

Cada nivel de prueba es iniciado con dardos y flechas enviados para atacar la mente y apartar el corazón del Señor. Cuando llegan los problemas, o bien nos acercamos a Dios o nos alejamos de Él. El escudo de la fe debe cubrirnos siempre. Sólo una fe activa puede apagar los dardos de fuego. Al igual que el agua y el aceite eran elementos usados para ablandar la piel seca que cubría el escudo del soldado, el "lavamiento del agua por la palabra" (Efesios 5:26) renueva el espíritu de nuestra mente limpiando nuestro proceso de pensamiento, y el aceite de la unción del Espíritu Santo no sólo rompe el yugo de la esclavitud (Isaías 10:27), sino que la unción también puede levantarse en nuestro interior y apagar el fuego carnal de las flechas mentales que pueden causar incendios con pensamientos de lujuria, egoísmo, enojo u otras obras de la carne.

Pablo escribió que no ignoramos las maquinaciones del enemigo (2 Corintios 2:11). La ignorancia produce tinieblas en la mente e impide el entendimiento. Por eso la oscuridad espiritual es un arma eficaz. Cuando el proceso de pensamiento de los hombres se mancha con la brea del pecado, y la luz de la verdad no puede penetrar en sus pensamientos, los hombres permanecen en su pecado, esclavitud e incredulidad y aceptan su cautiverio como parte de su vida. Una persona nunca cambiará aquello que permite y nunca será libre de los hábitos que acepta. Sólo cuando una persona es confrontada con la luz de la verdad, los rayos del poder liberador de Dios penetrarán en su pensamiento y crearán una reserva de conocimiento que produzca que las puertas de la prisión se abran. El conocimiento es un arma. Al enemigo le cuesta mucho engañar a una persona que conoce la estrategia y entiende cómo combatir el asalto.

Conocer produce paz

Jesús pudo dormir en paz en una barca que estaba siendo sacudida por las olas, moviéndose de un lado a lado por el viento, y siendo golpeada por las olas porque ya había dado una palabra muy clara: "Pasemos al otro lado del lago" (Lucas 8:22). La forma "pasemos" indica la intención de Cristo de que todos en esa barquita llegaran a su destino. Esta *palabra hablada* fue suficiente para que Cristo tuviera paz en medio de una fuerte tormenta. Sin embargo, los discípulos tenían miedo de hundirse y cuestionaron la preocupación de Cristo por ellos. Los ojos de los discípulos estaban en la tormenta, pero los ojos de Cristo estaban en el destino.

Cuando Lázaro se estaba muriendo, Cristo siguió ministrando hasta que su amigo Lázaro murió. Cristo llegó tan tarde que no sólo no pudo despedirse de él, ¡sino que ni siquiera llegó al funeral! ¿Por qué esperó Cristo tanto (cuatro días) para viajar al cementerio y levantar a Lázaro? Según la creencia judía, existía una tradición que decía que el alma de una persona fallecida podía quedarse rondando por los alrededores durante tres días. Sin embargo, al cuarto día, el alma y el espíritu iniciaban su último viaje hacia su morada eterna. Así, al cuarto día, según esta tradición, el alma del fallecido ya no podía resucitar nunca, pues había entrado en su morada eterna permanente. Creo que Cristo esperó hasta el cuarto día para resucitar a Lázaro porque no había manera posible (a ojos de los líderes religiosos judíos) de que se pudiera producir una resurrección.

Las hermanas de Lázaro compartieron su decepción de que Cristo permitiera que Lázaro muriese. En la historia, "Jesús lloró" (Juan 11:35). ¿Por qué lloró cuando sabía que sacaría a Lázaro de la tumba? Creo que lloró por la incredulidad y la crítica que recibió de parte de las dos hermanas de Lázaro, Marta y María, que sabían que Cristo podía resucitar a los muertos pero no creyeron que fuera posible en el caso de Lázaro. Sin embargo, Cristo tenía un conocimiento que los demás no tenían. Marta le dijo a Cristo que sabía que le resucitaría en la resurrección, en el día postrero (v.24). El Señor era la resurrección y la vida, y tenía poder no sólo para resucitar a Lázaro de los muertos, sino que en el futuro también Él mismo resucitaría de la muerte.

Cuando un creyente conoce las promesas que Dios tiene para su vida, esa persona puede vivir con confianza y sin temor, sabiendo

LIMPIE su **CASA** y la de su **FAMILIA**

el resultado futuro. En Hechos 12, Santiago fue decapitado, y Pedro era el siguiente en poner su cuello. Pedro fue arrestado y enviado a una celda oscura en espera de su ejecución después de la Pascua. Sin embargo, leemos que cuando el ángel entró en la prisión de Pedro, éste estaba profundamente dormido. ¿Podría usted dormir sabiendo que sería decapitado al amanecer? La *paz* interior de Pedro estaba basada en una revelación profética que Cristo le dio antes de su ascensión.

El apóstol Juan narra una conversación entre Cristo y Pedro, en la que Cristo le informó a Pedro de que ahora era joven, pero que se haría mayor y necesitaría la ayuda de otros:

> Jesús le dijo [a Pedro]: Apacienta mis ovejas. De cierto, de cierto te digo: Cuando eras más joven, te ceñías, e ibas a donde querías; mas cuando ya seas viejo, extenderás tus manos, y te ceñirá otro, y te llevará a donde no quieras.
>
> —Juan 21:17–18

Cuando Pedro fue encarcelado, aún era bastante joven de edad y totalmente capaz de viajar por sí mismo. Como Pedro había recibido una palabra profética directa sobre su futuro en Cristo, y el Señor predijo que Pedro viviría y se haría *viejo con necesidad de que otros le ayudaran*, esta promesa de larga vida no cabe duda de que causó mucha paz a Pedro cuando se echó a dormir en la prisión. ¡No era el *momento* oportuno para que Pedro dejara esta vida! Esa misma noche, el ángel del Señor entró a la cárcel, desató las cadenas de Pedro y le guió a través de las puertas hacia su libertad. Pedro tenía un conocimiento que sus enemigos no tenían. Los planes de sus enemigos fracasaron, ¡porque Pedro tenía una palabra profética segura que el Salvador mismo le había dado! Incluso en la vida de Cristo, los hombres intentaron quitarle la vida varias veces, pero las Escrituras dicen: "Aún no ha venido mi hora" (Juan 2:4; 7:6; 7:30; 8:20). ¡Es imposible derrotar a un hombre que conoce cuál será su propósito y destino final! En estos casos, las armas del adversario fracasaron porque el conocimiento del futuro era mayor que los planes del enemigo (Hechos 12:1-12).

Como dije previamente, Pablo nos enseñó que no "ignoramos sus maquinaciones [del enemigo]" (2 Corintios 2:11). La palabra griega *maquinaciones* es *noema* y hace alusión a las intenciones o pensamientos más internos de una persona. Podemos entender cómo piensa el adversario leyendo los cuatro mil años de historia bíblica y observando los diferentes tipos de ataques y estrategias que usaron el enemigo y sus secuaces contra hombres y mujeres de la Biblia. Desde los árboles verdes del Edén hasta el desierto de Judea, la serpiente se ha arrastrado a lo largo de los años, poniendo trampas para hacer caer a los justos. Oseas le recordó a Israel: "Mi pueblo fue destruido, porque le faltó conocimiento" (Oseas 4:6). La ignorancia espiritual es la mayor herramienta del reino de las tinieblas. Naciones enteras están atadas por extrañas creencias y raras supersticiones debido a falta de la verdad.

Los poderes del enemigo

Como nuestra lucha es contra numerosos espíritus rebeldes, ¿cómo tratan los creyentes con los espíritus? Hay dos palabras importantes en el Nuevo Testamento que indican dos armas poderosas para tratar con todo el poder del enemigo. Son las palabras *poder y autoridad*. En la traducción en inglés de la Biblia hay una palabra usada tanto para poder como para autoridad, y está traducida como "poder". Sin embargo, en ciertos pasajes en el lenguaje griego, en el que se escribió el Nuevo Testamento, hay dos palabras diferentes que a menudo se traducen con la palabra "poder". En Hechos 10:38 Lucas escribió: "cómo Dios ungió con el Espíritu Santo y con poder a Jesús de Nazaret, y cómo éste anduvo haciendo bienes y sanando a todos los oprimidos por el diablo, porque Dios estaba con él". En Lucas 10:19 Cristo dijo: "He aquí os doy potestad de hollar serpientes y escorpiones, y sobre toda fuerza del enemigo, y nada os dañará". En Hechos 10:38 la palabra *poder* es la palabra griega *dunamis*, que hace alusión a un poder milagroso. En el Evangelio de Lucas la palabra *potestad* es la palabra griega *exousía* y hace alusión a tener una autoridad judicial.

La diferencia entre autoridad y poder

Lo siguiente ilustra la diferencia entre *poder* y *autoridad*. Un camionero llega a una parada de camiones, y el conductor de este vehículo tan largo sale de la cabina, cuando de repente cuatro hombres corpulentos ocultos tras unos arbustos se abalanzan sobre él. Enojado, el camionero se deshace de sus atacantes lanzándoles en cuatro direcciones distintas. Usa la fuerza bruta y el *poder* humano para iniciar su defensa contra sus asaltantes.

El mismo camionero se sube de nuevo a su camión y comienza a conducir por carreteras secundarias en el estado de Virginia. Mientras conduce por un tramo largo de una carretera rural, divisa en la distancia un coche de policía con sus luces azules girando y ve a un oficial de policía moviendo sus brazos de manera frenética. El camionero pone su pie en el freno y se detiene unos pocos metros después. Sale del camión y su presión sanguínea sube como el vapor de un volcán activo, y grita: "¡Qué está usted haciendo! Podía haber tenido un accidente. Debería….". De repente, el pequeño policía ilumina su placa y el camionero enmudece. El policía era pequeño de estatura, pero tenía el respaldo de la *autoridad* de la ley del condado, del estado y de la ley federal tras el poder de su placa. Atacar a ese policía supondría recibir la ira de toda la ley que legalmente defendería a ese oficial de una comunidad rural.

Un hombre usó *poder*, y el otro usó *autoridad*. Tanto poder como autoridad se usaron en el ministerio de Cristo. El poder sanador de Cristo se manifestaba a través del toque físico. Imponía sus manos sobre los enfermos, y cuando la gente le tocaba con fe, la Biblia dice que salió de su cuerpo "poder" y entró en el enfermo, trayendo sanidad (Marcos 5:30). La palabra *poder* que se usa aquí es *dunamis*, la misma palabra griega usada para poder en Hechos 1:8:

"Pero recibiréis poder cuando haya venido sobre vosotros el Espíritu Santo". Este poder es una energía interna del Espíritu Santo, o como dicen algunos, la *unción del Espíritu* que se libera a través de las manos de una persona ungida cuando ora por una persona enferma, oprimida o con ataduras espirituales. Al igual que la mujer con flujo de sangre pudo sentir en su cuerpo el poder sanador de Cristo, el poder del Espíritu Santo se puede sentir cuando una persona ungida comienza a orar por otra persona a través de la imposición de manos. El poder de Dios se libera a través de las manos y el toque.

Sin embargo, la *autoridad* se libera a través de las palabras. Cuando un ministro predica con autoridad, la congregación puede sentir la presencia de Dios a través de la autoridad de su mensaje. Jesús "les enseñaba como quien tiene autoridad" y no como la mayoría de los líderes religiosos de su tiempo (Mateo 7:29). Una vez, un centurión romano le rogó a Cristo que sanara a su siervo. Cuando Cristo caminaba con él hacia la casa del hombre enfermo, el soldado romano dijo:

> Señor, no soy digno de que entres bajo mi techo; solamente di la palabra, y mi criado sanará. Porque también yo soy hombre bajo autoridad, y tengo bajo mis órdenes soldados; y digo a éste: Ve, y va; y al otro: Ven, y viene; y a mi siervo: Haz esto, y lo hace.
>
> —MATEO 8:8–9

En los tiempos del imperio romano, un centurión mandaba y dirigía una *centuria*, que consistía en un grupo de entre ochenta y cien hombres. Según el historiador romano Vegetius, un centurión romano tenía que ser educado, tener cartas de recomendación y tener al menos treinta años de edad. Eran seleccionados por su tamaño, fuerza y habilidad con las armas. El centurión entendía la autoridad militar y podía mandar a cualquier hombre de su regimiento para hacerle cumplir cualquier orden, y éste lo hacía sin preguntar. Este líder militar romano entendió que Cristo tenía una autoridad divina y sobrenatural con sus palabras sobre la enfermedad y la muerte. Le dijo a Cristo que sólo pronunciara la palabra de sanidad, y su

LIMPIE su CASA y la de su FAMILIA

siervo sería sanado. Quizá este hombre conocía la promesa de las Escrituras en el Salmo 107:20: "Envió su palabra, y los sanó".

Así es como Cristo expulsaba a los espíritus malignos. El reino de las tinieblas era totalmente consciente de que Cristo tenía toda autoridad sobre ellos. Cuando Cristo le ordenaba a un espíritu inmundo que "saliera", éste no podía discutir, debatir o pelear y negarse a seguir las reglas. Cristo incluso le dio la orden a miles de espíritus de entrar en una gran piara de cerdos, los cuales se despeñaron y se ahogaron en el mar de Galilea. ¡Imagínese, los demonios pidiendo *permiso* para entrar en una piara de cerdos salvajes!

Nuestra autoridad para *atar y desatar*

Tras presenciar numerosos milagros sobrenaturales, incluyendo el dominio de Cristo sobre la esfera demoníaca, el Señor comenzó a transferir ese mismo poder y autoridad a sus seguidores. Leemos:

> De cierto os digo que todo lo que atéis en la tierra, será atado en el cielo; y todo lo que desatéis en la tierra, será desatado en el cielo. Otra vez os digo, que si dos de vosotros se pusieren de acuerdo en la tierra acerca de cualquiera cosa que pidieren, les será hecho por mi Padre que está en los cielos. Porque donde están dos o tres congregados en mi nombre, allí estoy yo en medio de ellos.
>
> —MATEO 18:18–20

En el contexto de este pasaje, Cristo estaba hablando de cómo tratar con un hermano que ha cometido algún error. Mencionó que si hay una disputa entre dos hermanos de la congregación, deben ir al otro y, como diríamos hoy, "ventilar" sus diferencias. Sin embargo, si uno rehúsa escuchar, entonces el otro debe llevar a dos o tres testigos para oír la discusión. Si el hermano que no perdona rehúsa oír, debe exponerlo ante otros creyentes de la iglesia, para que otros no sigan a esa persona en su rebelión y se cree confusión en el cuerpo. Si el miembro rebelde continúa en su rebelión, debe ser tratado como si fuera un gentil o "publicano" (Mateo 18:15-17).

En este entorno, Cristo revela después que cualquier cosa que se ate en la tierra queda atada en el cielo, y cualquier cosa que se desate en la tierra será desatada en el cielo. Algunos teólogos dicen que estas reglas de interacción espiritual de atar o desatar no tienen nada que ver con tratar con las fuerzas de las tinieblas, sino que sólo hacen alusión al tema de la disciplina en la congregación. De hecho, en el pensamiento rabínico, *atar* algo era *no permitirlo* o prohibirlo. *Desatar* algo era *permitirlo*, o permitir que ocurriera. Así, la nueva interpretación sería: "Cualquier cosa que permita en la tierra será permitida en el cielo".

Usando este concepto, el liderazgo de la iglesia católica romana ha creído que Pedro fue el primer papa y recibió las llaves para echar del reino o permitir que una persona esté en él. La teología dice que esta autoridad se transmitió a los siguientes papas, cardenales y obispos de la iglesia. En resumen, si un miembro es excomulgado de la iglesia, esa persona es entonces expulsada del reino de los cielos, pero si la iglesia la recibe, la persona también será recibida en el reino de los cielos. En realidad, esta idea les da a los hombres el poder de perdonar pecados en vez de dar toda la autoridad para perdonar pecados al Sumo Sacerdote del cielo, Jesucristo, el único capaz de perdonar pecados (Hechos 4:12).

Hay varias dificultades con que esta sea la única interpretación de atar y desatar. Primero, Cristo no dijo: "A todo el que atéis" (refiriéndose a una persona de la iglesia) sino "Todo lo que atéis…". Todo puede referirse no sólo a personas sino a situaciones que surgen en el ámbito del espíritu. La autoridad de atar y desatar queda demostrada en el ministerio de Cristo.

Una mujer llamada "hija de Abraham" estaba atada por un "espíritu de enfermedad". La palabra griega para *enfermedad* es *astheneia* y puede referirse a una debilidad de mente, cuerpo o espíritu. Esta mujer sin nombre había sufrido durante dieciocho años y era incapaz de erguirse. Caminaba con un dolor continuo, encorvada. Cristo la llamó y le dijo: "Mujer, eres libre de tu enfermedad" (Lucas 13:12). Cuando Cristo impuso sus manos sobre ella, quedó sana al instante. Sus palabras liberaron el espíritu de debilidad de ella, y sus

LIMPIE su CASA y la de su FAMILIA

manos liberaron el poder para sanar su cuerpo. La palabra *desatar* es la palabra griega *apoluo*, que significa dejar ir, soltar y liberar. En un segundo ejemplo, llevaron a Cristo a un joven que no podía hablar, y Cristo desató "la ligadura de su lengua [del joven]" y al instante fue capaz de hablar (Marcos 7:35). Estos dos ejemplos revelan cómo Cristo usó su autoridad para *desatar* a los enfermos y afligidos de sus enfermedades.

En una ocasión, Cristo estaba tratando con un espíritu maligno, y el demonio se estaba manifestando usando la voz del hombre poseído e interrumpiendo un servicio en la sinagoga. Cristo le ordenó al espíritu inmundo que se callara (Marcos 1:25). Si este incidente ocurriera hoy, se le habría dicho al demonio: "¡Cierra la boca!". Cristo prohibió al espíritu inmundo hablar en público. Estaba *atando su autoridad* al no permitirle al demonio manifestarse verbalmente. En otro ejemplo, Cristo estaba echando fuera a un demonio de un joven con epilepsia. Leemos:

> Y cuando Jesús vio que la multitud se agolpaba, reprendió al espíritu inmundo, diciéndole: Espíritu mudo y sordo, yo te mando, sal de él, y no entres más en él.
> —MARCOS 9:25

Lo que se permite al atar y desatar es lo que *Dios* permite, y lo que no se permite es lo que *Dios no* permite. En este pasaje de Marcos, el espíritu inmundo recibió la orden de no regresar y afligir al chico. La autoridad de Cristo impidió que el espíritu volviera a entrar en el chico epiléptico del que acababa de salir. El Padre celestial aseguró que lo que Cristo no permitió no fuese permitido. En otras palabras, Dios vigiló las palabras de Cristo para asegurarse de que el espíritu inmundo no regresara de nuevo.

Estos dos ejemplos revelan el aspecto espiritual de atar y desatar los poderes y la influencia del adversario. La autoridad espiritual que Cristo les dio a los creyentes les capacita para "¡atar demonios y desatar santos!".

Conocí al hombre salvaje en Dallas

Hace muchos años, asistía yo a una conferencia denominacional en Dallas, Texas. Como siempre, yo era una de las últimas personas en irme del enorme centro de convenciones. Llegué a mi auto que estaba en el aparcamiento exterior, estacionado al lado del auto de mi padre. Papá también estaba preparándose para irse con mamá y mi hermana pequeña. Papá y yo estábamos de pie cerca de los autos hablando, cuando observé a un grupo de cristianos hispanos dando testimonio a un hombre blanco bastante grande que estaba de pie en la acera con su camiseta en la mano. Comenté: "Papá, ¿no es maravilloso? Mientras otros están comiendo fuera, ¡estas personas están ayudando a alcanzar a los perdidos!".

Casi inmediatamente, oí a un hombre gritando blasfemias, y vi al hombre blanco grande que estaba siendo golpeado y gritándoles a los creyentes hispanos mientras ellos huían como las hojas que se lleva el viento.

De repente, "el hombre salvaje de Dallas" (como le apodé) comenzó a caminar por la acera a unos treinta metros de nuestros autos. Iba maldiciendo a Dios y a los cristianos. Pude ver el rostro de mi padre ponerse colorado cuando le comenzó a hervir la sangre. Le dije: "Papá, no digas nada; el hombre parece borracho o drogado y es peligroso".

A medida que el hombre seguía enrabietado, la blasfemia era cada vez peor, y visualizó a papá, que ahora les había dicho a mamá y a mi hermana que se encerraran en el auto, y a mí también. De repente, papá sintió que no podía más, y le gritó: "Señor, ¡usted necesita a Dios en su vida!".

Yo le dije: "Papá, ¿qué estás haciendo?". El hombre salvaje se giró y se dirigió al aparcamiento. Por alguna razón, se detuvo a medio metro de mí y gritó: "No me caes bien. ¡Te voy a dar una paliza!". El temor me atenazó porque ese hombre era alto, peligroso y estaba listo para pelear.

De repente, me sobrecogió una unción del Espíritu de Dios, y miré a ese hombre poseído y grité: "¡Te ato en el nombre de Jesús!

LIMPIE su **CASA** y la de su **FAMILIA**

No puedes poner tu mano sobre mí, espíritu necio e inmundo. ¡Te ordeno que te calles en el nombre de Cristo!". La valentía no era mía, sino que estaba surgiendo como un río tras una compuerta que está a punto de reventar.

El hombre enojado comenzó a maldecirme y a gritar. Dijo que me partiría todos los dientes y otras acciones violentas que no repetiré. Al soltar sus aguas cloacales por su boca, se alzó en mí una indignación justa como un fuego, y resistí sus palabras diciendo: "No, no lo harás, porque el poder de Dios sobre mí es más fuerte que el mal que hay en ti". Dibujé una línea imaginaria en el suelo con mi pie derecho, y le ordené: "¡Atrévete a cruzar esta línea si puedes! La unción que hay en mí te derrotará si es necesario".

Vociferó, despotricó y maldijo, pero cada vez que intentaba cruzar la línea, alguna *fuerza invisible* se lo impedía. En unos minutos llegó la policía de Dallas y, tras ver a esa persona, le introdujeron en un coche de policía y se lo llevaron del recinto.

Tras el incidente, de repente me sentí ligeramente débil, y pensé: "Dios mío, ¿qué he hecho? Ha sido una locura, ¡porque esa persona podría haberme dado una paliza!". La valentía que una persona tiene cuando la unción y la presencia del Espíritu Santo están sobre él es sorprendente, y cuando la misma unción comienza a irse, de repente se da cuenta de lo débil y humano que es cuando la unción ya no está presente. David entendió esto cuando escribió: "Y yo soy débil hoy, aunque ungido rey" (2 Samuel 3:39).

Para mí, este es un ejemplo personal de la autoridad de atar o no permitir que le adversario haga su voluntad y deseo en esa situación negativa y peligrosa. La autoridad espiritual es parte de la herencia de un creyente cuando entra en el pacto redentor de Cristo. Cuando usted ora por un ser querido para que sea salvo, se está moviendo en la autoridad espiritual. Si intercede por la protección de un hijo y pide que los ángeles rodeen al niño en su viaje, está ejerciendo sus derechos legales y su autoridad espiritual. Cuando ora y comienza a reprender una enfermedad de otro creyente que está demasiado débil para orar por sí mismo, está siguiendo las instrucciones del

Ate demonios y desate santos

apóstol Santiago de ungir a los enfermos, orar por ellos la oración de fe y Dios les levantará (Santiago 5:14-15). Hasta cierto punto, toda oración es una forma de usar la autoridad que le ha sido dada para acercarse al trono de Dios y tomar dominio sobre los poderes del enemigo. Jesús lo dijo así:

> Y Jesús se acercó y les habló diciendo: Toda potestad me es dada en el cielo y en la tierra.
> —MATEO 28:18

> He aquí os doy potestad de hollar serpientes y escorpiones, y sobre toda fuerza del enemigo, y nada os dañará.
> —LUCAS 10:19

> Mas a todos los que le recibieron, a los que creen en su nombre, les dio potestad [autoridad] de ser hechos hijos de Dios.
> —JUAN 1:12

> Para que abras sus ojos, para que se conviertan de las tinieblas a la luz, y de la potestad de Satanás a Dios; para que reciban, por la fe que es en mí, perdón de pecados y herencia entre los santificados.
> —HECHOS 26:18

Cuando el adversario intente meter su equipaje en su casa, ponga una nota de *devolver al remitente* y rehúse su oferta. El adversario ciertamente quiere mantener a los creyentes en ignorancia espiritual en cuanto al tema de la autoridad espiritual. La promesa de atar y desatar definitivamente tiene más aplicaciones prácticas para un creyente de lo que muchos teólogos han interpretado. El poder de Dios viene a través del Espíritu Santo y se libera por medio de la oración y la imposición de manos. La autoridad de un creyente se libera declarando la Palabra de Dios. Es una bendición central como creyente poder ejercer su autoridad, ¡atando demonios y desatando santos!

Capítulo 12
INVIERTA LA PROFECÍA DE UN ESPÍRITU MALO

El ladrón no viene sino para hurtar y matar y destruir; yo he venido para que tengan vida, y para que la tengan en abundancia.

| Juan 10:10 |

A MEDIADOS DE LOS ochenta, mi esposa y yo estábamos ministrando en Gastonia, Carolina del Norte. Pasé todo el día en estudio y oración. Un día estaba en el santuario de la iglesia orando para el servicio de la noche. El pastor vino a mí y me pidió si una mujer que era miembro de la iglesia podía hablar brevemente conmigo, pues parecía bastante angustiada. Yo accedí, y la mujer llegó y se sentó en el banco de enfrente. Me dijo: "Durante muchos años he batallado con la depresión, y me refiero a una depresión muy severa. Cosía en una fábrica local y he luchado con esta batalla de ansiedad mental durante años".

Continuó: "Hace varias semanas, oí la voz del Señor hablándome, que me decía: '¡Hoy te voy a liberar!'. De repente la presión se rompió, y comencé a llorar y a alegrarme. Fui literalmente libre en mi mente por primera vez que yo me acuerde. Esta nueva libertad continuó durante varias semanas". Su rostro cambió cuando me dijo: "Pero esta mañana volví a sentir ese peso, y oí que le diablo me decía: 'He vuelto'".

En ese momento, mi propio espíritu se llenó de repente con dos palabras para ella. Primero le dije: "El diablo es un mentiroso, y no hay ninguna verdad en él, así que ¿por qué le escucha si es un

Invierta la profecía de un espíritu malo

mentiroso?". Luego dije algo que despertó su espíritu y llevó a esta mujer a ponerse de pie de alegría. Dije: "La palabra que el Señor le dio hace tres semanas es la misma palabra que le está dando hoy. Su Palabra es eterna y no puede cambiar. Si El le liberó, entonces es usted libre según Juan 8:36".

¡Este tipo de ataque mental lo experimentan miles de creyentes cada día! Dios nos ha dado su Palabra, pero el enemigo tiene una palabra propia que está intentando colocar o reemplazar en su mente. El problema es que demasiados cristianos no reconocen la voz que oyen y no saben cómo tratar lo que están oyendo.

El diablo cree y puede profetizar

¡Puede que le sorprenda si digo que el diablo tiene más fe que algunos de los que dicen ser cristianos! Por ejemplo, algunos que se llaman cristianos dicen que el infierno no existe, pero los espíritus malignos no sólo saben que existe el infierno, sino que también saben que están destinados a pasar la eternidad en los confines del infierno (Isaías 14:12–15; Lucas 8:26–31). Algunos cristianos *seculares* creen que Jesús era un buen hombre pero no el Hijo de Dios. Incluso los espíritus malignos reconocieron a Jesús como el Hijo de Dios en muchas ocasiones (Lucas 4:41; 8:28). Aunque algunos cristianos identifican los eventos de las profecías bíblicas como sólo mitos, alegorías o metáforas, Satanás un día será echado a la tierra con mayor furia sabiendo que "tiene poco tiempo" (Apocalipsis 12:12). Aunque algunas iglesias están llenas de miembros que parecen zombis, que rechazan cualquier forma de emoción en su adoración, incluso los demonios se postrarán y adorarán cuando estén en la presencia de Cristo (Marcos 5:6-9). ¡Quizá el mayor *regalo* del enemigo es *su capacidad para liberar su propia profecía personal* en la vida de un creyente!

Si esta frase le suena rara y difícil de entender, considere este extraño ejemplo. Los profetas del Antiguo Testamento, como Isaías, advirtieron que los enemigos de Jerusalén la destruirían, a través

LIMPIE su **CASA** y la de su **FAMILIA**

de un ejército invasor (Jeremías 25:11). Muchos años después, un rey de Asiria llamado Senaquerib se enteró de esta advertencia profética e intentó hacer que fuera una *profecía que se cumpliese por sí misma*. En otras palabras, el rey invasor planeó intimidar a los judíos para que abandonaran la ciudad diciendo que él era el rey del que el Señor había hablado en su advertencia de la destrucción de la ciudad (véase 2 Reyes 18:17-37). El rey envió un *embajador* haciendo reclamaciones proféticas a Jerusalén y demandando que los judíos claudicaran y le entregaran la ciudad a Senaquerib. Este falso profeta llamado Rabsaces incluso les dijo a los líderes judíos: "Jehová me ha dicho: Sube a esta tierra, y destrúyela" (v. 25). Rabsaces subió a la colina donde todos los judíos podían verle desde la muralla de la ciudad e incluso habló en hebreo (v. 28) para que todos los judíos que estaban dentro de las murallas de Jerusalén entendieran sus palabras y difundieran la profecía sobre la inminente destrucción. Su objetivo era atemorizar a toda la población, para hacerles abandonar, ya que *Dios* ya había anticipado la derrota de Jerusalén.

Estos son los hechos. Las profecías de Isaías y Jeremías sobre la destrucción de Jerusalén y los setenta años que los israelitas pasarían en cautiverio se referían al futuro rey de *Babilonia* y no al rey de *Asiria*. Torcer esta profecía para beneficio personal es tan ridículo como el supuesto incidente en el que Sadam Hussein indagó de un grupo de videntes y astrólogos antes de la Guerra del Golfo, los cuales informaron a Sadam que derrotaría a los ejércitos aliados invasores en la guerra. Sadam creyó una falsa predicción, fue humillado y derrotado, y en la segunda guerra fue capturado, escondido en un agujero y más adelante ejecutado en la horca.

La falsa interpretación profética *petardeó* sobre el falso profeta y este rey de Asiria cuando el ángel del Señor marchó en secreto por el campamento asirio. Por la mañana había más de ciento ochenta y cinco mil sirios muertos en las colinas que rodean Jerusalén (2 Reyes 19:35-37). Aunque la verdadera profecía venía de Dios, la profecía falsa y retorcida se usó para intimidar al pueblo judío.

Invierta la profecía de un espíritu malo

¿Ha recibido usted una profecía del diablo?

Una *profecía del diablo* es cuando el adversario arroja dardos mentales o verbales mediante las palabras de otros, o dardos de pensamientos en su mente, intentando hacer que usted esté de acuerdo y se someta a las *predicciones* que está oyendo. Quizá reconocerá una o varias de las predicciones negativas siguientes que se le pueden haber pasado por su mente en algún momento:

- Sabes que la enfermedad está en tu familia y es hereditaria. El dolor que sientes no cabe duda de que es un cáncer; ¿no te das cuenta de que está en la misma zona de su cuerpo que afectó a tu padre?

- El divorcio ha estado presente en tu familia, y las discusiones y desacuerdos que tienes con tu cónyuge terminarán en divorcio, al igual que en el resto de tu familia, ¡así que prepárate para ir al juzgado a divorciarte!

- Hay crisis nerviosas en tu familia. La sensación de nervios que sientes no es sino el comienzo de una crisis en toda regla, la cual experimentarás en un futuro.

- Nunca serás bendecido con ninguna forma de prosperidad. Mira a tus familiares; ninguno de ellos ha sido bendecido económicamente. La pobreza es parte de tu familia, así que acostúmbrate.

- Si quieres puedes ir dejando de orar por tus hijos. Mira los hijos de tu hermana y los hijos de tu hermano. Así es esta generación. Les gusta consumir alcohol y drogas, así que acostúmbrate. Quizá al final consigan superarlo.

- Las adicciones son parte de tu familia, y tú sabes que el bebé que tienes quizá termine siendo adicto.

LIMPIE su **CASA** y la de su **FAMILIA**

¿Por qué no abortas para que no tenga que lidiar con algunas de las cosas con las que tú tuviste que lidiar?
- Tu hijo terminará en prisión como los demás hombres de tu familia que fracasaron en el pasado.

A menudo, las personas oyen frases de este tipo en su mente pero no reconocen que son dardos de fuego del enemigo. Al final, esos pensamientos se aceptan como verdades, y nos preparamos para recibir los resultados negativos con frases como: "Bueno, ahora son otros tiempos, y estos problemas son parte de la vida y del crecimiento". O: "Esto es parte de mi ADN, y no puedo hacer nada al respecto". El enemigo desea que usted *esté de acuerdo con sus predicciones* para usted en lugar de resistir y reprender esos pensamientos.

Durante los cuarenta días de tentación, Satanás desafió la posición de Cristo como *Hijo de Dios*, demandando algunas pruebas milagrosas para que *demostrara* quién era. Le ordenó a Cristo que convirtiera las piedras en trozos de pan. Después Satanás le ordenó que se lanzara desde el pináculo (la esquina sudeste) del templo y viera si los ángeles amortiguaban su caída. Satanás finalmente le ofreció a Cristo los reinos de este mundo si se postraba y le rendía homenaje y le adoraba (Mateo 4:1-10).

Primero, Cristo se negó a demostrarle a Satanás que Él era el Hijo de Dios, ¡porque *sabía* que lo era! Cristo se negó a convertir las piedras en panes, pero más tarde durante una cruzada al aire libre, Jesús tomó la merienda de un niño y multiplicó el pan para dar de comer a más de cinco mil hombres (Marcos 6:35-44). Cristo rehusó el reto de saltar desde el muro y *tentar a Dios* para que enviara ángeles para protegerle sobrenaturalmente. Sin embargo, más adelante el Señor se adentró en el mar y comenzó a caminar sobre el mar hacia sus discípulos, desafiando así la ley de la gravedad, la cual debería haber hecho que se hundiera como una roca en el fondo de un lago profundo (Mateo 14:24-26). En cuanto a poseer los reinos de este mundo, estoy seguro de que Cristo ya conocía la profecía de Daniel que dice:

Invierta la profecía de un espíritu malo

> Miraba yo en la visión de la noche,
> y he aquí con las nubes del cielo
> venía uno como un hijo de hombre,
> que vino hasta el Anciano de días,
> y le hicieron acercarse delante de él.
> Y le fue dado dominio, gloria y reino,
> para que todos los pueblos, naciones y lenguas le sirvieran;
> su dominio es dominio eterno,
> que nunca pasará,
> y su reino uno
> que no será destruido
>
> —Daniel 7:13-14

La tercera tentación registrada de Satanás fue darle a Cristo los "reinos de este mundo". Como el imperio romano gobernaba el mundo conocido, y la posición más alta en Roma era el emperador, la tentación de Satanás fue en realidad: "Si me adoras y me sigues, te haré famoso y te ayudaré a alcanzar el control de los reinos del mundo, o del imperio romano". Esa no fue la razón por la que vino Cristo. Él vino como el Cordero de Dios para sufrir. En una ocasión, cuando la gente se levantó y querían hacerle rey, Él rehusó y se escapó a un lugar escondido lejos de las entusiasmadas multitudes. No era el *tiempo* para que Él se convirtiera en rey (Juan 6:15). Convertirse en rey en ese momento hubiera sido anticiparse al inicio del pacto redentor para toda la humanidad.

Como Cristo sabía quién era, las tentaciones del enemigo no tuvieron influencia sobre Él. Para muchos creyentes, la única visión bíblica para vivir que reciben son las dos horas del domingo cuando asisten a la iglesia local. Como muchos norteamericanos que asisten a la iglesia por lo general no leen sus Biblias en casa, no están informados de quiénes son en Cristo y de la autoridad espiritual que tienen en la Palabra.

LIMPIE su **CASA** y la de su **FAMILIA**

El día que Satanás me dio una profecía

En raras ocasiones he contado esta historia en público, pero sentí que sería algo revelador para alguien que leyera este libro. A comienzos de los años noventa, regresaba de un viaje por Tierra Santa y sentí hacer un ayuno largo. Tras regresar a casa, recibí una llamada de teléfono extraña e inesperada de un antiguo ministro muy conocido que había caído en una adicción que finalmente le hizo perder su iglesia, su ministerio, su familia y su integridad personal. Me acordé que cuando yo era adolescente, él era uno de los ministros más dinámicos y pastoreaba una congregación grande y creciente.

La voz al otro lado del teléfono me dijo: "Perry, soy [me dijo su nombre]. Te llamo para pedirte que ores; luego llámame con la palabra que te dé el Señor para mí. Este es mi número de teléfono…". Mi número de teléfono no lo tenía nadie, y nunca descubrí cómo supo él cuál era mi número.

Me fui a una habitación y comencé a orar. En quince minutos, oí al Espíritu del Señor que me decía: "Este hombre está en lo más hondo que ha estado jamás y está pensando en suicidarse. Está haciendo un último esfuerzo para que alguien le ayude". Corrí al teléfono, marqué el número y le repetí lo que oí.

Él contestó: "Es cierto. Dios te ha hablado. Ahora ¿qué vas a hacer al respecto?".

Le pregunté desde dónde llamaba en la ciudad y le dije que iría y oraría por él. Me dio la dirección y el número de apartamento. Antes de salir, le dije a mi esposa Pam: "Ora hasta que regrese. Siento que es una gran batalla espiritual".

Yo no sabía lo que me encontraría, y al llamar a la puerta, él respondió. Tenía unos cuarenta años, pero parecía mucho mayor porque las drogas y el pecado habían estropeado su cuerpo. Me invitó a pasar, y comencé la conversación preguntándole por él y cómo había estado. Poco después de comenzar a hablar, vi por primera vez en mi vida cómo los espíritus malignos pueden poseer a alguien que se ha alejado de Dios. Su rostro comenzó a cambiar, y también su inflexión de voz. Otra entidad se apropió de su voz y comenzó a burlarse y reírse de mí. Yo oraba en voz baja, y el espíritu maligno sabía lo que yo estaba haciendo. De repente, este hombre regresó en sí y siguió con la conversación, casi llorando.

Al principio pensé que estaba bajo los efectos de alguna droga, pero me dijo que no había tomado nada antes de vernos. Era como si tuviera doble personalidad. Sin embargo, yo había sido testigo de posesiones demoníacas antes y sabía cómo un espíritu inmundo puede alterar la voz de una persona. Después de que hablara ese demonio, él volvió a conversar conmigo normalmente, y me acordé de la historia del rey Saúl.

Cuando el espíritu inmundo molestaba a Saúl, sentía alivio cuando David tocaba el arpa. Sin embargo, de repente se volvía contra David, profiriendo amenazas de muerte y arrojándole lanzas (1 Samuel 16:14-23; 18:10-11; 19:9-10). De repente me sentí como el joven David en presencia de un rey Saúl atormentado, y de algún modo me preocupaba que se pudiera volver violento contra mí.

La maldición y las amenazas se hicieron tan intensas que estuve a punto de salir por la puerta cuando de repente el espíritu inmundo dijo esto: "*Sé cuántos años tienes, y dentro de dos años te haré a ti lo mismo que le hice a él*". Sentí un escalofrío por mi espalda, y sé que se me abrió la boca. Sentí una indignación espiritual tremenda, me levanté de la silla y comencé a reprender al poder demoníaco en él y ordené a los espíritus que le dejaran en paz. Después le dije al hombre que necesitaba la ayuda de Dios, y que debía irse de la ciudad e irse a un centro de rehabilitación cristiano para recibir consejería espiritual y pasar tiempo con Dios creyendo en un nuevo comienzo. Y después me fui.

De vuelta a casa en mi auto, las *palabras proféticas* del espíritu inmundo comenzaron a sonar una y otra vez en mi mente. ¿Por qué dijo que conocía mi edad? Por aquel entonces tenía yo treinta y un años, y en dos años tendría treinta y tres. De repente me acordé que los problemas de adicción comenzaron a llegar a ese ministro a la

LIMPIE su CASA y la de su FAMILIA

misma edad que ese espíritu había anticipado que comenzarían en mí: a los treinta y tres.

En ese momento yo tenía dos opciones. Podía vivir los siguientes dos años en un estado de temor, sin saber qué ataque terrible me esperaría a la vuelta de la esquina; podía pasar las noches en vela preguntándome qué trampa me habría colocado el enemigo y cómo sería para que yo también cayera en la trampa y destruyera mi vida, o por el contrario podía resistir esa predicción, llamar *mentiroso* al diablo y esperar que Dios me diera la fuerza y la sabiduría para vencer cualquier situación que se presentase.

Cuando llegaba a casa, llegó a mí una tercera estrategia de victoria. Comencé a reírme en alto, y declaré a la atmósfera: "¡Diablo, en verdad eres muy necio! Debías haber mantenido tus planes en secreto y no habérmelo dicho nunca. Así me podrías haber sorprendido y quizá derrotado. Pero ahora me has dado el espacio de tiempo, ¡y haré que todos mis ministros asociados estén orando, y velarán y orarán para desbaratar tu plan!". Mi error fue que nunca seguí esa estrategia. Tras unos meses me olvidé de ella, porque estaba muy ocupado predicando en reuniones de avivamiento de entre tres a cinco semanas una tras otra por toda la nación.

Entrando en un agujero oscuro de depresión

Unos dos años después, en el mes de mayo, nunca olvidaré despertarme una mañana con la nube de depresión sobre mi mente más oscura que había experimentado jamás. Tras varios días sin encontrar alivio, comencé a tener el extraño deseo de dejar el ministerio. Después, en el mes de junio, viajé con un grupo de amigos a la antigua nación comunista de Bulgaria para un esfuerzo evangelístico. Mientras estaba en dicha nación, de repente me atenazó lo que llamo un espíritu suicida que pareció aferrarse como una sombra oscura durante varios días. Esa nube de opresión era como invitar a un espíritu de desesperación a su vida. En ese momento no me acordé de la profecía del espíritu maligno, e intentaba salir por mí mismo de ese oscuro hoyo de depresión. Después de dos meses,

Invierta la profecía de un espíritu malo

de repente me acordé de la predicción que recibí dos años atrás del enemigo, y pensé: "Oh no, han pasado dos años, ¡y fallé en reconocer esto como un ataque espiritual, creyendo que era sólo algún estrés mental que estaba experimentando!".

Cuando los ojos de mi entendimiento se abrieron, estaba ministrando por la noche en una gran carpa en Anniston, Alabama. Esa noche dejé de predicar y comencé a explicar a las setecientas personas presentes lo que me había pasado. Le conté a la congregación la asombrosa depresión y los sentimientos de desesperación. Cuando terminé mi confesión, el altar se llenó inmediatamente de hombres y mujeres que estaban luchando una batalla similar. Tras orar por esas personas, yo estaba empapado de sudor y saliendo de la tienda para ir a la iglesia sobre la colina, preparándome para cambiar mi empapada ropa, cuando un grupo de amigos muy cercanos me detuvieron y dijeron: "¿A dónde te crees que vas?". Luego siguieron: "No te irás de esta carpa hasta que te unjamos con aceite y reprendamos y atemos a este espíritu que te está atacando". Una persona consiguió una botella de aceite de oliva y comenzó a derramarlo sobre mi cabeza. Una segunda persona lo restregó, y de repente sentí las manos de mis amigos sobre mi cabeza y mis hombros, y reprendían los poderes de Satanás y le ordenaban a mi mente que fuera libre. Después de unos diez minutos, cuando llegué a la iglesia, me miré en un espejo. Mi cabello estaba pegajoso, mi traje lleno de aceite, mi corbata torcida y serrín del suelo de la tienda pegado en mis pantalones. Pensé: "Stone, eres un cuadro. ¡Dios se debe de estar riendo de ti ahora mismo!".

A la mañana siguiente me sentí mejor, y sabía que la fuerte presión me estaba dejando. Sin embargo, no fue hasta unas semanas después, en casa, cuando me desperté una mañana y la oscura presión sobre mi mente se había ido tan repentina y rápidamente como había llegado. Me levanté de la cama, y en mi interior me sentí como un hombre que había sido condenado a estar una silla de ruedas y que instantáneamente fue capaz de andar. Me di una ducha, me vestí y me fui en mi auto hasta mi oficina en Broad Street, en el centro de

LIMPIE su **CASA** y la de su **FAMILIA**

Cleveland. Caminé hasta mi despacho, tomé mi Biblia de piel negra con mi mano derecha, la moví en el aire y grité: "¡Díganle al enemigo que Stone ha vuelto!". Era libre. El plan del enemigo fracasó.

Después me enteré de que el ministro caído por el que yo había orado hacía dos años había experimentado una depresión. Su propio padre se había suicidado. Esa depresión llevó a ese ministro caído a la dependencia y adicción a químicos, lo cual le llevó al alcohol y otros pecados de la carne. La raíz de ese ataque fue un espíritu de depresión que afectó a ciertos miembros de su familia. En nuestra propia familia, tanto por parte de mi padre como por parte de mi esposa, habíamos tenido familiares que habían experimentado colapsos mentales y emocionales. Creo que a los treinta y tres años hubo una tarea contra mí para quebrarme mentalmente, emocionalmente, físicamente y al final espiritualmente. Pero fue cancelada porque expuse el ataque y rehusé someterme a esa profecía del diablo, y abrí mi corazón a guerreros de oración que se preocuparon de mí lo suficiente como para ponerse en la brecha por mí hasta que se manifestara la victoria.

Aquella noche después de exponer los detalles de lo que estaba experimentando a las personas que estaban en esa carpa, una de nuestras mejores amigas vino a mí y me dijo: "Hiciste algo que es una gran lección espiritual para que otros aprendan".

Le pregunté: "¿Qué fue lo que hice?".

Ella respondió: "Expusiste un ataque secreto a la luz, y ahora el enemigo no tiene dónde esconderse".

Medité en sus palabras, y me di cuenta de lo poderosa que era esta frase. Si usted está luchando, y *oculta* el problema o no admite que está luchando, entonces el enemigo siempre puede colarse por la puerta sin ser visto y sin freno alguno, porque nadie le está resistiendo en oración. Uno de los primeros principios de libertad de las adicciones es primero admitir que es usted adicto. Cuando usted admite su problema y comienza a exponerlo a la luz, la cubierta del enemigo desaparece, y el foco de luz brilla en su camino. Es literalmente

Invierta la profecía de un espíritu malo

imposible que un ejército invasor gane una batalla cuando las fuerzas opositoras conocen todo el plan de guerra de su enemigo.

La profecía que tuvo que invertir Simón Pedro

Un buen ejemplo de la inversión de un plan de Satanás lo encontramos en la vida de Simón Pedro. Cristo les preguntó a sus discípulos: "¿Quién dicen los hombres que es el Hijo de Dios? (Mateo 16:13). Cada discípulo dio una respuesta, nombrando a varios profetas de la Biblia, incluyendo a Isaías y Jeremías. Pedro de repente anunció: "Tú eres el Cristo, el hijo del Dios viviente" (v. 16). Jesús le dijo a Pedro que el Padre en el cielo le había revelado esto. Cristo además predijo lo siguiente: "y sobre esta roca edificaré mi iglesia; y las puertas del Hades no prevalecerán contra ella" (v. 18). La siguiente declaración de Cristo es muy significativa para esta historia:

> Y a ti te daré las llaves del reino de los cielos; y todo lo que atares en la tierra será atado en los cielos; y todo lo que desatares en la tierra será desatado en los cielos.
>
> —Mateo 16:19

Visto superficialmente, parece que Cristo está diciendo que construiría su iglesia sobre el *fundamento* de Pedro. Sin embargo, lo que estaba diciendo era que construiría la iglesia sobre la revelación de que Él (Cristo) era el "Hijo del Dios viviente". Esta verdad inició el pacto redentor de perdón de pecados y vida eterna para todos los que creen. Sin embargo, sólo unas semanas después, Pedro hizo una predicción, ¡diciéndole a Cristo que no muriese ni sufriese! Cristo reprendió a Pedro, diciendo: "¡Quítate de delante de mí, Satanás!" (v. 23). En un momento, Pedro recibió una revelación de Dios, y poco después Satanás arrojó un dardo de fuego en su mente que sin lugar a dudas no era de Dios.

Meses antes de la crucifixión, Jesús le advirtió a Pedro: "Satanás os ha pedido para zarandearos como a trigo" (Lucas 22:31). El trigo puede ser zarandeado muchas veces, como sucedía cuando los sacerdotes del templo remecían la harina hecha del trigo diez veces

LIMPIE su CASA y la de su FAMILIA

antes de cocinar el pan para Pentecostés. El propósito de zarandear a Pedro era sacudir su fe, cosa que queda clara al leer la siguiente declaración de Cristo: "pero yo he rogado por ti, que tu fe no falte" (v. 32). El ataque contra Pedro era para *zarandear y sacudir su fe*. En realidad, cada ataque espiritual que usted encuentre está diseñado para obstaculizar, tamizar o destruir su fe.

Cuando usted apoya la obra de Dios económicamente y luego pierde su trabajo, el incidente está diseñado para hacer que la persona se pregunte: "¿Por qué permitió el Señor que perdiera mi trabajo cuando diezmo y doy ofrendas?". Conocí a un respetado ministro que comenzó una serie de seis semanas sobre las promesas de Dios sobre su salud y sanidad, y antes de terminar la enseñanza estaba en un hospital, sufriendo de cáncer (eso fue en 1985, y todavía seguía vivo cuando escribí este libro). ¿Por qué fue elegido Pedro y no los demás discípulos? Creo que Satanás oyó la predicción acerca de que Pedro recibiría "las llaves del reino", y el adversario percibió que Pedro tenía un futuro importante en el reino. El enemigo fijó su blanco en Pedro para arruinar su fe, haciéndole perder su confianza. Si Pedro no se hubiera arrepentido y recuperado su integridad espiritual, puede que se hubiera sentido condenado y la indigno de estar ante los judíos en la fiesta de Pentecostés y predicar llevando convicción a tres mil personas (Hechos 2).

Satanás tenía un plan: zarandearle como a trigo. Sin embargo, Jesús dijo: "He orado por ti para que tu fe no falte". Cristo no esperó hasta que Pedro estaba cortándole la oreja a Malco en el huerto de Getsemaní para comenzar su intercesión por Pedro (Juan 18). Cristo se puso en la brecha mediante la oración antes de que se implantara la estrategia, y fue su oración lo que impidió que Pedro cayera en un hoyo del que quizá nunca hubiera salido. Siempre que sienta carga por orar, quizá no siempre sepa por quién o por qué está orando, pero el Espíritu Santo lo sabe e intercede por usted "conforme a la voluntad de Dios" (Romanos 8:26-28).

Cómo invertir las profecías de Satanás

El plan de Satanás es simple: él viene para matar, robar y destruir (Juan 10:10). Él mata a través de la enfermedad y el pecado, roba cuando nos quita nuestras bendiciones y destruye a personas por medio del rencor, las riñas y la amargura. Al adversario se le llama "ladrón" (Juan 10:10) porque se introduce en las circunstancias de un creyente de la misma manera que un ladrón entra en una casa protegida o guardada: atando al hombre fuerte espiritual de la casa. Vemos sus formas en lo siguiente:

> Cuando el hombre fuerte armado guarda su palacio, en paz está lo que posee. Pero cuando viene otro más fuerte que él y le vence, le quita todas sus armas en que confiaba, y reparte el botín.
> —Lucas 11:21-22

Como creyentes, guardamos nuestras posesiones más valiosas, que incluyen nuestro cónyuge, hijos, nietos y las bendiciones tangibles como nuestros hogares, posesiones y reliquias familiares. Cuando el palacio (casa) está protegido, todo está en paz. Una persona es un *hombre fuerte* por su vida de oración, fe activa y dedicación a la Palabra de Dios. Sin embargo, observe lo que ocurre. Alguien *más fuerte* que el hombre fuerte entra en la casa y le quita la *armadura* al cabeza de la casa para repartir el botín, ¡o crear división en la casa! Sólo cuando un espíritu fuerte puede despojar a un creyente de su armadura es que dicho espíritu puede entrar en la casa y traer división. En el Evangelio de Mateo, Él hace alusión al mismo versículo y dice que la estrategia del hombre fuerte que entra en la casa del hombre es "saquear sus bienes" (Mateo 12:29). La palabra griega para *bienes* en este pasaje es particular, ya que no es la palabra bíblica normal para "propiedades" o "posesiones" sino la palabra *skeuos*, que se traduce once veces en la versión en inglés del Nuevo Testamento con la palabra *vaso*. Curiosamente, la misma palabra griega se usa en el versículo que habla de tratar a la "mujer como a vaso más frágil" (1 Pedro 3:7). Hoy, una de las mayores

LIMPIE su **CASA** y la de su **FAMILIA**

divisiones está causada por el aumento de riñas entre marido y mujer que terminan en la separación: ¡el saqueo de los bienes! Siempre que el adversario consigue entrar en el hogar a través de la puerta de la pelea, la contención, los celos y la desconfianza, impactará los bienes y dividirá el hogar.

Para impedir lo que yo llamo estas demoníacas *invasiones del hogar*, es necesario que el creyente se fortalezca "en el Señor y en el poder de su fuerza" (Efesios 6:10). Debemos ser espiritualmente más fuertes que los hombres fuertes de afuera de nuestro hogar que están desarrollando sus estrategias para entrar y dividir el botín. ¿Qué arma debemos manejar para obstaculizar y detener los planes del archienemigo? La respuesta es *declarar* la Palabra en fe.

Por ejemplo, cuando un creyente ha sido repentinamente asaltado por una enfermedad física, debe acudir a las Escrituras, que dan esperanza y promesas de sanidad. Estos versículos incluyen lo siguiente, aunque no están limitados a eso. Observe la cantidad de versículos que se pueden combinar para formar un *párrafo de oración*.

> *Señor, según Éxodo 15:26, tú eres el Señor que sana a tu pueblo. Tú revelaste al profeta David que perdonas todas mis iniquidades y sanas todas mis dolencias* (Salmo 103:3). *Padre, puedo recibir mi sanidad porque Cristo fue herido por mis rebeliones y molido por mis pecados, y por su llaga he sido curado* (Isaías 53:5). *Señor, gracias porque Cristo mismo tomó mis enfermedades y llevó mis dolencias a través de su obra expiatoria* (Mateo 8:17).

Cuando usted cita versículos de esta manera, siempre habrá alguien que le recuerde que tuvo un amigo o conoció a alguien que intentó este *método* de usar las Escrituras, pero que esa persona murió igualmente. Como respuesta, hay muchas razones, incluyendo la soberanía de Dios, de por qué ocurren ciertas cosas de ciertas maneras. Sin embargo, esto no debería impedir que un creyente cite las Escrituras. A fin de cuentas, Cristo es nuestro ejemplo, como hemos visto en cada una de las tentaciones que Satanás le ofreció. Cristo contrarrestó al enemigo con las Escrituras de Deuteronomio que tenían que ver con la situación que Él estaba experimentando (véase Deuteronomio 6:5, 16; 8:3).

Hoy día, muchas buenas personas viven bajo un estrés adicional, que les lleva a la opresión, la depresión y pensamientos mentales negativos. En lugar de aceptar eso y decir: "Soy como mi madre y mi padre…que regularmente lucharon con la opresión mental y la depresión", use las promesas escritas de Dios para contrarrestar las profecías del enemigo.

> Padre, en Isaías 26:3 me has dado la promesa de que me guardarás en completa paz si mi mente persevera en ti. Hoy estoy pensando en tu bondad hacia mí. Cristo prometió en Juan 14:27 que dejaría y me daría su paz, y por fe recibo la paz que Él me prometió para mis pensamientos y mi mente. También estoy agradecido, Padre, de que en 2 Timoteo 1:7 me dices que no me has dado un espíritu de temor, sino de poder, de amor y de dominio propio.

La lección del alcalde

Hace muchos años, cuando era un joven ministro, estaba predicando en la ciudad de Alabama. En ese entonces el alcalde y su esposa asistían a la iglesia local donde yo ministraba. Le recuerdo como una persona distinguida y honrada en la comunidad, y su esposa era una cristiana íntegra y de oración. Recuerdo que ella me contó un ataque público que un grupo de personas diseñó para quitar a su esposo de su posición. Las acusaciones salieron incluso en las noticias locales, cosas que ella dijo que no eran ciertas en absoluto, pero las mentiras estaban teniendo un efecto mental sobre su marido, el cual estaba muy afligido por la publicidad tan negativa.

Ella dijo que escribió versículos concretos y promesas clave de Dios, incluyendo el versículo que dice que ningún arma forjada contra usted prosperará y condenará toda lengua que se levante contra usted en juicio (Isaías 54:17). Ella escribió los versículos en papel y los pegó con cinta al espejo del baño, para que eso fuera lo primero que vieran al despertarse cada mañana. Puso otros versículos en los zapatos de su marido, en sus libros importantes y en otros lugares por donde él caminaba o trabajaba cada día. Literalmente lucharon esa batalla usando la Palabra de Dios, aferrándose al Señor para cada una de sus promesas. Con el paso del tiempo, los que se habían levantado contra él fueron apartados, y él fue reelegido para otro mandato. ¡Una palabra de Dios que se despierte o cobre vida en su espíritu puede cambiar el resultado de su situación!

Los muertos no pueden predicar

Cuando era un joven predicador viviendo en Virginia, recibí mentoría de un gran hombre de Dios llamado Marion H. Kennedy. El obispo Kennedy me contó que cuando él era un niño, tuvo una terrible enfermedad que los doctores dijeron que le causaría la muerte en no mucho tiempo. En esa ocasión, Kennedy estaba muy enfermo, y el doctor fue a su casa para examinar al muchacho. El pronóstico fue llevar a Marion al hospital inmediatamente, pues moriría en poco tiempo. De repente, Marion oyó la voz del Señor que decía: "¡Marion, te estoy llamando a que prediques mi Palabra!".

El niño llamó a su madre a su cama y le dijo: "Mamá, acabo de oír al Señor".

"¿Qué te ha dicho?", le preguntó ella.

Marion contestó con una sonrisa: "¡Me ha dicho que me ha llamado a predicar!"

Su madre se dirigió al doctor y le dijo: "Doctor, ya se puede ir, ¡ya no es necesario aquí!". El doctor protestó, diciendo que no deberían retrasar el ingreso del niño en el hospital, ya que su estado empeoraba y podría morir.

La señora Kennedy respondió: "Doctor, los muertos no pueden predicar, y Dios ha llamado a mi hijo a predicar, ¡así que no se va a morir!". Marion no murió; de hecho, gozó de muy buena salud, ¡y vivió sin problemas hasta los ochenta y cinco años!

Invierta la profecía de un espíritu malo

¿Qué es lo que usted *sabe* que es una promesa de fe? Cuando estaban criticando al joven Timoteo por ser nombrado pastor a su corta edad en una iglesia de santos mayores y más experimentados, al principio un espíritu de temor le intimidó. Pablo le dijo que Dios no le había dado un espíritu de temor, sino de poder, amor y dominio propio (2 Timoteo 1:7). También le dijo:

> Este mandamiento, hijo Timoteo, te encargo, para que conforme a las profecías que se hicieron antes en cuanto a ti, milites por ellas la buena milicia.
> —1 Timoteo 1:18

Pablo le había dado una profecía personal a Timoteo en cuanto a la voluntad de Dios de que fuera pastor de esa gran congregación. Le recordó al joven ministro que no descuidara el don que le había sido dado a través de la profecía declarada sobre él (1 Timoteo 4:14). El temor estaba paralizando el don, porque Timoteo se estaba sintiendo intimidado por los ancianos, un grupo de creyentes de su congregación con más conocimiento y experiencia. Pablo reveló que una palabra declarada, o una palabra profética, se puede usar como un arma para derrotar el temor y la intimidación.

Este avión no se estrellará

A los dieciocho años de edad me dieron una gran alegría cuando me invitaron a predicar en un campamento para jóvenes en Nebraska. Antes de volar, estaba ministrando en una iglesia local en Virginia, cuando varias personas tuvieron un mal "presagio" sobre mi viaje. Unos pocos me recordaron que un avión similar se había estrellado en Chicago hacía unos pocos días. Asustado, llamé para cancelar mi participación en el campamento, basado en el *temor de otras personas*, el cual se estaba extendiendo en mi corazón como el polvo en una tormenta en mi propia mente. El director del campamento me rogó que fuera, así que me dirigí al aeropuerto Roanoke *sabiendo* que algo malo me iba a ocurrir. Tras subir al avión de la compañía Eastern Airlines, llegué a Chicago, el mismo aeropuerto donde había ocurrido el accidente de avión. Cuando estaba de pie en la ventana de la puerta, oí estas conversaciones: "Espero que revisen las tuercas de estos motores". "Realmente ahora sí me da miedo volar". "Oigan, ¿no parece eso humo saliendo del motor?". Oír esos comentarios no hizo sino aumentar mi aprensión. ¡Estaban alimentando mi temor sin mi consentimiento!

En ese momento comencé a oír una conversación dentro de mí, la cual creo que era del Espíritu Santo hablándome. La voz dijo: "¿Quién te abrió la puerta para que fueras a Nebraska?"

Yo pensé: "Lo hizo el Señor".

La voz interior respondió: "Si el Señor abrió la puerta para que fueras, entonces ¿por qué permitiría Él que ocurriera algo que detuviera lo que Él ya había planeado para ti?".

Al instante, la fe creció en mi espíritu como una subida de adrenalina. Me subí al avión y dije: "Ustedes son las personas con más suerte de Chicago porque un hijo del Rey se acaba de subir en este vuelo. Nada ocurrirá desde Chicago a Nebraska porque yo voy a bordo, ¡y Dios me ha encomendado una tarea que hacer!".

Algunos dirán que esto suena un poco arrogante u orgulloso, pero no es ni una cosa ni la otra, es simplemente confianza. No es confianza en mí mismo sino confianza en la Palabra del Señor y sus promesas. Nunca podrá invertir una profecía satánica a menos que tenga una profecía o una promesa que pueda contrarrestar lo que el enemigo está prediciendo. Vaya a la Palabra de Dios. Hay una promesa para todas y cada una de las necesidades que usted tendrá en su vida.

Acalle las mentiras

Si supiera que una persona cercana a usted es conocida por mentir continuamente y contar historias que no son ciertas, estoy seguro de que no tendría confianza en las palabras de esa persona. ¿Entonces por qué los creyentes continuamente dicen: "El enemigo me está diciendo esto, y me está diciendo aquello"? La Biblia identifica al adversario como un "mentiroso y padre de mentira" (Juan 8:44).

Invierta la profecía de un espíritu malo

¿Por qué entonces nos creemos las sugerencias que manda a nuestra mente, las cuales son producto del mentiroso más grande del mundo? Si sabemos que los dardos de fuego sobre nuestros pensamientos y emociones vienen del enemigo, y el enemigo es un mentiroso, entonces acalle la mentira y cierre la puerta a esas mentiras. Use la frase que le dijo Jesús a Pedro cuando el enemigo intentó lanzarle una mentira (que Jesús no moriría) a Cristo. El Señor demandó: "¡Apártate de mí, Satanás!". La verdad debería guiarle, ¡y toda mentira debe quedar detrás de usted!

Capítulo 13

GUERRA ESPIRITUAL ATMOSFÉRICA: LUNAS LLENAS Y LUNAS NUEVAS

Por tanto, nadie os juzgue en comida o en bebida, o en cuanto a días de fiesta, luna nueva o días de reposo, todo lo cual es sombra de lo que ha de venir; pero el cuerpo es de Cristo.

| Colosenses 2:16–17 |

EXISTE LA TEORÍA de que la luna llena a menudo manifiesta lo peor de las personas, incluyendo violencia, crimen, peleas, accidentes y cosas semejantes. Se le ha llamado el *efecto lunar*, o el *efecto Transilvania*. Al tener muchos amigos del sector médico, les he preguntado si hay algún aumento o disminución de la actividad en las urgencias de los hospitales y en los centros de salud mental o en los paritorios durante la luna llena o la luna nueva. Aunque todos indican que hay pocos estudios que puedan confirmar o negar las actividades relacionadas con los ciclos lunares, definitivamente hay más actividad en los hospitales mentales y en los paritorios durante la luna llena y la luna nueva.

Un informe de la revista *Journal of the American Veterinary Medical Association* informó que los daños y enfermedades entre las mascotas parecen ser un 23 por ciento más altos en los gatos y un 28 por ciento en los perros durante o cerca de una luna nueva. Investigadores ingleses encontraron una relación lunar con el número de seres humanos que recibieron un mordisco de algún animal durante una luna llena, aunque los estudios en otros países no ven ninguna relación.[1] Algunas unidades de maternidad en hospitales

Guerra espiritual atmosférica: Lunas llenas y lunas nuevas

añaden personal extra durante los ciclos de luna llena. Hay más falsos dolores de parto durante la luna llena, los cuales hacen ir a muchas mujeres a la unidad de maternidad, y luego descubren que no era el tiempo para la llegada del bebé. Las enfermeras me dijeron que la luna llena es un vínculo parecido a cuando se rompe la bolsa de agua de una mujer embarazada. La teoría es que el peso de la gravedad de la luna llena tiene un efecto sobre el líquido amniótico de la misma forma que afecta a la marea en el mar.[2] Como el cuerpo humano está compuesto en un ochenta por ciento de agua, muchos creen que tendemos a retener más agua en nuestro cuerpo durante la luna llena, lo cual puede contribuir a episodios relacionados con los cambios de humor durante la luna llena.[3]

Desde una perspectiva natural, puede que haya una respuesta a por qué hay más presión mental durante la luna llena o la luna nueva. Durante ambos ciclos, la tierra, la luna y el sol están alineados, lo cual produce mareas más altas de lo normal. La diferencia es que durante la luna llena la tierra está entre la luna y el sol, y en la luna nueva la luna está entre el sol y la tierra. Durante la luna llena, la luz del sol se refleja en la luna, dando un ligero resplandor en el cielo nocturno. En la luna nueva hay total oscuridad en la noche, a excepción de las estrellas visibles en una noche clara.[4]

La guerra en los cielos

Las Escrituras indican que hay tres niveles de cielos: las nubes, las estrellas y el templo de Dios, que está situado más allá de las estrellas (Isaías 14:13-14). Adán recibió dominio sobre las aves en el primer nivel del cielo (Génesis 1:26). Muchos espíritus más fuertes, llamados *principados*, los cuales han recibido dominio sobre ciertos gobiernos sobre la tierra, existen en el segundo nivel del cielo (Efesios 1:21; 6:12; Colosenses 2:10). El tercer cielo es el hogar del los justos que han muerto y es el lugar del paraíso celestial en 2 Corintios 12:4-7.

El segundo cielo es donde se producen las batallas invisibles entre un arcángel llamado Miguel y los ángeles de Satanás. Leemos:

LIMPIE su **CASA** y la de su **FAMILIA**

> Después hubo una gran batalla en el cielo: Miguel y sus ángeles luchaban contra el dragón; y luchaban el dragón y sus ángeles; pero no prevalecieron, ni se halló ya lugar para ellos en el cielo. Y fue lanzado fuera el gran dragón, la serpiente antigua, que se llama diablo y Satanás, el cual engaña al mundo entero; fue arrojado a la tierra, y sus ángeles fueron arrojados con él.
> —APOCALIPSIS 12:7-9

Algunos eruditos liberales llaman a este tipo de guerra espiritual entre el bien y el mal, Miguel y sus ángeles y Satanás y sus ángeles, un *combate mito,* y han dicho que ha sido adoptado de algún tipo de mitología pagana. Me cuesta entender por qué hombres que supuestamente son inteligentes tienen tanto deseo de elegir lo que creen y lo que no creen, basando su falta de fe en sus prejuicios e interpretaciones personales. El pasaje anterior de Apocalipsis 12 es el relato de un conflicto real que se desarrollará durante la mitad de los siete años que dure la gran tribulación. Estos tipos de batallas celestiales, narrados en Apocalipsis 12 y Daniel 10, son parte del conflicto atmosférico en el cielo.

Los conflictos terrenales y la luna

Sin embargo, hay otro extraño fenómeno que no se puede explicar con explicaciones naturales o científicas. Es la extraña actividad registrada en naciones como India cuando hay luna nueva.

La religión principal en India es el hinduismo, una antigua creencia religiosa que acepta prácticamente cualquier cosa de la naturaleza, incluidos los animales, como un dios. Hay templos para las ratas en India, donde una rata blanca es el centro de la adoración, y literalmente miles de ratas se multiplican y viven en el templo, alimentadas por los hindúes que van a adorar. Los que creen en el hinduismo aceptan miles de ídolos. Esta idolatría abre una puerta a los espíritus malignos. Los misioneros que ministran en India a menudo cuentan historias acerca de los poderes demoníacos que se manifiestan todo el tiempo en las grandes multitudes que se reúnen cuando los cristianos están dando testimonio por medio del canto y la predicación.

Cada mes, durante la luna nueva, misioneros como mi amigo Robbie Box James han observado que literalmente miles de personas en India experimentan manifestaciones demoníacas, incluyendo sacudidas violentas, levitación, echar espuma por la boca, hacer rodar hacia atrás los ojos, y otras marcas físicas visibles que identifican la opresión o la posesión demoníaca. Durante el ciclo de luna nueva, uno de los principales pastores cristianos en India coloca unas luces grandes y brillantes en un espacio abierto con el propósito de permitir que miles de personas se sienten bajo las brillantes luces. Por alguna razón, la luz ayuda a impedir que los poderes demoníacos se manifiesten con tanta fuerza. Muchos han recibido a Cristo como resultado de esas luces brillantes que él usa como una oportunidad para predicar un mensaje claro del evangelio.

Desde un punto de vista más personal, yo siempre soy capaz de saber cuándo la luna está en su ciclo total; a lo largo de mi vida he sufrido fuertes dolores de cabeza en la parte derecha de mi cabeza durante el ciclo de luna llena. Ni siquiera tengo que mirar al cielo en una noche oscura; siempre lo sé por los tres días de presión que siento en el lado derecho de mi cabeza. Me doy cuenta de que estos cambios no son una señal de algún tipo de guerra espiritual mensual que se esté llevando a cabo. Hay una buena explicación para este fenómeno: sencillamente hay más presión en la tierra durante la luna llena, y el cuerpo físico, y para algunos también la mente, puede sentir los efectos de los cambios atmosféricos que ocurren unos pocos días al mes.

¿Cuál es la extraña conexión con la luna nueva y tal actividad en el mundo espiritual? Estoy convencido de que algo invisible pero muy real debe de estar ocurriendo durante el tiempo de la luna nueva. Sea lo que sea lo que ocurra, Dios mismo era consciente de ello, y estableció unos sacrificios especiales para la luna nueva.

LIMPIE su CASA y la de su FAMILIA

La luna: la señal celestial de Israel

La mayoría de naciones en el mundo antiguo basaban sus calendarios en los ciclos del sol. Sin embargo, Dios le pidió a Israel que organizara su calendario y días festivos en base al ciclo de la luna. La razón rabínica por la que Dios escoge la luna fue que todas las demás naciones tendían a adorar a la creación, y había muchos que adoraban al sol en la tierra. Así, para Israel Él escogió la luna. Otra razón simbólica es que la luna es la lumbrera menor, y Dios iba a tomar una nación más pequeña, Israel, y elevarla como una luz en un mundo oscuro.

La luna entra en cuatro fases en un periodo de tiempo de veintinueve días y medio:

- De la oscuridad a la mitad, llamada un cuarto de luna: luna nueva
- De la mitad a llena, llamada luna llena: cuarto creciente
- De llena de nuevo a la mitad: luna llena
- De la mitad a oscuridad, llamada la nueva luna: cuarto menguante

Los sabios judíos creen que la luna es un reflejo de la nación de Israel. La luna tarda casi quince días en pasar de luna oscura a luna llena, y otros quince días en declinar de luna llena a una nueva luna. La imagen de Israel está oculta en este ciclo. Israel comenzó con Abraham en un tiempo en que el mundo estaba lleno de oscuridad espiritual. Quince generaciones después, el reino de Salomón se convirtió en la plenitud (luna llena) del reino de Israel. En la historia de Israel, no ha habido otro rey como Salomón, quien construyó el templo más caro e impresionante, quizá, ¡de la historia mundial! Tras la muerte de Salomón, su hijo Roboam ocupó el trono de su padre, y su arrogancia y falta de sabiduría dividió a Israel en los reinos del norte y del sur. Quince generaciones después, representando el periodo de quince días en que la luz de la luna va declinando hacia la oscuridad, Israel fue llevado cautivo a

Guerra espiritual atmosférica: Lunas llenas y lunas nuevas

Babilonia. Así, la luz de Israel se oscureció como la luna durante la luna nueva.

Las siete fiestas de Israel estaban todas centradas en los ciclos de la luna. De hecho, la palabra hebrea para *mes* es *chodesh*, la misma palabra usada para luna. El nuevo mes es llamado *Rosh Chodesh*, o la cabeza de la luna. En la antigüedad, los meses se determinaban cuando la diminuta lonja plateada de la luna era divisada por dos testigos y confirmada en Jerusalén cuando los dos testigos informaban de haberla visto al Sanedrín, quien inmediatamente informaba al sumo sacerdote. El sumo sacerdote entonces santificaba el comienzo del mes. La primera fiesta de Israel era la Pascua, la cual se celebraba en el día catorce del primer mes. Los días se contaban desde el momento en que se veía reaparecer la lonja de la luna en la noche oscura. Así, la Pascua ocurría en luna llena. Unos cincuenta días después era la fiesta de Pentecostés.

La última fiesta de Israel, la fiesta de los Tabernáculos, comenzaba en el día quince del séptimo mes. El día quince era cuando la luna volvía a estar llena. Hay una fiesta cuyo día festivo sólo se podía decidir en el momento de la luna nueva. Era la fiesta de las Trompetas, llamada *Rosh Hashanah*, que significa "la cabeza del año". Hoy día, Rosh Hashanah, es el primer día del año nuevo secular judío. En la antigüedad, este día de fiesta comenzaba el primer día del mes séptimo. Sin embargo, el primer día era el comienzo del mes y no se podía determinar hasta el final de la luna nueva y la reaparición de la luna en el cielo.

> Tocad la trompeta en la nueva luna,
> En el día señalado, en el día de nuestra fiesta solemne.
> Porque estatuto es de Israel,
> Ordenanza del Dios de Jacob.
>
> —Salmo 81:3-4

Es interesante que Dios estableciera una ofrenda de luna nueva. La frase "luna nueva" se menciona nueve veces en el Antiguo Testamento y también Pablo hace alusión a ello:

LIMPIE su **CASA** y la de su **FAMILIA**

> Por tanto, nadie os juzgue en comida o en bebida, o en cuanto a días de fiesta, luna nueva o días de reposo, todo lo cual es sombra de lo que ha de venir; pero el cuerpo es de Cristo.
> —COLOSENSES 2:16–17

En Esdras 3:5, los sacerdotes hebreos presentaban sacrificios continuamente, tanto por la luna nueva como por todas las fiestas del Señor establecidas que estaban consagradas. La ofrenda de luna nueva incluía un toro, un carnero y un cordero, junto con ofrendas de vino como ofrenda mensual cada luna nueva durante el año (Números 28:14). Según dos versículos, Amós 8:4-5 y 1 Samuel 20:5-25, las personas no podían vender en luna nueva ni en el día de reposo, y había ciertas comidas que se debían comer durante la luna nueva. El periodo de la luna nueva duraba unos dos días, durante los cuales la noche no tenía ningún reflejo de la luna.

Muchas de las principales fiestas de Israel caían en luna llena, o cerca de mitad de mes. Esto incluía las tres fiestas de primavera: la Pascua (el día catorce de Nissan), los Panes sin levadura (el día quince de Nissan) y las Primicias (el día dieciséis de Nissan). La fiesta de los Tabernáculos comenzaba el día quince de Tishrei, que era luna llena. La luna nueva era el comienzo del mes para la nación hebrea, un tiempo importante en el ciclo del mes.

Lunático

En tiempos de Cristo, a una persona que padecía epilepsia se le llamaba *lunático*, ya que los síntomas y las manifestaciones eran más graves durante el tiempo de la luna llena. En el Evangelio de Mateo leemos cómo un padre llegó a Cristo pidiendo por su hijo y dijo:

> Señor, ten misericordia de mi hijo, que es lunático, y padece muchísimo; porque muchas veces cae en el fuego, y muchas en el agua.
> —MATEO 17:15

El nombre de esta enfermedad se derivó del nombre en latín para la luna, *Luna*. Tiene el mismo origen en el griego, el lenguaje

Guerra espiritual atmosférica: Lunas llenas y lunas nuevas

del Nuevo Testamento. Se creía que la persona que padecía ataques estaba afectada en mayor o menor medida por el aumento o disminución de la luz de la luna.[5] El padre dijo que a menudo el espíritu dentro de su hijo le arrojaba al fuego o al agua. Aparentemente, la vida de este joven corría peligro, ya que las aguas profundas podían hacer que se ahogara y el fuego podía quemarle. Cristo reveló que el hijo estaba bajo el control de un espíritu. Cuando el muchacho fue liberado de ese poder demoníaco, fue curado.

La luna nueva y el mundo espiritual

El principio espiritual es claro: los hombres malos aman la oscuridad espiritual, y los hombres justos aman la luz espiritual. Cuando la oscuridad cubre la tierra, el mundo de los pecadores cobra vida. Por supuesto, las personas que trabajan durante el día no pueden pecar tanto durante las horas de trabajo. Sin embargo, la drogadicción, la prostitución, el consumo de alcohol, las fiestas y todo tipo de delitos ocurren durante la noche. Como está escrito: "y los hombres amaron más las tinieblas que la luz, porque sus obras eran malas" (Juan 3:19).

En el mundo antiguo el día comenzaba a las seis de la mañana, y terminaba a las seis de la tarde, o un periodo de doce horas. Tras la puesta del sol aparecía la luna, y desde las seis de la tarde a las seis de la mañana estaba presente la luz de la luna. El sol era la lumbrera mayor, y la luna la lumbrera menor (Génesis 1:16). Durante la noche, cuando resplandecía la tenue luz de la luna en la oscuridad, había la luz suficiente para ver algo que hubiera delante. Sin embargo, cuando la luna se oculta durante el ciclo de luna nueva, hay una oscuridad total.

El ciclo de luna nueva parece ser un tiempo en el que hay algún tipo de actividad espiritual, ya que Dios requirió un sacrificio durante la luna nueva. El sacrificio en el altar era para apartar el nuevo mes. Sin embargo, en el Antiguo Testamento, ciertas ofrendas también servían de protección contra los ataques espirituales.

LIMPIE su CASA y la de su FAMILIA

Sangre por la mañana y por la noche

La mayoría de las personas comienzan su día a las seis de la mañana (si viven en una comunidad promedio). La hora promedio de regreso a casa del trabajo está entre las cinco y media y las seis de la tarde. Esto significa que desde que nos levantamos hasta que nos recogemos pasan unas doce horas, el mismo tiempo que Jesús llamó un día.

Después de llegar a casa, estamos unas doce horas, las cuales incluyen cenar, relajarse, tiempo de oración y dormir, hasta que nos despertamos de nuevo a las seis de la mañana y repetimos el ciclo. Los dos momentos más importantes ocurren cuando comenzamos nuestro día y cuando lo terminamos.

Nuestro día de trabajo entero se puede arruinar con un mal informe, una disputa o una circunstancia negativa. Nuestro sueño nocturno también se puede ver interrumpido con conflictos, estrés, disputas y confusión. Si hubiera vivido usted en los tiempos del tabernáculo o del templo, habría sabido que Dios requería del sacerdote que ofreciera un cordero como sacrificio por la mañana y otro cordero por la noche.

Yo he usado este principio espiritual del comienzo y el final del día de la siguiente manera. Cuando comienzo el día, confieso en oración que necesito la protección de Dios sobre mi familia y sobre mí mismo. Me acuerdo de mi propio padre orando por sus hijos y diciendo:

Padre, guárdales del mal, del peligro y de accidentes que les incapaciten. Me acerco al trono celestial a través de la sangre de Cristo y pido protección en el nombre de Cristo por la autoridad que hay en la sangre de Cristo.

Si la sangre de un simple cordero en Egipto pudo impedir que el ángel de la muerte entrara en las casas de los hebreos, ¡cuánto más podrá la sangre de Cristo frenar las influencias y los ataques selectivos contra nuestra propia familia!

Capítulo 14
CONECTAR CON EL MUNDO ESPIRITUAL

No os ha sobrevenido ninguna tentación que no sea humana; pero fiel es Dios, que no os dejará ser tentados más de lo que podéis resistir, sino que dará también juntamente con la tentación la salida, para que podáis soportar.

| 1 Corintios 10:13 |

Era una noche fría de noviembre de 1988 cuando entré en la oficina personal de un rabino judío principal, cerca del famoso muro occidental en Jerusalén. Mientras estaba allí, recibí una respuesta inesperada a una pregunta que me había planteado desde hacía más de doce años. Mi conversación con el rabino llevó a una conversación en la que le pregunté por qué todas las noches, como a la media noche, él acudía a su oficina a orar hasta que el sol volvía a salir por la mañana.

Él me explicó una mística creencia judía de que la presencia de Dios visita la tierra de manera única cada mañana unas dos horas antes del amanecer. Los que estaban despiertos y orando en ese marco de tiempo recibían una inspiración divina, fortaleza, revelación o sentimiento de la presencia del Todopoderoso en su entorno. No es necesario decir que esa fue una teoría nueva para mí, pero después comencé a investigar algunos versículos muy interesantes del Nuevo Testamento, y vi una correlación con lo que creía ese anciano rabino.

Durante muchos años en mi ministerio he observado que era común para mí despertarme exactamente a las tres de la mañana.

LIMPIE su CASA y la de su FAMILIA

Durante mis viajes evangelísticos, por lo general me despertaba y miraba el reloj digital sobre la mesita de noche para ver la hora: exactamente las 3:00 a.m. No las 2:59 o las 3:01, sino exactamente las 3:00 a.m. Compartí esta información con otros creyentes y descubrí que ellos también estaban teniendo la misma experiencia. A veces ministraba en intercesiones por la mañana temprano y me sorprendía cuando preguntaba a una gran congregación de creyentes: "¿Cuántos de ustedes a menudo se despiertan a las tres de la mañana?". A veces, hasta el noventa por ciento de la congregación levantaba su mano, confirmando la misma experiencia que yo había tenido durante muchos años.

Los que estudian la pregunta de por qué tanta gente se despierta a las tres de la mañana tienen sus propias teorías, como que es la cafeína de nuestras bebidas o los ruidos que oímos en el subconsciente lo que nos despierta cada noche. Otros sugieren que nuestros niveles de energía son más bajos en ese momento, y la causa de que nos despertemos es una subida de la hormona cortisol unas horas antes.

Una interpretación china apunta al *ciclo de energía horaria*. En la medicina china, se cree que el cuerpo atraviesa un círculo de energía de veinticuatro horas, donde cada centro de energía alcanza su grado máximo durante un periodo de tiempo en particular. Si algunos se despiertan regularmente a las 3:00 a.m., puede que entonces haya un problema con el meridiano del hígado (1:00 – 3:00 a.m.) o el pulmón (3:00 – 5:00 a.m.) y los órganos correspondientes.[1]

Comencé a investigar las Escrituras para ver si había algún precedente bíblico relacionado con la experiencia de las 3:00 de la mañana. Descubrí que en los tiempos de los romanos, que fue el tiempo de Cristo, los judíos dividían el día en dos mitades de doce horas. El día judío comenzaba a la seis de la mañana y terminaba a las seis de la tarde. Por eso Jesús respondió: "¿No tiene el día doce horas?" (Juan 11:9). Esta división está basada en la historia de la creación, donde leemos cómo Dios dividió cada uno de los seis días de la creación diciendo: "Y fue la tarde y la mañana un día" (Génesis 1:5).

Conectar con el mundo espiritual

Sin embargo, los romanos dividían las horas del día en cuatro vigilias:

1. Desde las seis de la noche hasta las nueve era la primera vigilia.
2. Desde las nueve de la noche hasta medianoche era la segunda vigilia.
3. Desde medianoche hasta las tres de la mañana era la tercera vigilia.
4. Desde las tres de la mañana hasta las seis de la mañana era la cuarta vigilia.

En las Escrituras leemos que Cristo dijo que su segunda venida podría ser durante cualquiera de estas vigilias, y que debíamos estar alerta a esta llegada repentina e inesperada:

> Bienaventurados aquellos siervos a los cuales su señor, cuando venga, halle velando; de cierto os digo que se ceñirá, y hará que se sienten a la mesa, y vendrá a servirles. Y aunque venga a la segunda vigilia, y aunque venga a la tercera vigilia, si los hallare así, bienaventurados son aquellos siervos. Pero sabed esto, que si supiese el padre de familia a qué hora el ladrón había de venir, velaría ciertamente, y no dejaría minar su casa. Vosotros, pues, también, estad preparados, porque a la hora que no penséis, el Hijo del Hombre vendrá.
> —Lucas 12:37-40

La cuarta vigilia

Después de entender las varias vigilias durante el tiempo de los romanos, observé una frase en un versículo que había leído cientos de veces. Ahora, sin embargo, cobró un nuevo significado:

> Despedida la multitud, subió al monte a orar aparte; y cuando llegó la noche, estaba allí solo. Y ya la barca estaba en medio del mar, azotada por las olas; porque el viento era contrario. Mas a la cuarta vigilia de la noche, Jesús vino a ellos andando

LIMPIE su **CASA** y la de su **FAMILIA**

> sobre el mar. Y los discípulos, viéndole andar sobre el mar, se
> turbaron, diciendo: ¡Un fantasma! Y dieron voces de miedo.
> —Mateo 14:23-26

Este incidente ocurrió en el mar de Galilea, un hermoso mar donde incluso hoy los pescadores se ganan la vida pescando y vendiendo su pesca en restaurantes locales. Unas grandes montañas rodean el mar, y la visión desde las cumbres de las montañas es impresionante. La Biblia enseña que Cristo a menudo se levantaba muy temprano a orar, y en una ocasión llevó consigo a Pedro, Santiago y Juan a una montaña muy alta (Mateo 17:1).

> Levantándose muy de mañana, siendo aún muy oscuro, salió
> y se fue a un lugar desierto, y allí oraba.
> —Marcos 1:35

> Despedida la multitud, subió al monte a orar aparte; y cuando
> llegó la noche, estaba allí solo.
> —Mateo 14:23

> En aquellos días él fue al monte a orar, y pasó la noche orando
> a Dios.
> —Lucas 6:12

Marcos nos dice que oraba "muy de mañana", mientras que Mateo dice "cuando llegó la noche" y Lucas añade que Él "pasó la noche orando". Así, descubrimos que Cristo entendía algo sobre la intercesión por la noche y por la mañana temprano. Sin embargo, el verdadero núcleo lo encontramos en Mateo 14:23-26, donde leemos que había estado orando durante "la cuarta vigilia" cuando caminó sobre las aguas hacia sus discípulos.

¡La cuarta vigilia comenzaba a las tres de la mañana! Hay una razón práctica por la que los discípulos estaban en una barca a una hora tan temprana; varios discípulos, Pedro incluido, tenían una empresa de pesca cuando Cristo los llamó al ministerio a tiempo completo (Lucas 5:3-7). Los pescadores que pescaban en el mar de Galilea lo hacían varias horas antes del amanecer, y algunos pescaban durante toda la noche. Pedro reveló esto cuando dijo: "Toda

Conectar con el mundo espiritual

la noche hemos estado trabajando, y nada hemos pescado" (v. 5). La razón por la que se pesca de noche es porque los peces se acercan más a la superficie por la noche y no pueden ver las redes que han extendido los pescadores.

Así, en el tiempo de Cristo, la mayoría de los pescadores ya estaban arriba y pescando a la cuarta vigilia. Fue entonces cuando Cristo pasaba horas en oración. Tras descubrir esto, me preguntaba si Cristo sabía algo sobre la cuarta vigilia o las tres en punto de la mañana que nosotros no sabemos hoy. ¿Había algo especial o sobrenaturalmente particular en este periodo de tiempo que aportaba la mejor oportunidad para orar? Y si era así, ¿por qué?

Una revelación de un rabino judío

En noviembre de 1998 esa era la pregunta que le hice a un rabino llamado Zvi, mientras visitaba una noche ya tarde al antiguo rabino israelí Yehuda Getz en su oficina. Le pregunté al rabino por qué él y Getz iban a la zona del muro occidental a altas horas de la noche y se quedaban despiertos hasta casi el amanecer, estudiando y orando. El rabino me explicó que hay una creencia mística de que Dios visitaba la tierra varias horas antes del amanecer.

Me contó una fuerte tradición judía que decía que varias horas antes del amanecer, Dios frena la presencia del maligno y visita la tierra con su presencia divina. La franja de tiempo comienza a las tres de la mañana y continúa hasta casi el amanecer. En tiempos del templo, la hora de la ofrenda Tamid de la mañana iba de 3:45 a.m. a 5:00 a.m., que era justo antes del amanecer durante la cuarta vigilia de la noche.[2]

Al oír esto, comencé a darme cuenta de que hay espíritus demoníacos moviéndose por toda la tierra llamados "gobernadores de las tinieblas de este siglo" (Efesios 6:12). La mayoría de actos malvados, incluyendo robos, asesinatos, prostitución y otros vicios oscuros ocurren durante la noche. La oscuridad sirve como una cobertura para ocultar la maldad específica que se está realizando. También

LIMPIE su CASA y la de su FAMILIA

me di cuenta de que la mayoría de fiestas, prostitución en la ciudad, borracheras y consumo de drogas aumentan justo antes de las tres de la mañana. Así, muchas personas están dormidas o retiradas de las calles antes de las tres de la mañana. ¿Podría ser esta una razón por la que el mal parece verse frenado o limitado, ya que los espíritus trabajan a través de la gente, y la mayoría de las personas que hacen el mal están relajadas y fuera de las calles a esa hora?

También recordé lo que había oído de muchas enfermeras. Es un dato conocido que las tres de la mañana es una hora clave para todo el que está enfermo o en una condición crítica. Una de mis socias en el ministerio de Virginia, Ellen Kanode, dirige varios hospitales en Virginia, y me ha confirmado que a las tres de la mañana a menudo es el momento en que una persona comienza a experimentar una recuperación o se enfrenta a la muerte. Ha permanecido como un misterio el porqué, pero incluso la fiebre tiende a remitir después de las tres de la mañana.

El tercer concepto interesante tiene que ver con la lucha de Job con el ángel, registrado en Génesis 32. Leemos que luchó con un hombre, pero está claro que ese hombre era un ángel del Señor. Leemos:

> Así se quedó Jacob solo; y luchó con él un varón hasta que rayaba el alba.
> —GÉNESIS 32:24

Observe la frase "rayaba el alba". Esto se refiere al amanecer, ¡que es el término de la cuarta vigilia! El ángel finalmente demandó: "Déjame, porque raya el alba. Y Jacob le respondió: No te dejaré, si no me bendices" (Génesis 32:26). ¿Por qué estaba el ángel preocupado por terminar la lucha antes del amanecer? ¿Por qué estaba dispuesto a luchar con Jacob durante la cuarta vigilia pero quería irse al ver la luz del sol por el horizonte?

La historia de Lot y los dos ángeles que se quedaron en su casa también representa un punto de interés. Dos ángeles en forma de hombres entraron en la casa de Lot para advertirle de la destrucción que venía sobre la ciudad. Cuando los hombres de Sodoma

Conectar con el mundo espiritual

intentaron tirar abajo la puerta de la casa de Lot para seducir a los dos hombres, estos mensajeros del Señor dejaron a los sodomitas ciegos (Génesis 19:11). El ángel le dijo a Lot que saliera temprano por la mañana, antes del amanecer. Esto podría haber sido para salir de la ciudad sin que les vieran los hombres violentos que podrían hacerles daño a él y a su familia. Levantándose temprano y dejando atrás las planicies para subir hacia una gran montaña, Lot escapó del severo juicio. Leemos:

> El sol salía sobre la tierra, cuando Lot llegó a Zoar. Entonces Jehová hizo llover sobre Sodoma y sobre Gomorra azufre y fuego de parte de Jehová desde los cielos.
> —Génesis 19:23-24

Lot salió antes del amanecer y entró en el puerto seguro de Zoar cuando el sol se asomaba por la tierra. Deducimos, pues, que salió de la ciudad durante la cuarta vigilia, más o menos entre las tres y las seis de la mañana, porque a las 6:00 a.m. el sol salía, el cual señalaba el fin de la cuarta vigilia.

Conectar con el mundo espiritual

Muy al principio de mi ministerio aprendí la particularidad de la cuarta vigilia, especialmente las tres de la mañana y su relación con el mundo espiritual. Fui llamado al ministerio a la edad de dieciséis años, después de una reunión de oración que duró toda la noche con tres amigos míos mayores que yo en una iglesia que pastoreaba mi padre en Salem, Virginia. A los dieciocho, ya tenía un itinerario bastante ocupado, predicando de una hasta cuatro semanas en reuniones de avivamiento en comunidades rurales de Virginia, West Virginia y Maryland. Comencé a pasar largas horas en oración y a menudo días de ayuno, lo cual no era común para una persona de mi edad. Sabía que tenía la atención del Señor, pero pronto descubrí que también tenía la atención de otro mundo.

Una noche de julio de 1978, después de predicar en Weynoke, West Virginia, me fui a mi habitación a las 12:30 de la noche, agotado y con ganas de descansar. Al tumbarme, la habitación comenzó a venírseme encima. Estaba tumbado orando y al final me quedé dormido. La misma extraña sensación se repitió la noche siguiente. Esta vez una extraña presencia entró en la habitación. Finalmente conseguí no hacer caso.

Varias semanas después, estaba ministrando en la iglesia de mi abuelo en Gorman, Maryland. Mis abuelos vivían en la pequeña comunidad de Davis, en West Virginia, situada en la parte noreste del estado. Una noche ya muy tarde me metí en la cama y pensé que me había tumbado en una cama llena de bichos. Me parecía como si cientos de pequeños insectos estuvieran subiendo por mis piernas. Me acuerdo de destaparme y encender la luz, y descubrir que las sábanas estaban inmaculadamente blancas. Al apagar la luz, esperaba que todo volviera a ser normal, pero volví a sentir la misma sensación física extraña. ¡La segunda vez colmó mi paciencia! Salté de la cama, tomé la almohada y dormí en el sofá del piso de abajo. Al principio pensé que sería algún raro fenómeno que se pasaría, pero no iba a ser así.

La oscura presencia

Dejé West Virginia, y regresé a casa en Salem, Virginia. Pronto me metí en un intenso estudio de la Biblia, oración y ayuno, a menudo estudiaba entre ocho y catorce horas al día. En ese tiempo, mi cuarto era también mi estudio personal, equipado con un escritorio sencillo, una silla, un flexo y pilas interminables de libros, cuadernos, herramientas de investigación y Biblias. Una noche ya muy tarde, en julio de 1978, apagué la luz y fui a tientas por la oscuridad hasta la cama de la litera de abajo. En pocos momentos, una oscura presencia muy negativa entró en el cuarto. Esta vez era tan tangible que sentí que podía estirar mi mano y tocarla. Comencé a reprender esa presencia diciendo: "Reprendo esta presencia en el nombre del Señor Jesucristo". Al instante, la presencia se fue.

La noche siguiente, de forma inesperada, ocurrió la misma

manifestación. Después de retirarme para dormir, la oscura presencia apareció de nuevo en la atmósfera. No era mi psique, sino algo tangible. Noté que la presencia no se iba al reprenderla. Parecía que tardaba en desaparecer hasta que lentamente se perdió en la oscuridad. No estaba seguro de qué era realmente esa presencia. Había sido cristiano desde que era niño, y nunca había experimentado una presencia tan real e invisible a la vez. Un pequeño sentimiento de temor comenzó a sobrecogerme cuando esa fuerza estaba cerca. Sabía que había pasado mucho tiempo estudiando pasajes que tienen que ver con la esfera sobrenatural de los espíritus malignos, pero tenía poco conocimiento personal en cuanto al trato con esa oscura presencia que aparentemente iba y venía a su antojo. Esto me llevó a realizar un estudio muy detallado y completo del mundo espiritual. Pensé que obtener toda esa información automáticamente me protegería de aquella entidad invisible. Pero en vez de eso, esas visitas nada naturales aumentaron.

Dos meses después, en septiembre de 1978, esa presencia tomó una forma visible. Una mañana ya tarde me despertó un zumbido muy alto en mis oídos. Fui consciente de la extraña sensación de no poder hablar ni mover físicamente mi cuerpo. Inmediatamente, escuché voces masculinas profundas que me maldecían, usando todo tipo de blasfemias imaginables. No era producto de mi imaginación, sino algo real. Nunca había leído nada acerca de esos encuentros y no estaba familiarizado con cómo detener esas intrusiones. Incapaz de hablar, mi mente comenzó a reprender a los poderes malignos. La represión funcionó. Mi cuerpo fue liberado y se produjo un silencio, aunque pasó algún tiempo antes de que el agotamiento hiciera que me quedara dormido. Fue muy molesto para mí que esas manifestaciones y voces audibles que me hablaban al oído continuaran durante varias veces a la semana.

LIMPIE su **CASA** y la de su **FAMILIA**

La manifestación de un espíritu maligno

Esos ataques paranormales se convirtieron en algo común y frecuente en los últimos meses del otoño. Incluían los extraños zumbidos de bichos, la angustiosa situación de estar paralizado, y voces audibles burlándose de mí, maldiciendo la Biblia, blasfemando de Jesucristo y amenazándome con el daño físico. Permítame enfatizar esto: aquello no era algún truco de mi mente ni el producto de una imaginación agotada. Era algo real, muy real. Finalmente, los ataques pasaron a un nuevo nivel. Una noche de noviembre ya muy tarde, tras ministrar en la iglesia North Danville Church of God, ese espíritu se hizo visible en una habitación del piso de arriba donde yo estaba durmiendo, despertándome. Fue entonces cuando vi por primera vez con qué estaba tratando. La presencia estaba cubierta con un sudario oscuro, similar a una gruesa túnica larga como la que a menudo llevan los satanistas o las brujas. La cara era oscura, y por encima de su rostro tenía una capucha oscura que cubría la cabeza y gran parte de su rostro. Esta manifestación física me sumió en el peor tipo de temor que jamás había experimentado. Aunque la presencia se fue tras unos segundos, el temor congeló no sólo mi cuerpo, sino que como un cuchillo frío cortó mi espíritu, dejándome con un sentimiento helado por dentro. Encendí una luz y no fui capaz de pegar ojo.

Comencé a pensar que esos ataques eran puntuales, que se pasarían rápidamente. De nuevo, me equivoqué. Esas invasiones mentales y espirituales de otra esfera sólo aumentaron en magnitud e intensidad. Pronto me pasaba las noches enteras sin dormir. A menudo dos y tres veces a la semana, esa fuerza que me atormentaba se manifestaba. Sonidos extraños, voces, pisadas y manifestaciones físicas se convirtieron en mis visitantes ingratos y no deseados.

¿Por qué me estaba ocurriendo eso a mí?

Al ver que esos molestos ataques persistían, había varias cosas que sabía de cierto:

Conectar con el mundo espiritual

- Sabía que había sido llamado a predicar, y que ninguna intimidación me haría cambiar de opinión.
- Sabía que estaba viviendo rectamente y pasando tiempo con el Señor.
- Sabía que tarde o temprano, como Job, recibiría alguna explicación de por qué me estaba ocurriendo eso.

Sin embargo, esos hechos no cambiaron las preguntas que comenzaron a frecuentar mi mente y que no tenían respuestas con el paso no ya de las semanas, sino de los meses:

- ¿Por qué me estaba ocurriendo eso a mí cuando nadie más que yo supiese estaba teniendo esas experiencias?
- ¿Cuál podría ser el propósito por el que el Señor permitía que eso continuara así?
- ¿Sería un ataque que encontraría intermitentemente durante el resto de mi vida?

La tercera pregunta era la que más me inquietaba. Caí en el engaño de pensar que esas manifestaciones demoníacas serían algo que encontraría durante todos los días de mi vida y ministerio. Comencé a creer que ese era mi aguijón en la carne (2 Corintios 12:7) y que el Señor iba a permitir que ese espíritu me siguiera por alguna razón desconocida durante el resto de mi ministerio. Pablo había escrito que un mensajero de Satanás le abofeteaba. Yo no era Pablo, pero supuse que si un mensajero (ángel) del enemigo estaba atacando a Pablo, entonces ¿por qué iba a ser yo diferente? De hecho, comencé a esperar esos ataques regularmente. *No hace falta decir, que si usted espera que el enemigo entre en su casa, ¡gustosamente él cumplirá sus expectativas!*

Una posible explicación

Recuerdo acudir a mi padre, un hombre experimentado de Dios, y explicarle lo que me estaba ocurriendo. Él lo discernió como un

LIMPIE su **CASA** y la de su **FAMILIA**

ataque sobrenatural y una tarea de un poder demoníaco. Sintió que yo estaba ayunando y orando y el Señor estaba abriendo mis ojos al mundo espiritual. El adversario estaba intentando detener algo que Dios estaba planeando en mi vida. Eso aún no respondía la pregunta: *¿Cuál es el propósito? ¿Qué se supone que debo aprender de esto?*

Cinco meses después del ataque inicial, estaba ministrando en Blacksburg, Virginia, para el pastor Jim Angle. Jim era un hombre de Dios muy especial cuyo ministerio estaba enfocado en la liberación y la sanidad. Tras contarle los acontecimientos con detalle, Jim me miró y me dijo: "Perry, el Señor ha estado presumiendo de su dedicación como joven a Él de la misma manera que Dios alardeó de Job en el libro de Job, capítulo 1. Satanás le ha dicho al Señor: 'Permíteme probar a Perry, y él tirará la toalla y te fallará'. Eso es lo que está ocurriendo. Está siendo probado por un tiempo".

El comentario de Jim puso acero en mi espalda e hizo que mi cara fuera como una piedra para soportar y finalmente vencer esas intrusiones. Yo sabía que la Biblia hablaba sobre la autoridad espiritual sobre los poderes del enemigo, y revelaba que cuando Jesús reprendió a Satanás, el enemigo se alejó de Él (Lucas 4:13). Conocía los versículos que prometían poder espiritual, y también sabía por el libro de Job que hay épocas en las que Dios permite que una persona sea probada. ¿Podría el enemigo asustarme para que dejara de ayunar y orar durante épocas largas? ¿Dejaría de predicar sobre la derrota del enemigo y la victoria en la guerra espiritual? ¿Era eso una forma de intimidación espiritual para hacerme decir: "No quiero tener un ministerio global si tengo que lidiar con estos espíritus atormentadores"?

El rugido del león

Una vez oí al Dr. E. L. Terry explicar que el rugido de un león se puede oír hasta a ocho kilómetros de distancia. Observó que el rugido de un león puede paralizar a algunos animales por el temor que provoca. Literalmente, hay criaturas pequeñas que no se pueden mover cuando oyen el rugido del león, porque el sonido es muy intimidatorio. Del mismo modo, esas manifestaciones y voces extrañas me estaban impactando; estaba paralizado por el temor.

> Sed sobrios, y velad; porque vuestro adversario el diablo, como león rugiente, anda alrededor buscando a quien devorar.
> —1 Pedro 5:8

Yo no sabía de esa nueva estrategia, y el enemigo estaba obteniendo ventaja, literalmente desgastándome mental y físicamente. El enemigo tomará ventaja de nosotros si no conocemos sus maquinaciones y estrategias (2 Corintios 2:11). Un día, vi un versículo de las Escrituras que me apropié en mi espíritu. Se convirtió en mi cuerda a la que aferrarme:

> No os ha sobrevenido ninguna tentación que no sea humana; pero fiel es Dios, que no os dejará ser tentados más de lo que podéis resistir, sino que dará también juntamente con la tentación la salida, para que podáis soportar.
> —1 Corintios 10:13

Muy dentro de mí sabía que aquellas atormentadoras manifestaciones no durarían para siempre. Dios me daría un vía de escape (1 Corintios 10:13). Durante seis meses consecutivos, desde julio hasta el 31 de diciembre de 1978, viví una vida de tormento mental, mientras que al mismo tiempo estaba viendo grandes avivamientos en iglesias locales por toda la costa este.

La noche que el Señor entró en el cuarto

Después de varios meses, descubrí que tenía terror a la noche. A menudo dormía con una luz encendida sobre la mesita de noche o ponía música cristiana hasta que me quedaba dormido. Finalmente, llegó la época de Navidad y los familiares de mamá se quedaban con nosotros en Salem, Virginia. Mi hermano y yo dormíamos abajo en mi cuarto. Nuestras camas estaban una enfrente de la otra. El 31 de diciembre de 1978, me acuerdo de estar orando y pedirle al Señor

LIMPIE su **CASA** y la de su **FAMILIA**

que no permitiera que ningún espíritu demoníaco se manifestara a partir del primer día del nuevo año. *Llegaba un año nuevo, y yo esperaba una nueva unción y un toque fresco del Señor.*

Poco después de la medianoche, me tumbé para descansar en paz por primera vez en semanas. Me despertó súbitamente una mano, tirando de mi pierna derecha casi de forma violenta, ¡como si estuviera intentando arrojarme de la cama! Supuse que mi hermano Phillip me estaba gastando una broma. Al levantarme, pude ver la lamparilla y el reloj digital, marcando las 3:00 a.m. Al girarme hacia mi derecha, vi la figura de mi hermano tumbado en su cama.

Entonces ocurrió algo que es difícil de explicar. Como a un metro de mi cara vi el rostro de un hombre muy elegante. Sus rasgos eran perfectos, y sus ojos estaban llenos de compasión. Pensé que un ángel del Señor había entrado en el cuarto. De repente, el rostro se retorció, con una mirada malvada seguida de una falsa risa demoníaca. ¡Ese ángel de luz no era un ángel de Dios! Era el rostro visible del feroz espíritu maligno que literalmente se estaba riendo de mí.

> Y no es maravilla, porque el mismo Satanás se disfraza como ángel de luz.
> —2 Corintios 11:14

En ese momento algo irrumpió dentro de mí, y en vez de tener miedo o querer esconderme bajo las sábanas, comencé a gritar en mi espíritu (no en mi mente esta vez, sino en lo más hondo de mi ser): *"¡No! Ya no me vas a atormentar más. ¡Ya he tenido suficiente! ¡Se acabó!"*. Mi hombre interior se estaba levantando contra esa fuerza. Después me di cuenta de que era el Espíritu Santo dentro de mí levantándose. Como dice la Biblia: "Levántese Dios, sean esparcidos sus enemigos, y huyan de su presencia los que le aborrecen" (Salmos 68:1).

En ese instante oí una voz. La voz era de dentro pero a la vez audible a mis oídos espirituales. El Espíritu Santo me habló en mi espíritu, diciendo: *"Hijo, mientras vivas, Satanás usará lo que ves y oyes contra ti. Es momento de que te plantes sobre lo único que no puede ser conmovido ni sacudido; párate sobre mi Palabra!"*. Al instante, el temblor cesó, y la imagen de ese rostro de maldad se evaporó en el aire. Una oleada de paz y fresca unción llenó mi espíritu. Sentí como si me hubieran quitado de encima un gran peso. La atmósfera se aclaró, y la paz inundó la habitación. Eso fue el 1 de enero de 1979, ¡y según mi reloj, eran exactamente las tres de la mañana! Esa serie concreta de ataques nunca más se ha vuelto a repetir. Han surgido otras batallas espirituales en mi viaje, pero esas manifestaciones demoníacas se acabaron después de la revelación del Espíritu Santo diciéndome que dependiera sólo de la Palabra de Dios y que no me apoyara en mis emociones ni sentimientos para luchar mis batallas.

Las lecciones que aprendí

Cuando el Espíritu Santo dijo: "Satanás usará lo que ves y oyes contra ti", me acordé de Pedro cuando salió de la barca y caminó por el agua hacia Jesús. ¿Qué sostuvo a Pedro? La respuesta: la Palabra. Jesús le dijo a Pedro una palabra: "Ven" (Mateo 14:29).

¡Esa palabra sostuvo a un hebreo de probablemente cien kilos de peso! Pedro comenzó a fijarse en el fuerte viento y las olas que cada vez crecían más. Cuando perdió su confianza en la Palabra, comenzó a hundirse.

Después de esa palabra del Señor, me di cuenta de que me había dejado llevar por lo que sentía y veía. Si la asistencia en mis reuniones era buena, yo esperaba un gran avivamiento, pero si la asistencia era pequeña esperaba pocos logros. Si me sentía físicamente bien, podía ministrar con eficacia, pero si me sentía deprimido o cansado, entonces algo no funcionaba igual. En pocas palabras, me dejaba llevar por lo que sentía, veía y oía. No fue hasta meses después que una frase de Smith Wigglesworth resumiría la lección que el Espíritu Santo me enseñó. Smith dijo una vez: *"No me dejo llevar por lo que veo. No me dejo llevar por lo que siento. Actúo en base a lo que creo"*. El Señor sabía que yo nunca podría experimentar el nivel

LIMPIE su CASA y la de su FAMILIA

de crecimiento que Él deseaba para mí tanto a nivel personal como en el ministerio si siempre actuaba según lo que sentía o no sentía, o según lo que veía o no veía. ¡Dios quería que confiara sólo en el poder de su Palabra! Por eso, a menudo pasaba entre cuatro a diez o quince horas al día estudiando la Palabra.

En la Biblia, Jesús era movido por la compasión pero nunca por las circunstancias (Mateo 9:36). Si faltaba la comida, Él multiplicaba la merienda de un niño y alimentaba a las multitudes (Mateo 15:34-38). La muerte no le intimidaba; Cristo arruinó funerales levantando cadáveres de los muertos (Lucas 7:11-15).

La segunda gran lección que aprendí es que Dios será fiel en librarle si usted cree fielmente en Él. Puede que no venga de la forma o en el momento que usted espera, pero al fe y la paciencia darán a luz las bendiciones:

> A fin de que no os hagáis perezosos, sino imitadores de aquellos que por la fe y la paciencia heredan las promesas.
> —HEBREOS 6:12

A través de esta experiencia descubrí lo siguiente:

1. Dios no actúa en base a sus sentimientos sino en base a su fe

> Pero sin fe es imposible agradar a Dios; porque es necesario que el que se acerca a Dios crea que le hay, y que es galardonador de los que le buscan.
> —HEBREOS 11:6

Cristo se conmueve por los sentimientos de nuestras enfermedades, pero responde a nuestras oraciones de fe. Actúa con compasión cuando estamos sufriendo o tenemos necesidad porque Él también sufrió en la carne. Sin embargo, en cada milagro del Nuevo Testamento, era la fe lo que liberaba el poder de Dios para ministrar a los necesitados.

2. Dios no actúa en base a sus circunstancias sino en base a su Palabra

> Y me dijo Jehová: Bien has visto; porque yo apresuro mi palabra para ponerla por obra."
>
> —Jeremías 1:12

A menudo creemos que Dios debe entrar en escena y ayudarnos, ¡porque las circunstancias nos están matando! Dios sólo está obligado por su pacto (su Palabra), ¡y se siente atraído hacia todo aquel que conoce, cita y cree las palabras del pacto! En el Antiguo Testamento, hombres como Moisés le recordaban a Dios su pacto con Abraham, Isaac y Jacob, haciendo así que Dios le diera la vuelta a las situaciones difíciles por su pacto con la nación hebrea a través de Abraham.

3. Dios le librará del ataque si permanece firme

> No os ha sobrevenido ninguna tentación que no sea humana; pero fiel es Dios, que no os dejará ser tentados más de lo que podéis resistir, sino que dará también juntamente con la tentación la salida, para que podáis soportar.
>
> —1 Corintios 10:13

El apóstol Pablo habló de ser librados de la boca del león:

> Pero el Señor estuvo a mi lado, y me dio fuerzas, para que por mí fuese cumplida la predicación, y que todos los gentiles oyesen. Así fui librado de la boca del león. Y el Señor me librará de toda obra mala, y me preservará para su reino celestial. A él sea gloria por los siglos de los siglos. Amén
>
> —2 Timoteo 4:17–18

Dios podría darle una salida de escape trayendo a una persona a su vida que pueda ayudarle. Dios también puede cambiar la situación de forma repentina, sacándole así de su dificultad. Los ángeles pueden ayudarle en su liberación. Muchos ejemplos se podrían aportar aquí de cómo Dios abrirá una salida donde no la hay.

LIMPIE su **CASA** y la de su **FAMILIA**

Esta experiencia y otras que siguieron me dieron un entendimiento valiosísimo de cómo actúa el adversario. Esa experiencia se convirtió en una herramienta de enseñanza que he compartido por toda la nación para ayudar a los creyentes con sus propios conflictos sobrenaturales.

Ha habido ocasiones en las que estaba en épocas de ayuno y oración, e intercesión, o involucrado en algún tipo de batalla espiritual, en las que también experimentaba la presencia demoníaca o, en raras ocasiones, vi y oí apariciones demoníacas muy cercanas a la hora de las tres de la mañana.

De tres a seis de la mañana: en el templo

En tiempos del templo de Jerusalén, había mucha actividad que se producía de noche. Se escribió una advertencia:

> Anunciar por la mañana tu misericordia,
> Y tu fidelidad cada noche,
> En el decacordio y en el salterio,
> En tono suave con el arpa.
>
> —SALMOS 92:2–3

Después, en los Salmos leemos una advertencia para los que están de noche en la casa del Señor para alzar sus manos y bendecir al Señor (Salmos 134:1-2). En el templo de Salomón, sacerdotes especiales (levitas) fueron señalados para cantar durante los servicios de la noche (1 Crónicas 9:33; 23:30).

Las vigilias de la noche eran muy importantes en tiempos del templo. Un sacerdote estaba a cargo, llamado en el Nuevo Testamento, el *jefe de la guardia del templo* (Hechos 4:1) e identificado en el judaísmo como *el hombre del templo*. Los guardias de la noche estaban posicionados en veinticuatro lugares de los atrios y las puertas del templo. De esas veinticuatro posiciones de guardia, veintiuna había que cubrirlas con levitas.[3] Durante la noche, el jefe de la guardia del templo hacía sus rondas para asegurarse que todos los vigilantes estuvieran en sus puestos y totalmente despiertos. Cada

Conectar con el mundo espiritual

sacerdote tenía que dar un saludo especial, y cualquier sacerdote que fuera sorprendido durmiendo debía quitarse sus vestiduras y quemarlas, un proceso al que también se hace alusión en Apocalipsis 16:15 en un aviso a los creyentes que sean sorprendidos durmiendo.

Había ciertos rituales que era muy importante que los sacerdotes llevaran a cabo en el templo antes de que llegaran las multitudes y antes del amanecer. La primera tarea antes de que rayara el alba era que los sacerdotes quitaran las cenizas del altar de bronce, los restos de los sacrificios del día anterior. Esas cenizas se recogían, se ponían en un contenedor especial y se tiraban por la puerta este en el valle del Kidron, donde se creía que el agua del Kidron se llevaba las cenizas y finalmente las transportaba hasta el mar Muerto. Al mismo tiempo, el lavacro se llenaba de agua fresca, y después de quitar las cenizas, se ponía madera nuevamente en el altar para preparar un nuevo fuego para el día.

También estaba incluido en el procedimiento llevado a cabo por la mañana temprano rellenar los siete brazos de la menorah con aceite fresco de oliva y reemplazar las mechas de cada vela. A cada uno de los siete brazos de oro le cabían hasta seis huevos (una manera de medir en aquella época) de aceite de oliva de la primera prensa. El sacerdote mantenía encendido el brazo occidental, el cual miraba al lugar santísimo, mientras reemplazaba las cinco mechas y rellenaba las cinco lámparas doradas de aceite. Después de haber limpiado y rellenado las cinco, el brazo occidental se limpiaba después y se volvía a rellenar, dándole a la menorah luz suficiente para doce horas.

El siguiente proceso importante era la ofrenda de las oraciones sobre el altar de oro. Este altar estaba situado enfrente del velo que separaba el lugar santo del lugar santísimo. Según el instituto Temple Institute en Jerusalén, había once tipos diferentes de especias que se juntaban para formar el incienso santo usado en el altar de oro. Uno de los primeros rituales era que el sumo sacerdote llevaba a cabo una lotería con otros sacerdotes y seleccionaba al sacerdote que llevaría los carbones encendidos desde el altar de bronce al lugar santo y pondría dos puñados de incienso sobre los

LIMPIE su CASA y la de su FAMILIA

carbones encendidos, ofreciendo así el incienso y las oraciones de las personas a Dios (Salmos 141:2). Lucas 1 narra cómo Zacarías, el padre de Juan el Bautista, fue seleccionado para ofrecer el incienso, y Gabriel apareció junto al altar de oro para anunciar que la esposa de Zacarías daría a luz un niño llamado Juan (Lucas 1:8-13).

El primer cordero ofrecido por la mañana se preparaba justo en el momento en que el resplandor rojizo del sol se podía ver por las montañas de Hebrón. Cuando un sacerdote anunciaba la salida del sol, comenzaba el sacrificio de la mañana del cordero.

El proceso de quitar las cenizas, volver a encender la menorah, ofrecer el incienso y colocar la sangre del cordero sobre el altar, tiene todo ello una aplicación espiritual preciosa para nosotros. Primero, este procedimiento comenzaba antes del amanecer, que sería durante la cuarta vigilia, el mismo momento en que Cristo estaba orando en las montañas de Galilea, y continuaba hasta la hora tercera, que eran las nueve de la mañana. Estos rituales revelan la necesidad de que un creyente se prepare espiritualmente para cada día.

Retirar las cenizas: saque la confusión de su mente

Cada día hay mucha confusión que entra en nuestra mente. Somos bombardeados con noticias, información y dardos del enemigo que dejan pensamientos o actitudes sucias dentro de nosotros. Este polvo negativo debe retirarse por la mañana con el lavamiento del agua de la Palabra y la renovación de la mente. Si el Señor es lo primero en su mente por la mañana, su día irá mucho mejor. Estas cenizas se quitan orando y pidiéndole al Señor que limpie su mente. Yo siempre he usado una buena música cristiana, incluyendo alabanza y adoración, para crear una atmósfera limpia en mí y alrededor de mí cada día.

Volver a encender la menorah: reciba una unción fresca

El aceite es simbólico del Espíritu Santo, y el candelero de oro de siete brazos es la imagen de las siete manifestaciones del Espíritu Santo, escritas en Isaías 11:1-3:

1. El Espíritu del Señor

2. El Espíritu de Sabiduría
3. El Espíritu de Conocimiento
4. El Espíritu de Entendimiento
5. El Espíritu de Consejo
6. El Espíritu de Poder
7. El Espíritu del temor del Señor

La unción del Espíritu Santo es una manifestación de la presencia divina de Dios, la cual es dada a un creyente lleno del Espíritu con el propósito de interceder, llevar oración y liberación a otros, y llevar inspiración a la vida de un creyente. La unción rompe las ataduras (Isaías 10:27), ministra sanidad (Hechos 10:38) y da entendimiento en la verdad espiritual (1 Juan 2:27).

Cuando era joven, David fue ungido en tres ocasiones:

1. Como rey para reemplazar a Saúl (1 Samuel 16:13)
2. Para ser rey de Judá (2 Samuel 2:4)
3. Como rey de Israel (2 Samuel 5:3)

Y sin embargo, David estaba continuamente en guerra y confesó: "Y yo soy débil hoy, aunque ungido rey" (2 Samuel 3:39). Cristo fue ungido; sin embargo, se encontró a Satanás durante cuarenta días de prueba (Mateo 3:16-17; 4:1-10). La unción no exime a una persona de debilidades, ataques o incluso desánimos. Una persona puede recibir una renovación y refrigerio del Espíritu en su vida para mantener la fortaleza y la determinación.

Los discípulos fueron todos ellos llenos del Espíritu Santo en la fiesta de Pentecostés (Hechos 2:1-4). En Hechos 3, un cojo fue sanado, y los líderes del templo llamaron a los discípulos advirtiéndoles que no predicaran en el nombre de Jesús. Tras un conflicto con los líderes religiosos judíos en Jerusalén, los creyentes llevaron a cabo una reunión de oración masiva y fueron todos llenos del Espíritu Santo (Hechos 4:31). En esa ocasión estaban algunos de los mismos discípulos que anteriormente habían recibido el Espíritu en

LIMPIE su **CASA** y la de su **FAMILIA**

Pentecostés muchas semanas antes. Sin embargo, todos necesitaron volver a ser llenos del Espíritu.

Este concepto de una llenura continua se puede ver en la necesidad de volver a encender y rellenar la menorah cada mañana. La llenura del Espíritu es una experiencia que cada creyente reconoce cuando ocurre (Hechos 2:1–4; 10:45; 19:1–8), pero también es un proceso continuo, como revelan las palabras de Pablo:

> No se emborrachen con vino, porque eso les arruinará la vida.
> En cambio, sean llenos del Espíritu Santo.
> —EFESIOS 5:18, NTV

Ofrecer el incienso: orar cada mañana para comenzar su día

Muchos creyentes oran sólo en la comida, cuando se acuestan antes de dormir o en las reuniones de los domingos cuando el ministro dirige a la congregación en oración. Muchos judíos ortodoxos en Israel oran en el muro de las lamentaciones diariamente, y los musulmanes tienen que orar cinco veces al día. Los musulmanes comprometidos dejan sus actividades, incluso en las empresas, sacan una alfombra de oración y se sitúan en dirección a la Meca en Arabia Saudí. El dato triste es que muchos cristianos no están tan comprometidos con la oración como estas personas de otras religiones.

El altar de oro en el tabernáculo y el templo se usaba con un propósito: ofrecer un incienso especial ante Dios. La tradición era que cuando el incienso se mezclaba con los carbones encendidos, las palabras del pueblo de Dios se mezclaban con el humo santo. Cuando el humo ascendía, las palabras también subían al templo celestial, donde el Todopoderoso moraba. Esto nos hace ver la necesidad que cada creyente tiene de comenzar su día con oración.

En tiempos del templo, la vigilia más difícil era a menudo la cuarta vigilia. Los sacerdotes trabajaban en turnos de doce horas. Nosotros trabajamos una media de ocho horas diarias, en general de 8:00 de la mañana a 5:00 de la tarde, con un descanso para comer. Sin embargo, los sacerdotes servían en turno de mañana o de noche, doce horas por turno. Si un sacerdote llegaba al templo a la seis de la noche, terminaba su turno a las seis de la mañana. La hora más difícil para no dormirse era la cuarta vigilia, de tres a seis de la mañana. Cristo nos advirtió que velásemos y orásemos

- Velad y orad para no caer en tentación (Mateo 26:41)
- Velad y orad para que no os sorprenda su venida (Marcos 13:33)
- Velad y estad despiertos y alertas (Marcos 13:37)

Cuando Cristo entraba en el huerto de Getsemaní para interceder durante tres horas, invitó a su círculo más íntimo, Pedro, Santiago y Juan, a unirse a Él, diciéndoles que velasen y orasen. Aunque los romanos tenían cuatro vigilias, los judíos dividían la noche en tres vigilias: de seis a diez, de once a dos y de tres a seis de la mañana. El tiempo de oración más común de Cristo era por la noche o por la mañana temprano. En el mismo huerto, Nicodemo, un miembro del Sanedrín judío, llegó para reunirse con Jesús de noche (Juan 3:1–2).

Puede que haya muchas razones, algunas conocidas y otras desconocidas, por las que la oración de por la mañana temprano es el patrón que vemos en la vida y ministerio de Cristo. La sencilla razón podría ser que hay poca actividad humana durante este tiempo. Ese consuelo y quietud de la meditación de por la mañana en la Palabra y la oración son claros para los que se han levantado bastante antes de que comience el día para pasar tiempo delante del Señor. Aunque en algunas partes del mundo esté oscuro, en otras hay luz. El hecho es que mientras otros duermen y usted ora, tiene toda la atención de los poderes espirituales asignados para dar respuesta a sus oraciones.

Conclusión
EDIFICANDO UN BUEN LEGADO

La mayor verdad que he descubierto tras más de treinta y dos años de ministerio es que Dios usa a las personas; no sólo a ciertos tipos de personas, sino a *personas comunes*, gente normal y corriente. Noé era padre antes que constructor de barcos. Abraham era hombre de negocios antes de convertirse en el padre de una nación. David era pastor antes de convertirse en rey. Nehemías era copero antes de convertirse en el constructor del templo.

El legado de Billy Graham

La influencia de una persona común se puede ver cuando descubrimos los hombres que han influenciado a grandes hombres en el pasado. El mundo reconoce el nombre de *Billy Graham*. Graham asistió un año a una escuela bíblica en Cleveland, Tennessee, en 1936, en la Universidad Bob Jones. Graham se convirtió a Cristo en 1934 después de asistir a un avivamiento donde un ministro llamado Mordecai Ham estaba predicando un avivamiento de doce semanas.

Ham se convirtió a Cristo a la edad de ocho años y fue influenciado a seguir al Señor en el ministerio durante una reunión celebrada en 1924 en Charlotte, Carolina del Norte. El famoso anterior jugador de beisbol que se convirtió en predicador, Billy Sunday, tenía un club evangelístico para laicos en el que Ham participaba. Billy Sunday influenció a Ham, ¿pero quién fue clave para influenciar a Billy Sunday?

Billy Sunday era un jugador de beisbol muy famoso y fue ganado para Cristo durante una reunión evangelística en la calle. Tras su conversión, Sunday comenzó a trabajar con la misión Pacific Garden Mission en Chicago y ayudó a establecer reuniones y a trabajar junto a un gran ministro llamado J. W. Chapman. Organizando las reuniones y con la influencia de Chapman, Billy recibió un llamado al ministerio y se convirtió en un gran pescador de almas.

J. W. Chapman tiene su propio testimonio. A finales de 1870 Chapman asistía a la Universidad Lake Forest, y finalmente asistió a una cruzada evangelística en Chicago que dirigía el famoso Dwight (D. L.) Moody. Un día después que Moody hablase, Chapman pidió reunirse con Moody, donde buscó seguridad de salvación y la recibió cuando Moody estaba hablando con él.

Ahora llegamos a D. L. Moody. ¿Quién ganó a D. L. Moody para el Señor? Fue un hombre llamado Edward Kimball. Edward era un maestro de escuela dominical bastante tímido. Enseñaba escuela dominical a estudiantes de Harvard. Había un joven que asistió a la clase durante un año. Tenía dieciocho años y acababa de salir de la granja. Su nombre era Dwight. En ese entonces, Dwight trabajaba en una zapatería. Un día Kimball se sintió impulsado a ir a la tienda y testificar directamente a Dwight mientras él envolvía unos zapatos. Eso llevó a una firme experiencia de conversión para Dwight, quien más tarde fue a Chicago para hacerse vendedor. Después enseñó escuela dominical, y finalmente entró a tiempo completo al ministerio. Moody fue reconocido como el evangelista más grande del siglo XIX.

Así, podemos trazar la responsabilidad del ministerio de Billy Graham hasta un hombre común y corriente y bastante tímido llamado Edward Kimball. Kimball nunca vio ni conoció a Billy Graham, pero cuando todos los hombres estén ante el trono del juicio de Cristo para recibir las recompensas, se pondrá una corona especial en la cabeza de Kimball. Sin su obediencia, Moody quizá nunca se hubiera convertido, lo cual hubiera impedido que Chapman encontrara su destino de influenciar a Billy Sunday, quien nunca habría impactado a Ham, quien quizá nunca hubiera entrado en el ministerio y predicado la noche en que se convirtió Billy Graham.

Sus batallas no siempre tienen que ver con usted; a menudo se trata del futuro de su descendencia o de alguien a quien usted pueda influir para el reino.

LIMPIE su **CASA** y la de su **FAMILIA**

Cuando pensamos en ministros destacados como D. L. Moody, Billy Sunday o Billy Graham, raras veces nos informan de que la *raíz* de ese árbol ministerial comenzó con un maestro de escuela dominical desconocido llamado Edward Kimball. Por su acto de obediencia surgieron varias generaciones de predicadores y millones de almas para el Reino de Dios.

Puede que usted no se sienta afortunado o tan *bendecido* como alguien que tiene un linaje generacional de buenos creyentes, y a veces quizá se sienta como si se hubiera quedado fuera del *club de la generación del favor*, ya que tal vez tenga un árbol familiar que sea una combinación de un sauce llorón, una zarza y unas pocas ramas muertas. Al repasar su pasado y mirar las viejas fotos de los álbumes de su casa, usted ve la familia en los clubes y las fiestas, y quizá sea usted es una de las primeras personas del árbol de su familia y en su casa en entrar en un pacto redentor a través de Cristo. ¡No se sienta excluido! USTED puede iniciar un nuevo comienzo y limpiar lo antiguo e iniciar lo nuevo, quitando los pesos y los pecados del pasado y corriendo una carrera, transmitiendo su fe a sus hijos y nietos.

Cuando yo era un niño de unos cuatro años, tomé una pequeña semilla de manzana y la planté cerca de nuestro pequeño hogar en Big Stone Gap, Virginia. Los años pasaron, y el árbol creció y produjo manzanas. Nos mudamos de allí a finales de los años sesenta, y nunca volví a ver ese árbol, hasta finales de los noventa. Volví para comprobar dónde vivíamos y descubrí que la antigua iglesia de ladrillo rojo donde papá pastoreaba se había quemado por completo, junto con la parroquia de ladrillo blanco en la que crecimos. Fue decepcionante. Sin embargo, ahí estaba ese gran árbol que yo había plantado hacía más de treinta y seis años, aún produciendo fruto. Fue sorprendente.

Esta es la lección. La buena semilla de la Palabra de Dios que mora en usted y que está continuamente plantando en los corazones y mentes de su propia familia vivirá más que usted, hasta mucho después de que su casa física (su cuerpo) se haya ido de la tierra y haya regresado al polvo. Si ha sido bendecido con una familia cristiana, siga produciendo buen fruto en sus vidas. Si está comenzando una familia, plante la buena semilla y espere una buena cosecha. Usted puede iniciar el comienzo de un árbol familiar que un día será marcado con un legado generacional de la misma manera que la maravillosa familia de Billy Graham ha sido bendecida. La tierra es su corazón, la semilla es la Palabra de Dios, y el agua es el Espíritu Santo. La luz del sol es la iluminación que usted recibe en la presencia de Dios. Plante bien, amigo. ¡El fruto que produzca puede que un día cambie el mundo!

Notas

Introducción

1. La información sobre la familia de Jonathan Edwards ha sido adaptada de A. E. Winship, *Jukes-Edwards: A Study in Education and Heredity* (Harrisburg, PA: R. L. Myers & Co., 1900), ahora disponible a través de Project Gutenberg, EBook #15623, publicado el 14 de abril de 2005, http://infomotions.com/etexts/gutenberg/dirs/1/5/6/2/15623/15623.htm (accesado 12 de abril de 2010).

2. Bob Proctor, *You Were Born Rich* (n.p.: Life Success Pacific Rim, 2002), extracto visto en Self-Improvement-eBooks.com, "Me and Money", http://self-improvement-ebooks.com/books/YouWereBornRich.php (accesado 23 de agosto de 2010).

Capítulo 2
No lleve cosas malditas a su casa

1. Esta historia me la contó verbalmente mi amigo y misionero Kelvin McDaniel.

2. National Right to Life, "Abortion in the United States: Statistics and Trends", http://www.nrlc.org/abortion/facts/abortionstats.html (accesado 15 de abril de 2010).

3. W. E. Vine, *Vine's Expository Dictionary of New Testament Words* (Grand Rapids, MI: Fleming H. Revell, 1962).

4. Richard Evans Schultes yAlbert Hoffman, "The Nectar of Delight", in *Plants of the Gods* (Vermont: Healing Arts Press, 1992), visto en http://www.marijauna.org/thc/index.html (accesado 15 de abril de 2010).

5. CADCA.org, "Emergency Room Visits Climb for Misuse of Prescription and Over-the-Counter Drugs", 22 de marzo de 2007, http://www.cadca.org/resources/detail/emergency-room-visits-climb-misuse-prescription-and-over-counter-drugs (accesado 15 de abril de 2010).

6. Charles T. Tart, "Marijuana Intoxication: Common Experiences", http://www.paradigm-sys.com/ctt_articles2.cfm?id=44 (accesado 15 de abril de 2010).

7. National Institute on Alcohol Abuse and Alcoholism, "Surgeon General Calls on Americans to Face Facts About Drinking", *NIH News*, 1 de abril de 2004, http://www.niaaa.nih.gov/NewsEvents/NewsReleases/Screenday04.htm (accesado 15 de abril de 2010).

8. Ibid.

9. National Institute on Alcohol Abuse and Alcoholism, "Young Adult Drinking", *Alcohol Alert*, abril de 2006, http://pubs.niaaa.nih.gov/publications/aa68/aa68.htm (accesado 15 de abril de 2010).

10. National Drug and Alcohol Abuse Hotline, "Alcohol Statistics", http://www.drug-rehabs.org/alcohol-statistics.php (accesado 15 de abril 2010).

11. Ibid.

12. Esta información se la dio verbalmente al autor un hombre anónimo en la Union, South Carolina, donde el autor estaba ministrando en un avivamiento de tres semanas. Este caballero, del que seguiremos sin dar el nombre, era un técnico en computación en una gran firma de informática.

13. Perry Stone, *Breaking the Jewish Code* (Lake Mary, FL: Charisma House, 2009), 146–147. La información sobre las tradiciones judías del tefilín está adaptada de "Getting Ready for the Bar-Mitzvah—The Tefillin (Phylacteries)", Jewish Celebrations, http://www.mazornet.com/jewishcl/Celebrations/mitzvah/Orthodox/Tefillin.htm (accesado 10 de septiembre de 2008).

Capítulo 3
Detenga las plagas en su casa

1. Para más información sobre las excavaciones de Jericó, véase BiblePlaces.com, "Jericho", http://www.bibleplaces.com/jericho.htm (accesado 13 de abril de 2010).

2. Flavio Josefo, *Antigüedades de los Judíos*, libro 5, capítulo 2, http://www.biblestudytools.com/history/flavius-josephus/antiquities-jews/book-5/chapter-2.html (accesado 26 de agosto de 2010).

3. Vine, *Vine's Expository Dictionary of New Testament Words*, pp. 702–704.

4. Ibid., pp. 1171–1172.

Capítulo 5
La autoridad de la sangre de Cristo

1. Harold L. Wilmington, *Wilmington's Guide to the Bible* (Wheaton, IL: Tyndale, 1981).

2. The Temple Institute, "Yom Kipper: The Miracle of the Crimson Wool", http://www.templeinstitute.org/yom_kippur/crimson_miracle.htm (accesado 14 de abril de 2010).

Capítulo 6
Pode su árbol genealógico

1. Hugh Sidey, "The Time 100: The Kennedys", *Time*, 14 de junio 1999, http://205.188.238.181/time/time100/heroes/profile/kennedys01.html (accesado 19 de abril de 2010).

LIMPIE su **CASA** y la de su **FAMILIA**

2. Imagen digital del diario de Sirhan Sirhan, fechado el 18 de mayo, se puede ver en http://en.wikisource.org/wiki/Sirhan_Sirhan%27s_notebook (accesado 19 de abril de 2010). También, Frank Reynolds, "Sirhan Sirhan's Diary Contents Made Known, Despite Protest", *ABC Evening News*, 25 de febrero de 1969, referenciado en Vanderbilt Television News Archive, http://tvnews.vanderbilt.edu/program.pl?ID=3982 (accesado 27 de agosto de 2010).

3. Edward Klein, *The Kennedy Curse* (New York: St. Martin's Press, 2004), p. 11.

4. Esta información sobre los hijos de Kennedy se puede encontrar en "The Kennedys: A Family Tree", *St. Petersburg Times Online*, http://www.sptimes.com/News/111199/JFK/family-tree.shtml (accesado 19 de abril de 2010).

5. Ronald Kessler, *The Sins of the Father* (New York: Warner Books, 1997).

6. Sidey, "The Time 100: The Kennedys".

7. Kessler, *The Sins of the Father*, p. 33.

8. Ibid., p. 34.

9. Ibid., p. 99.

10. Ibid., p. 104.

11. Ibid., p. 93.

12. Ibid., p. 149.

13. Josefo, *Antigüedades de los Judíos*, libro 18, capítulo 5, http://www.biblestudytools.com/history/flavius-josephus/antiquities-jews/book-18/chapter-5.html (accesado 30 de agosto de 2010).

14. Flavio Josefo, *Josephus: The Essential Writings*, Paul L. Meier, trans. (Grand Rapids, MI: Kregel Academic, 1990), p. 268.

15. Ibid., p. 272.

16. Pollinator Partnership, "What Is Pollination?" http://pollinator.org/pollination.htm (accesado 22 de abril de 2010).

17. ToBuildAGarden.com, "How to Prune Grape Vines", http://www.tobuildagarden.com/growing-vines-groundcovers/how-to-prune-grape-vines.php (accesado 22 de abril de 2010).

Capítulo 8
Permanezca firme contra el león rugiente

1. *Barnes' Notes*, electronic database, PC Study Bible, version 3, copyright © 1997 by Biblesoft. Todos los derechos reservados.

Capítulo 10
Desaloje al enemigo de su casa

1. Vine, *Vine's Expository Dictionary of New Testament Words*, p. 950.

2. Rollin McCraty, Bob Barrios-Choplin, Mike Atkinson, y Dana Tomasino, "The Effects of Different Types of Music on Mood, Tension, and Mental Clarity", *Alternative Therapies in Health and Medicine* 4, no. 1 (enero 1998): 75–84, abstracted viewed at http://www.ncbi.nlm.nih.gov/pubmed/9439023 (accesado 14 de septiembre de 2010).

3. Sara Kirkweg, "The Effects of Music on Memory", Department of Psychology, Missouri Western, http://clearinghouse.missouriwestern.edu/manuscripts/230.php (accesado 27 de abril de 2010).

4. Jeremy Hsu, "Music-Memory Connection Found in Brain", LiveScience.com, http://www.livescience.com/health/090224-music-memory.html (accesado 27 de abril de 2010).

5. T. C. N. Singh, "On the Effect of Music and Dance on Plants", *Bihar Agricultural College Magazine*, vol. 13, no. 1, 1962–1963, como se referencia en http://maharishi-programmes.globalgoodnews.com/vedic-music/research.html (accesado 10 de agosto de 2010).

6. Robert Sylwester, "Massage And Music: A Brain Connection: Reader's Intriguing Commentary", BrainConnection.com, octubre de 2006, http://brainconnection.positscience.com/content/240_1 (accesado 10 de agosto de 2010).

7. TempleInstitute.org, "The Festival of Sukkot", http://www.templeinstitute.org/tabernacles.htm (accesado 27 de abril de 2010).

Capítulo 13
Guerra espiritual atmosférica: Lunas llenas y lunas nuevas

1. Robert Roy Britt, "Full Moon Sends More Dogs and Cats to Emergency Room", LiveScience.com, 15 de Julio de 2007, http://www.livescience.com/animals/070715_moon_pets.html (accesado 19 de abril de 2010).

2. David Rose, "The Moon's Effect on Natural Childbirth", ArticleAlley.com, 15 de septiembre de 2005, http://www.articlealley.com/article_9078_28_html (accesado 19 de abril de 2010).

3. El efecto de la luna llena sobre el cuerpo humano se trata en uno de los estudios realizados por Arnold Lieber en la Universidad de Miami y discutido en John Townley, "Can the Full Moon Affect Human Behavior", InnerSelf.com, http://www.innerself.com/Astrology/full_moon.htm (accesado 19 de abril de 2010).

4. "Moon Phases", http://home.hiwaay.net/~krcool/Astro/moon/moonphase/ (accesado 19 de abril de 2010).

5. *Barnes' Notes*, electronic database, PC Study Bible, version 3, copyright © 1997 by Biblesoft. Todos los derechos reservados.

Capítulo 14
Conectar con el mundo espiritual

1. Karen Clickner, "Understanding the Horary Cycle of Healing", TheHerbalAdvisor.com, 4 de abril de 2007, http://www.theherbaladvisor.com/The_Philosophy_of_Healing_29/Understanding_the_Horary_Cycle_of_Healing.shtml (accesado 6 de abril de 2010).

2. Resultados de búsqueda para "Morning Offerings", TempleInstitute.org, http://www.templeinstitute.org/search/index.php?query=morning+offerings&type=simple (accesado 16 de abril de 2010).

3. Alfred Edershiem, *The Temple: Its Ministry and Services* (Peabody, MA: Hendrickson Publishers, 2005), p. 119.